KB139887

법사상사 소고

법사상사 소고

고봉진 지음

머리말

저자는 현재 제주대학교 법학전문대학원에서 법철학, 법학방법론, 법사상사, 'BT·생명윤리와 법'을 강의하고 있다. 저자는 강의를 준비하면서 만든 강의안과 관련 주제로 쓴 논문을 모아 강의교재를 만들면 좋겠다는 생각에 '법철학강의'(제주대학교 출판부, 2012), 'BT·생명윤리와 법'(한국학술정보, 2013), '판례 법학방법론'(한국학술정보, 2013)을 출간한 바 있다. 이번 '법사상사 소고'도 강의교재로 기획되어 만들어졌다. 매우 설익은 내용임에도 책으로 펴낼 수 있는 "무모한" 용기는 '법사상사 소고'가 본격적인 연구서가 아니라 강의에 도움이 되게 만든 강의교재라는 점에서 나왔다. '체계를 세우지 아니한 단편적 고찰'을 뜻하는 '소고'라는 이름을 제목에 붙인 것도 이 때문이다.

'법사상사 소고'를 쓰면서 '자연법과 실질적 정의'(Hans Welzel 저, 박은정 역, 삼영사, 2001/2005)를 많이 참조하였다. 대학 학부에서 '법사상사'를 강의할 때도 이 책을 강의교재로 여러 번 사용했다. 이 책은 한마디로 놀라운 책이다. 자연법의 역사를 꿰고 있는 이 책 앞에 머리가 숙여진다. 자연스럽게 '법사상사 소고'도 이 책의 직접적인 영향을 받았고, 직접 인용한 부분도 많이 있다.

고대, 중세, 근대, 현대에 이르는 법사상의 흐름을 한마디로 표현하자면, 자연법론과 그 반대진영이 대조적인 모습을 보이면서 법사상의 흐름을 이끈다는 점이다. 자연법론은 자연법이 실체로 존재하고, 이를 직접 인식할 수 있다는 입장인 반면에, 그 반대진영은 자연법이 존재하지 않으며, 존재한다고 하더라도 이를 똑같이 인식할 수 없다는 입장이다. 법철학의 역사에서 법사상을 주도했던 사상은 플라톤, 아리스토텔레스, 스토아 철학, 가톨릭 신학과 같은 자연법론이었지만, 소피스트 철학, 에피쿠로스 철학, 윌리엄 오캄의 유명론, 토마스 홉스의 사상, 영국 경험 철학, 공리주의 및 실증주의는 자연법론과는 반대의 길을 갔다. 천부인권 사상은 전형적인 자연법론의 구조를 따라가지만, 그 주장하는 바는 매우 다르다. 이는 양자가 주장하는 자연법의 내용이 달랐을 뿐만 아니라, 자연법을 소수의 사람만이 인식할 수 있는지 아니면 모든 인간이 인식할 수 있는지에 대해서도 견해가 다르기 때문이다. 사회계약론이나 칸트 철학도 전통적인 자연법론과는 다른 모습을 보인다.

부족하나마 이 책에서 법사상의 주된 관심대상이 역사의 흐름에 따라 "자연법에서 실정법으로" 옮겨 갔다는 점을 보이고 싶었다. 아쉬운 점은 이 책이 (나의 한계로 인해) 19세기까지의 법사상을 단편적으로만 다루었을 뿐, 법사상사의 중요 부분을 총괄적으로 다루지 못했다는 점이다(예컨대 헤겔의 법사상을 다루지 못했다). '법사상사 소고'를 기초로 나중에 제대로 된 '법사상사'를 펴낼 수 있었으면 한다. 그리고 다음에 능력과 기회가 된다면 (법)실증주의를 비롯한 19세기와 20세기의 법사상사를 '법사상사 소고' 제2편을 통해 다루어보고 싶다.

2014년 5월
초서재(抄書齋)에서
고봉진

CONTENTS

제1장 플라톤

1. 소피스트 철학

플라톤이 활동하기 전에 그리스에는 소피스트 철학이 유행했다. 소피스트 철학자로 유명한 사람은 트라시마코스, 칼리클레스, 안티폰, 히피아스, 프로타고라스, 고르기아스가 있다. 트라시마코스(Thrasymachus)는 정의란 오로지 강자에게 유용한 것이고, 국가 안에서 지배세력의 이익에 종사할 뿐이라고 주장했다.[1] 칼리클레스(Callicles)는 강한 자가 항상 약한 자보다 많이 갖는다는 것은 자연의 이치이며, 이런 것이 자연법이라고 주장했다. 그에 따르면, 약한 사람과 평범한 사람들과 노예근성을 가진 사람들이 스스로를 지켜나가기 위해 윤리와 법률을 발명해냈을 뿐이다.[2] 반면에 안티폰과 히피아스의 사상은 트라시마코스와 칼리클레스의 사상과 정반대의 내용을 이룬다. 안티폰(Antiphon)은 "자연에 따르면 인간은 이방인이거나 그리스인이거나 간에 모두 평등하다. [...] 우리 모두 입과 코로 숨을 쉬고, 우리 모두가 손으로 밥을 먹지 않는가?"라고 가르쳤다.[3] 히피아스(Hippias)는 만인은 태어날 때부터 동등한 시민으로 존재하며, 노예와 자유인을 구분하고 그들 사이의 재물을 불평등하게 나누게 하는 것은 무지막지한 법이라고 했다.[4]

---

1) Hans Welsel(박은정 역), 『자연법과 실질적 정의』(삼영사, 2001/2005), 30면.
2) Johannes Hirschberger(강성위 역), 『서양철학사-상권·고대와 중세』(이문출판사, 1983/2007), 73면.
3) Hans Welsel(박은정 역), 『자연법과 실질적 정의』(삼영사, 2001/2005), 27-28면. 안티폰에 대해서는 G. B. Kerferd(김남두 역), 『소피스트 운동』(아카넷, 2004), 85면 이하 참조.
4) Ernst Bloch(박설호 역), 『자연법과 인간의 존엄성』(열린책들, 2011), 29면. 히피아스에 대해서는 G. B. Kerferd(김남두 역), 『소피스트 운동』(아카넷, 2004), 80면 이하 참조. 플라톤의 대화편 '프로타고라스'에서 히피아스는 "나는 법에 의

소피스트 중에서 플라톤과 대비되는 철학자는 프로타고라스와 고르기아스인데, 그들의 사상은 소피스트 철학의 상대주의와 주관주의를 대표한다. 프로타고라스(Protagoras)는 최초의 소피스트라고 불리는 인물로 진리의 상대성과 주관성을 설파했다. 프로타고라스는 "인간은 만물의 척도다. 존재하는 것에 대해서는 존재하는 것의, 존재하지 않는 것에 대해서는 존재하지 않는 것의 척도다"라는 말을 남긴 것으로 유명하다. '인간이 만물의 척도'라는 명제는 우리가 지각한 것이 우리의 지식과 척도가 된다는 뜻으로, 이에 따르면 각 개인이 서로 다른 방식으로 사물을 지각하기 때문에 누가 옳고 그른지를 검증할 기준이 없게 된다.[5] "인식론적으로 보면 그의 말은 초개인적인 진리를 부정하는 내용을 담고 있다. 즉, '나에게는 모든 것이 내 눈에 비치는 대로, 또 네게는 네 눈에 비치는 대로 존재하는 까닭에' 진리는 이를 인지하는 주체와 관련해서 상대적이다."[6]

고르기아스(Gorgias)는 다음과 같은 유명한 말을 남겼다. "아무 것도 있지 않다. 그리고 만약에 무엇이 있다고 하더라도, 인간은 그것을 인식할 수 없다. 그리고 만약에 그것을 인식할 수 있다고 하더라도, 여하튼 (남에게) 전해줄 수는 없다."[7] 이에 따르면, 존재하는 것은 아

해서가 아니라 본성에 의해서 당신들을 모두 동족으로, 친족으로, 그리고 동료 시민으로서 여깁니다. 왜냐하면, 유사한 것은 유사한 것과 본성에 의해 가까우나, 반면 인간들의 폭군인 법은 우리를 많은 것들에 있어 본성에 반하도록 강제하기 때문입니다"라고 말하다.

5) Samuel Enoch Stumpf/James Fieser(이광래 역), 『소크라테스에서 포스트모더니즘까지』(열린책들, 2008), 63면.

6) Hans Welsel(박은정 역), 『자연법과 실질적 정의』(삼영사, 2001/2005), 23면.

7) Johannes Hirschberger (강성위 역), 『서양철학사 — 상권·고대와 중세』(이문출판사, 1983/2007), 70면; Bertrand Russell(서상복 역), 『서양철학사』(을유문화사, 2011), 132면.

무엇도 없으며, 무엇인가 존재한다 하더라도 인식될 수 없고, 무엇인가 인식될 수 있다 해도 그런 인식은 전달될 수가 없다.[8] 플라톤에 의해 비난의 대상이 된 소피스트의 상대주의 철학은 자연법의 존재론인 '실재존재론'을 부정할 뿐만 아니라, 자연법의 인식론인 '강한 인지주의'를 부정한다.[9]

---

8) Hans Joachim Störig(박민수 역), 『세계 철학사』(이룸, 2008), 213면. 고르기아스에 대해서는 G. B. Kerferd(김남두 역), 『소피스트 운동』(아카넷, 2004), 77면 이하 참조.

9) Hans Welsel(박은정 역), 『자연법과 실질적 정의』(삼영사, 2001/2005), 32면 이하 참조.

2. '이데아' 사상

(1) 플라톤의 생애

플라톤(Platon)은 기원전 428년과 427년 사이에 아테네의 상류 가정에서 태어났다. 플라톤이 태어난 시점은 페리클레스(BC 495-BC 429)가 죽은 지 1~2년이 지난 때였고, 페르시아 전쟁(BC 490-BC 479)이 끝난 지 한참 지난 뒤이며, 아테네와 스파르타 간의 펠로폰네소스 전쟁(BC 431-BC 404)이 갓 시작한 때였다. 20세 때에 소크라테스의 문하로 들어가, 그 후 8년간 소크라테스의 제자 생활을 했다. 28세가 되던 해인 기원전 399년, 플라톤은 소크라테스가 자신을 체포했던 법정이 내린 독약을 마시고 71세를 일기로 죽는 것을 목격했다.

소크라테스의 죽음은 두 가지 면에서 플라톤에게 큰 영향을 미쳤다. 소크라테스의 죽음은 정치 지망생 플라톤에게 현실정치에 대한 환멸을 느끼게 하였고, 그의 관심사를 정치 참여에서 철학으로 바꾸게 하였다. 또한, 소크라테스의 죽음은 민주주의에 대한 환멸을 가져와 훗날 플라톤이 철인정치를 구상하는 데 기반이 되었다. 민주주의는 위대한 지도자를 낳을 수 없으며 소크라테스와 같은 위대한 사상가도 죽일 수 있다는 사실을 체험한 것이다. 플라톤은 펠로폰네소스 전쟁에서 아테네가 스파르타에게 패한 원인이 아테네의 민주정 때문이라고 생각했는데, 이 또한 민주주의에 대한 플라톤의 태도에 영향을 미쳤다.

스승 소크라테스의 죽음에 충격을 받은 플라톤은 40세가 될 때까지 아테네를 떠나 메가라, 이집트 등에 머물렀다. 특히 그리스의 식민지인 이탈리아 남부와 시칠리아에 머무는 동안에는 피타고라스학파와 밀접한 관계를 맺고 그 영향을 받았다. 40세가 되던 해인 기원전 387년, 플라톤은 아테네로 돌아와 '아카데미아'(Akademia)라는 학원을 세워 가르치기 시작했다. 아카데미아는 서구에서 출현한 최초의 대학이라고 할 수 있다. 많은 대화편을 저술하였고, 기원전 347년 80세를 일기를 세상을 떠났다.

플라톤의 주요 작품에는 변론, 크리톤, 프로타고라스, 고르기아스, 메논, 크라틸로스, 향연, 파이돈, 국가, 파이드로스, 테아이테토스, 티마이오스, 크리티아스, 정치가, 법률이 뽑힌다.[10] 이 중 플라톤의 법사상을 파악할 수 있는 중요한 작품으로는 '국가'(Politeia)와 '법률'(Nomoi)이 있다. '국가'는 플라톤이 장년의 완숙기에 온 힘을 다해 '이상 정치'에 대해 쓴 작품이고, '법률'은 플라톤이 말년에 '현실 정치'에 대해 쓴 작품이다. 화이트헤드(Alfred North Whitehead)는 2000년 서양 철학사는 플라톤 철학에 각주를 단 것에 불과하다고 말함으로써 플라톤이 서양 철학사에 남긴 거대한 업적과 영향력을 대변하고 있다.

---

10) 플라톤의 저작은 대부분 대화의 형식으로 이루어져 있고, 총 34편이 알려져 있다. 그의 저작은 초기, 중기, 후기로 구분되는데, 초기(40세가 되기 전까지) 작품으로는 변론, 그리톤, 에우티프론, 카르미데스, 라케스, 히피아스, 이온, 프로타고라스(이상 초기 작품 중 앞쪽에 속하는 것), 리시스, 에우티데모스, 메넥세노스, 고르기아스(이상 초기 작품 중 뒤쪽에 속하는 것)가 있다. 중기(플라톤이 아카데미아 학원을 세운 때로부터 60세까지) 작품에는 메논, 크라틸로스, 파이돈, 연회(향연), 국가, 파이드로스, 파르메니데스, 테아이테토스가 있고, 후기(67살부터 죽을 때까지) 작품으로는 티마이오스, 크리티아스, 소피스테스, 정치가, 필레보스, 법률이 있다. 중기와 후기 사이인 61세부터 67세까지는 시라쿠사에서 자신이 '국가'에서 주장한 '철인'의 통치사상을 심어보려고 시도했으나 실패하고 만다. 박종현, 플라톤의 생애와 철학, 13-16면, in: Platon(박종현 역), 『국가』(서광사, 1997); Hans J. Störig(박민수 역), 『세계 철학사』(이룸, 2008), 229면 이하.

(2) 동굴의 비유

플라톤은 소피스트 철학의 상대주의와 주관주의를 극복하기 위해 절대주의와 객관주의를 대변할 수 있는 확실한 진리와 확실한 인식의 대상이 존재한다고 주장했다. 플라톤은 감각세계의 변화와 불확실성이 배제된 '불변하는 선험적 내용'을 '이데아'(idea)로 칭했다.11) 그리스 단어 이데아나 에이도스(eidos)는 원래 '상像'이란 뜻이다.12) 플라톤에게 눈에 보이는 현상 세계는 '참된' 존재가 아니고, 감각 세계는 실체가 없는 가상에 지나지 않고, 단순히 이데아가 나타난 것(현상된 것)에 지나지 않는다. 플라톤의 이데아 사상에 따르면, 실재(實在)하는 것은 현상 세계가 아니고, 이데아 세계이다.13)

---

11) Hans Welzel(박은정 역), 『자연법과 실질적 정의』(삼영사, 2001/2005), 38면; "두 개의 세계, 즉 어두운 동굴의 세계와 밝은 빛의 세계가 존재한다는 플라톤의 주장은 소피스트의 회의주의에 대한 그의 반론이었다. 플라톤에게 지식이란 가능한 것일 뿐만 아니라 절대로 확실한 것이다. 지식을 확실하게 만드는 것은 지식이 가장 실재적인 어떤 것에 기초해 있다는 것이다." Samuel Enoch Stumpf/James Fieser(이광래 역), 『소크라테스에서 포스트모더니즘까지』(열린책들, 2008), 93면.

12) 거스리(W. K. C. Guthrie)는 이데아의 영어 번역어인 'idea'가 부적절한 역어라고 주장한다. "그것은 형상(形相: eidos, form) 또는 본(paradeigma, pattern)을 의미했다. 그렇다면 어느 점에서는 영어 'idea'는 그럴 수 없이 부적절한 역어인 셈이다. 왜냐하면, 우리에게 있어서는 idea(관념)란 말은 우리의 마음을 떠나 존재하지 않는 것을 연상시키지만, 반면 플라톤에게 있어서는 이데아들(ideai)은 충만하고 온전하며 독립된 존재를 누렸기 때문이다." W. K. C. Guthrie, 『희랍철학 입문』(서광사, 2010), 120면.

13) 플라톤은 헤라클레이토스의 이론과 파르메니데스의 이론을 결합하여 자신의 이론을 구성한 것으로 보인다. "플라톤은 파르메니데스에게서 실재는 영원하고 시간을 초월하며, 논리적 근거에 입각해 모든 변화는 환상에 불과하다는 믿음을 이끌어냈다. 또 헤라클레이토스에게서는 감각적인 세계에 영원한 것이란 하나도 없다는 부정적인 학설을 이끌어냈다." Bertrand Russell(서상복 역), 『서양철학사』(을유문화사, 2009), 167면; 플라톤 사상에 미친 헤라클레이토스 이론과 파르메니데스의 이론의 영향에 대한 자세한 서술은 Karl Popper(이하

플라톤의 이데아 사상을 이해하는 데 가장 중요한 텍스트는 '국가' 제7권에 나오는 '동굴의 비유'이다.[14) 여기서 '동굴 안'은 눈에는 보이지만 가짜인 '현상 세계'를 비유한 것이고, '동굴 밖'은 눈에는 보이지 않지만 진짜 세계인 '이데아 세계'를 비유한 것이다. '국가' 제7권은 소크라테스와 플라톤의 형인 글라우콘(Glaukon)의 대화인데, 여기서 플라톤은 소크라테스의 입을 통해 자신의 이데아 사상을 전개한다.

"지하의 동굴 모양을 한 거처에서, 즉 불빛 쪽으로 향해서 길게 난 입구를 전체 동굴의 너비만큼이나 넓게 가진 그런 동굴에서 어릴 적부터 사지와 목을 결박당한 상태로 있는 사람들을 상상해 보게. 그래서 이들은 이곳에 머물러 있으면서 앞만 보게 되어 있고, 포박 때문에 머리를 돌릴 수도 없다네. 이들의 뒤쪽에서는 위쪽으로 멀리에서 불빛이 타오르고 있네. 또한, 이 불과 죄수들 사이에는 위쪽으로 (가로로) 길이 하나 나 있는데, 이 길을 따라 담(흥장)이 세워져 있는 걸 상상해 보게. 흡사 인형극을 공연하는 사람들의 경우에 사람들 앞에 야트막한 휘장(칸막이)이 쳐져 있어서, 이 휘장 위로 인형들을 보여 주듯 말일세(514a)."[15)

글라우콘은 소크라테스가 이상한 비유와 이상한 죄수에 대해 말하고 있다고 생각하지만, 이내 소크라테스의 주장에 수긍하게 된다. "우리와 같은 사람들일세. 글쎄, 우선 이런 사람들이 불로 인해서 자기들의 맞은편 동굴 벽면에 투영되는 그림자들 이외에 자기들 자신이나 서로의 어떤 것인들 본 일이 있을 것으로 자네는 생

구 역), 『열린사회와 그 적들 Ⅰ』(서광사, 1997/2011), 23-42면.

14) Platon(박종현 역), 『국가』(서광사, 1997), 447-503면.

15) Platon(박종현 역), 『국가』(서광사, 1997), 448면.

각하는가?" 글라우콘은 "실상 이들이 일생을 통해서 머리조차 움직이지 못하도록 강제당했다면, 어떻게 볼 수 있겠습니까?"라고 반문하며 볼 수 없다고 말한다. "그럼 운반되는 것들에 대해서도 어떻겠는가? 이 역시 마찬가지가 아니겠는가?" 이에 글라우콘은 "물론입니다"라고 대답한다(515b).[16]

플라톤은 동굴 안에 묶여 있는 사람은 동굴 밖을 인지할 수 없다고 글라우콘에게 말하고, 글라우콘은 이에 수긍한다. "그러면 이 감옥의 맞은편 벽에서 또한 메아리가 울려 온다면 어떻겠는가? 지나가는 자들 중에서 누군가가 소리를 낼 경우에, 그 소리를 내는 것이 지나가는 그림자 아닌 다른 것이라고 이들이 믿을 것으로 자넨 생각하는가?" 이에 글라우콘은 "저로서는 단연코 그렇게 생각하지 않습니다"라고 대답한다. "그러니까 이런 사람들이 인공적인 제작물들의 그림자들 이외의 다른 것을 진짜라 생각하는 일은 전혀 없을 걸세." 글라우콘은 "다분히 필연적입니다"라고 말한다(515b, 515c).[17]

이제 플라톤은 동굴 밖의 이데아를 볼 수 있는 한 사람에 대해 이야기하기 시작한다. "가령 이들 중에서 누군가가 풀려나서는, 갑자기 일어서서 목을 돌리고 걸어가 그 불빛 쪽으로 쳐다보도록 강요당할 경우에, 그는 이 모든 걸 하면서 고통스러워할 것이고, 또한 전에는 그 그림자들만 보았을 뿐인 실물들을 눈부심 때문에 볼 수도 없을 걸세(450d)." "그러기에, 그가 높은 곳의 것들을 보게 되려면, 익숙해짐이 필요하다고 나는 생각하네. 처음에는 그림자들을 제일 쉽게 보게 될 것이고, 그 다음으로는 물속에 비친 사람들이나 또는 다른 것들의 상을 보게 될 것이며, 실물들은 그런 뒤에야 보

---

16) Platon(박종현 역), 『국가』(서광사, 1997), 449면.
17) Platon(박종현 역), 『국가』(서광사, 1997), 449면.

게 될 걸세(516b)." "어떤가? 이 사람이 최초의 거처와 그곳에 있어서의 지혜 그리고 그때의 동료 죄수들을 상기하고서는, 자신의 변화로 인해 자신은 행복하다고 여기되, 그들을 불쌍히 여길 것이라고 자넨 생각지 않는가?(516c)"[18] 글라우콘은 이 질문에 대해 "물론입니다"라고 대답하고(516c), 이 사람이 동굴 속에서 사는 것보다 어렵더라도 모든 걸 겪어내고 동굴 밖 이데아 세계에서 사는 쪽을 택할 것이라고 대답한다(516e).[19]

이어서 플라톤은 '좋음(선)의 이데아'에 대해 다음과 같이 말한다. "인식할 수 있는 영역에 있어서 최종적으로 그리고 각고 끝에 보게 되는 것이 '좋음(선)의 이데아'이네. 그러나 일단 이를 본 다음에는, 이것이 모든 것에 있어서 모든 옳고 아름다운(훌륭한) 것의 원인이라고, 또한 '가시적 영역'에 있어서는 빛과 이 빛의 주인을 낳고, '지성에 의해서(라야) 알 수 있는 영역'에서도 스스로 주인으로서 진리와 지성을 제공하는 것이라고. 그리고 또 장차 사적으로나 공적으로나 슬기롭게 행하고자 하는 자는 이 이데아를 보아야만 한다고 결론을 내려야만 하네(517c)." 글라우콘도 플라톤의 견해에 동의한다. "저로서 할 수 있는 한은 저 역시 생각을 같이합니다(517d)."[20]

플라톤이 '국가' 제7권 '동굴의 비유'에서 말하는 '이데아'는 '국가' 제6권 '태양의 비유'에서도 확인할 수 있다. '국가' 제6권에서 플라톤은 '좋음(선)의 이데아'를 설명하기 위해 '태양의 비유'를 한다. "그렇다면 태양도 시각이 아니고, 이(시각)의 원인이 되는 것이

---

18) Platon(박종현 역), 『국가』(서광사, 1997), 450면.
19) Platon(박종현 역), 『국가』(서광사, 1997), 452면.
20) Platon(박종현 역), 『국가』(서광사, 1997), 453-454면.

어서, 시각 자체에 의해 보이게 되지 않는가?(508b)"[21] 여기서 플라톤은 철학자들은 실재에 관심을 두는 성향(자질)을 가진다고 말하면서(485b),[22] '가장 큰(중요한) 배움'은 '좋음(선)의 이데아'에 대한 배움이라고 말한다(505a).[23]

(3) 올바름(정의)

고대 그리스의 사유에 따르면, 인간의 영혼은 이성·의지·욕망으로 삼분되는데, 이성은 머리에, 의지는 가슴에, 그리고 욕망은 하체에 자리한다. 플라톤도 '국가' 제4편에서 혼을 그 기능이나 성향에 따라 '헤아리는(이성적) 부분', '격정적인 부분', '욕구하는 부분' 3가지로 나누고 있다(439d). 영혼의 세 부분인 이성(reason), 의지(기개, spirit), 욕망(desire)이 각각의 기능을 제대로 실현할 때 지혜, 용기, 절제가 발현된다.[24] "영혼의 세 부분에 대응하는 세 가지 덕은 이 부분들이 각각의 기능을 실현할 때 이루어진다. 그러므로 욕망이 한계와

---

21) Platon(박종현 역), 『국가』(서광사, 1997), 436면.

22) Platon(박종현 역), 『국가』(서광사, 1997), 387면.

23) Platon(박종현 역), 『국가 (서광사, 1997), 428면; "그러므로 인식되는 것들에 진리를 제공하고 인식하는 자에게 그 힘을 주는 것은 '좋음의 이데아'라고 선언하게. 이 이데아는 인식(앎)과 진리의 원인이지만, '인식되는 것'이라 생각하게나(508e)." Platon(박종현 역), 『국가』(서광사, 1997), 437면.

24) Platon(박종현 역), 『국가』(서광사, 1997), 276면 이하; 4주덕(四主德) 중 처음 3가지는 영혼의 구성 요소에 상응한다. "플라톤은 감각적 욕구, 의지, 이성과 같은 영혼의 세 가지 기본 능력을 아주 분명하게 구별한다. 이 세 가지 능력에 다음의 세 가지 탁월함이나 덕을 상응한다. 욕구에는 절제가, 의지에는 용기가, 이성에는 통찰이나 지혜가 상응한다. 각각의 기본 능력은 자신의 고유한 과제를 수행하며, 영혼에 올바른 질서를 세우기 위해서는 정의라는 넷째 덕을 필요로 한다. 이때부터 정의는 사주덕(Kardinaltugenden)에 속하며, 이를 중심으로 모든 것이 움직인다." Otfried Höffe(박종대 역), 『정의』(이제이북스, 2004), 27면.

분수를 지켜서 영혼의 다른 부분을 침해하지 않을 때 쾌락과 갈망에 대한 이러한 조절은 '절제'의 덕을 낳는다. 또한, 영혼의 기개부분에서 나오는 의지력이 한계를 지킴으로써 앞뒤를 가리지 않는 성급한 행동을 피하고 공수(攻守) 행위에서 믿을 만한 힘을 발휘할 때 '용기'의 덕이 이루어진다. 이성이 욕망의 공격에 동요되지 않고 일상생활에서의 끊임없는 변화에도 불구하고 참된 이상을 계속 지켜나간다면, 그때 '지혜'의 덕이 성취된다. 그런데 이들 세 가지 덕 간에는 상호 연관성이 존재한다. 절제가 욕망의 이성적 통제라면 용기는 기개의 이성적 명령이기 때문이다. 또한, 동시에 영혼의 각 부분이 자신의 특수한 기능을 충실히 수행할 때 네 번째 덕인 '정의'가 이루어진다. 정의는 그 각 부분에 각각의 고유한 의무를 부여하므로 보편적인 덕이라고 할 수 있다."25)

플라톤에 따르면, '제 일을 하는 것'이 실현되는 것이 올바름(올바른 상태)이다(433b). '자신의 기능을 가장 잘 수행하는 것'이 '훌륭함'(훌륭한 상태, 덕; aretē)이며,26) '각자가 자신의 일을 하는 것'이 '올바름'(올바른 상태, 정의; dikaiosynē)이다. 올바름(올바른 상태)에 도달하려면, 제 일을 충실히 하고 남의 일에 참견하지 말아야 한다 (433b).27) 플라톤에게 정의란 계층 간의 올바른 관계로서, 각 계층이 그의 것을 행하는 것이다.28) 이성, 의지, 욕망이라는 세 가지 영

---

25) Samuel Enoch Stumpf/James Fieser(이광래 역), 『소크라테스에서 포스트모더니즘까지』(열린책들, 2008), 114면.
26) 모든 사물에는 그 종류 나름대로 '훌륭한 상태', 즉 '좋은(agathos＝good) 상태'가 있기 때문에, 박종현 교수는 aretē를 '덕'(virtue, vertu, Tugend)으로 번역하지 않고 '훌륭함'(훌륭한 상태)으로 번역한다. 사람의 덕목과 관련된 경우에는 이를 '덕'이라 해도 무방하나, 논의의 보편성을 고려하여 '훌륭함'이라는 번역어를 박종현 교수는 택하였다. Platon(박종현 역), 『국가』(서광사, 1997), 74면.
27) Platon(박종현 역), 『국가』(서광사, 1997), 285-286면.

혼의 부분에 상응하여 세 종류의 시민층인 수호자, 군인, 생산자는 모두 각자가 오직 그의 것만 행해야 한다는 정의법칙의 지배하에 놓인다.[29] 플라톤은 이를 수호하는 부류, 보조하는 부류, 돈벌이하는 부류라고 칭하며, 이들 각각이 나라에 있어서 '자신에게 맞는 자신의 일을 함'이 '올바름'(올바른 상태)이라고 말한다(434c).[30] 반면에 '올바르지 못함'은 이들 세 부분 간 일종의 내분이며, 참견과 간섭, 그리고 혼 전체에 대한 어떤 일부의 모반이다(444b).[31] 보조하는 부류가 수호하려고 하거나, 돈벌이하는 부류가 전사의 부류에 속하려고 하면 나라는 파멸하게 된다. "나로서는 그 성향상 장인이거나 또는 다른 어떤 돈벌이를 하는 사람이 나중에 부나 다수 또는 힘에 의해 또는 이런 유의 다른 어떤 것에 의해 우쭐해져서는 전사의 부류로 이행하려 들거나, 혹은 전사들 중에 어떤 이가, 그럴 자격도 없으면서, 숙의 결정하며 수호하는 부류로 이행하려 든다면, 그리하여 이런 사람들이 서로의 도구와 직분을 교환하게 된다면, 또는 동일한 사람이 이 모든 일을 동시에 하려 든다면, 그런 경우에 내 생각에도 그렇지만, 자네한테도 이들의 이 교환이나 참견이 이 나라에 파멸을 가져다주는 것으로 여겨질 것이라 생각하네(433b)."[32]

---

28) Hans Welsel(박은정 역), 『자연법과 실질적 정의』(삼영사, 2001/2005), 44면.
29) Hans Welsel(박은정 역), 『자연법과 실질적 정의』(삼영사, 2001/2005), 44면.
30) Platon(박종현 역), 『국가』(서광사, 1997), 289면.
31) Platon(박종현 역), 『국가』(서광사, 1997), 309면.
32) Platon(박종현 역), 『국가』(서광사, 1997), 288면.

(4) 철인 통치의 정당성

플라톤에 따르면, 수호자 계급만이 '좋음(선)의 이데아'에 대한 인식의 길로 들어서며, 이를 통해 플라톤은 수호자(철인)의 통치를 정당화한다.[33] "우리가 이 나라를 수립함에 있어서 유념하고 있는 것은 우리가 어느 한 집단이 특히 행복하게 되도록 하는 게 아니라, 시민 전체가 최대한으로 행복해지도록 하는 것입니다.[34] 그건 우리가 그런 나라에서 올바름(올바른 상태, 정의; dikaiosynē)을 가장 잘 찾아볼 수 있는 반면, 가장 나쁘게 경영되는 나라에서는 올바르지 못함(올바르지 못한 상태, 불의; adikia)을 찾아볼 수 있을 것이며, [...] 우리가 생각하고 있듯, 지금 우리가 행복한 나라를 형성하고 있는 것은, 소수의 사람들을 따로 분리해 내서 이들을 이 나라에서 행복한 사람들이게끔 함으로써 하는 것이 아니라, 온 나라를 행복하게끔 함으로써 하는 것이네(420b, 420c)."[35] "법률과 나라의 수호자들이 실제로는 그런 사람들이 아니면서도 그런 듯이 여겨지기만 하는 사람들일 때, 이들은 온 나라를 송두리째 파멸시키겠지만, 또한 오직 이들 수호자들만이 나라를 잘 경영하고 행복하게 하는 계기를 쥐고 있다는 사실도 당신은 분명히 알고 있습니다(421a)."[36] "철학자(지혜를 사랑하는 이)들이 나라들에 있어서 군

---

33) Platon(박종현 역), 『국가』(서광사, 1997), 447면.
34) 이는 나라의 수호자들로 선발된 사람들이 특혜를 누리기는커녕 오히려 엄격히 통제된 공동생활을 하도록 강요당한다면 이들은 결코 행복하지 않다는 아데이만토스(Adeimantos)의 지적에 대한 플라톤의 대답이다. Platon(박종현 역), 『국가』(서광사, 1997), 255면, 257면.
35) Platon(박종현 역), 『국가』(서광사, 1997), 258면.
36) Platon(박종현 역), 『국가』(서광사, 1997), 260면.

왕들로서 다스리거나, 현재 이른바 군왕 또는 '최고 권력자'들로 불리는 이들이 '진실로 그리고 충분히 철학하게'(지혜를 사랑하게) 되지 않는 한, 그리하여 이게 즉 '정치권력'과 철학(지혜에 대한 사랑: philosophia)이 한 데 합쳐지는 한편으로, 다양한 성향들이 지금처럼 그 둘 중의 어느 한쪽으로 따로따로 향해 가는 상태가 강제적으로나마 저지되지 않는 한, 여보게나 글라우콘, 나라들에 있어서, 아니 내 생각으로는, 인류에게 있어서도 '나쁜 것들의 종식'은 없다네(473d)."37)

플라톤은 동물들도 최선의 것들한테서 최대한으로 새끼를 얻으려 한다는 점에서, 그리고 가장 절정기의 것들한테서 새끼를 얻으려 한다는 점에서, 인류의 경우도 사정은 마찬가지이며, 통치자들이 최상급이어야 한다고 말한다. "만약에 인류의 경우에도 사정은 역시 마찬가지라면, 통치자들이 최상급이어야만 할 필요성이 우리에게 있어서 얼마나 크겠는가(459b)."38) "적어도 위대한 인물로 될 이는 저 자신도 저 자신의 것들도 사랑하지 말고, 올바른(정의로운) 것들을 사랑해야 합니다(732a)."39)

그런데 플라톤에 따르면, 수호자 계급은 그냥 되는 것이 아니라 오랜 기간의 엄격한 교육과정과 훈련을 거친 후, 50세에 이르게 되면 지도자의 역할을 맡게 된다. "17, 8세까지의 예비 교육 다음에는 3년간의 신체 및 군사 훈련이 따르게 되어 있다. 그다음으로 10년간의 고등 학문이나 수학 공부에 이어 5년간 더 계속해서 철학의 최고 분야들에 있어서의 공부에 이르게 되어 있다. 이때의 각 단계

---

37) Platon(박종현 역), 『국가』(서광사, 1997), 365면; 이 구절은 플라톤의 '철인 치자' 사상을 단적으로 드러내는 구절로 알려져 있다. (박종현, 각주 49 참조)

38) Platon(박종현 역), 『국가』(서광사, 1997), 337면.

39) Platon(박종현 역), 『법률』(서광사, 2009), 363면.

마다에서 어떤 제외 조처가 취해지는데 최종적으로 선발된 자들은 35세가 되면 하위직에 종사할 수 있는 준비가 되어 있다."[40]

또한, 플라톤에 따르면, 나라의 수호자들로 선발된 사람들은 특혜를 누리는 것이 아니라 오히려 엄격히 통제된 공동생활을 감수해야 한다. 수호자들에게는 철저한 공산주의가 적용되어, '처자와 재산'을 공유로만 소유할 수 있다. 플라톤은 정치적 권력과 경제력의 완전한 분리를 주장한다.[41] "이른바 사적인 것은 모든 방책을 써서 생활에서 모든 면에서 완전히 배제하게 됩니다(739d)."[42] 플라톤이 수호자 계급에 공유를 강조하는 이유는 사람들이 저마다 다른 것을 두고 '내 것'이라고 주장하기 때문에 나라가 분열된다고 보기 때문이다. 플라톤은 몸을 제외하고 아무것도 사유하는 것이 없고, 공유하게 되면 소송이나 서로에 대한 고소가 거의 사라질 것이고, 사람들이 재물이나 아이들이나 친족들의 소유로 인해서 분쟁하게 되는 그런 모든 일에 있어서, 분쟁하는 일이 없게 될 것으로 보았다(464e).[43]

(5) 차선국가에서의 법치

플라톤은 '국가'에서 정치권력과 철학이 합쳐지는 '철학자에 의한 통치' 즉 '인치'(人治)를 주장하면서, 이상국가에서는 '법치'(法治)는 불필요하다고 보았다. "나는, 나쁘게 다스려지는 나라에 있어

---

40) W. K. C. Guthrie(박종현 역), 『희랍 철학 입문』(서광사, 2010), 133면.
41) W. K. C. Guthrie(박종현 역), 『희랍 철학 입문』(서광사, 2010), 148면.
42) Platon(박종현 역), 『법률』(서광사, 2009), 378면.
43) Platon(박종현 역), 『국가』(서광사, 1997), 347면.

서건 또는 훌륭하게 다스려지는 나라에 있어서건, 법률 및 정체와 관련해서 이런 종류의 것으로 참된 입법자가 수고할 필요는 없다고 생각했었네. 앞의 경우의 나라에 있어서는 그게 소용이 없고 아무것도 이루지 못할 것이기 때문이나, 뒤의 경우의 나라에 있어서는 이런 유의 것들 중에서 어떤 것들은 누구나 찾을 수 있는데다, 또 어떤 것들은 이제까지의 관례(관행)에서 자동으로 뒤따르기 때문일세(427a)."[44]

플라톤은 '국가'와 '법률' 사이에 쓴 '정치가'에서도 '국가'에서의 수호자 통치와 마찬가지로 '법률 없이 다스리는 이들의 정당성'에 대해 "최선의 것은 법률이 아니라 지혜를 갖춘 왕도적 치자가 우세한 것"이라고 주장한다(294a).[45] '정치가'에서 플라톤은 ('손님'의 이름을 빌려) 인간들 및 행위들이 천차만별이라는 것과 인간사들의 어느 것도 결코 정지해 있지 않다는 사실 때문에. 법(nomos)은 최선의 것과 가장 올바른 것을 정확히 파악해서 동시에 모든 이들에게 가장 좋은 것을 지시할 수 없다고 주장한다(294b). 플라톤에게 법은 가장 바른 것이 아니며, 따라서 법을 제정할 필요가 없다(294c).[46]

하지만 플라톤은 만년의 작품인 '법률'에서 차선국가에서의 '법치'를 강조한다.[47] "언제고 인간들 중에서 누군가가 신적인 섭리에

---

44) Platon(박종현 역), 『국가』(서광사, 1997), 271-272면.

45) Platon(김태경 역), 『정치가』(한길사, 2000/2011), 187면 이하; "플라톤의 법이론은 그의 제자에 의하여 사후에 편집된 마지막 대화편인 '법률'에서 자세히 전개되고 있지만, 이미 중기에서 후기로 넘어가는 과도기의 대화편인 '정치가'에서도 살펴볼 수 있다. 여기에서 법은 여전히 철인국가론의 연장선에서 논의되고 있으며 우호적인 입장에서 서술되지도 않았다(Politikos, 294a). [...] 인간의 차이, 인간행위의 다양성, 인간사의 불안정한 변화가능성으로 말미암아 모든 문제에 대해 적용될 수 있는 절대적인 법규를 만든다는 것은 불가능하다(Politikos, 294b)." 오세혁, 『법철학사』(세창출판사, 2012), 26-27면.

46) Platon(김태경 역), 『정치가』(한길사, 2000/2011), 188-189면.

의해 천성으로 충분히 자질을 타고남으로써 그런 지위를 얻게 될 경우에는, 그로서는 자신을 지배할 법률이 전혀 필요하지 않을 것입니다. 왜냐하면, 앎보다는 법도 그 어떤 법령도 더 우월하지 못하며, 지성이 그 어떤 것에 종속된다거나 종노릇을 한다는 건 가당치도 않기 때문입니다. 과연 지성이 그 본성대로 정말로 참되고 자유로울진대, 그게 모든 것의 지배자여야 함은 당연하니까요. 하지만 현실적으로 그 어디에도 그런 지성(을 지닌 인물)은 단연코 없습니다. 드문 경우들을 제외하고는 말입니다. 바로 이 때문에 차선의 것, 곧 법령과 법을 택해야만 하는 겁니다(875d).[48] "법이 휘둘리고 권위를 잃은 곳에서는, 그런 나라에는 파멸이 닥쳐와 있는 게 보이니까요. 그러나 법이 통치자들의 주인이고, 통치자들은 법의 종들인 곳에서는 구원이 그리고 신들이 나라들에 주었던 온갖 좋은 것들이 생기는 걸 제가 내다봅니다(715d)."[49]

나아가 플라톤은 '법률'에서 (제한적이기는 하지만) 나라가 수호자가 아닌 나쁜 사람에 의해 다스려질 경우 저항권을 인정하고 있다.[50] "마침내는 나라에 대해서조차도, 나라가 노예의 굴레를 쓰고

---

47) "지혜와 절대 권력을 함께 갖춘 '철인 치자'의 등장은 현실적으로도 거의 불가능한 일일 뿐만 아니라, 자칫 유사 '철인 치자'에 의한 권력남용의 위험을 초래할 뿐일 수 있다. 따라서 인간의 한계, 잘못할 수 있는 인간성의 약점을 전제로 하여, 방금 말한 최선의 나라에 최대한 가까운 나라의 실현을 위한 법률을 제정하여, 이 법률이 지배하게 하는 나라가 차선의 실현 가능한 나라이다." 박종현, 법률 해제, 27면, in: Platon(박종현 역), 『법률』(서광사, 2009).

48) Platon(박종현 역), 『법률』(서광사, 2009), 669-670면.

49) Platon(박종현 역), 『법률』(서광사, 2009), 325면.

50) "하지만 법치국가에 있어서는, 철인국가에 대한 시민의 무조건적인 복종과 달리, 국가에 대한 무조건적인 복종의 근거는 사라진다. 플라톤은 국가의 부당한 명령에 대한 저항권, 심지어는 저항의 의무까지도 제한적으로 인정하였다(Nomoi, 770e)." 오세혁, 『법철학사』(세창출판사, 2012), 28면.

서 더 나쁜 사람들에 의해 다스려지는 걸 바라기보다는, 그게 파멸하거나 망명으로 나라를 떠나는 게 불가피해 보일 경우에도 그렇소(770e)."[51]

플라톤은 또한 (오늘날 '법학방법론'에서 배우는) 일반적인 법률과 구체적인 사건의 긴장에 대해 알고 있었고, 이 때문에 법치를 차선이라고 보았다. "법률과 명령은 대부분의 사례를 고려하고 대비할 수는 있겠지만, 결코 모든 사례를 고려할 수는 없네. 그래서 내가 차선이라고 말한 것일세. 자네와 나는, 타인에게 상해를 입히거나 피해를 준 그 사람에게 돌아가야 할 처벌과 벌금을 기꺼이 확정할 것일세. 자, 물론 여기서는 상해를 입혔다는 것만이 적확한 설명 아니겠나? 그러나 누구를, 언제, 어디서, 어떻게 상해를 입혔는가? 상이한 사례는 부지기수이고 상황은 천차만별일세. 그래서 만사를 법원의 재량에 맡기는 것도 불가능하고, 아무것도 맡기지 않는 것도 불가능한 것일세('법률' 875d, 875e)."[52]

플라톤이 '국가'에서 철인 치자의 이상적인 통치를 기술한 반면에, '법률'에서는 법률에 의한 통치(법치)를 기술한 것을 두고 장년의 플라톤이 노년의 플라톤이 되면서 이상주의를 포기하고 현실주의자로 변신했다고 주장하는 견해가 있다. 이에 대해 박종현 교수는 "이전의 플라톤적인 견해와는 단절보다는 오히려 연속성을 드러내 보이게 된다"는 리시(Lisi)의 말을 인용하면서 그렇지 않다고 주장한다. 그 주장의 근거는 플라톤 자신이 '국가'(제9권 마지막 부분)에서 이미 철인의 통치를 통해 수립되는 아름다운 나라(kallipolis)는 현실

---

51) Platon(박종현 역), 『법률』(서광사, 2009), 440면.
52) 여기서는 이상영/이재승, 『법사상사』(한국방송통신대학교 출판부, 2005/2008), 35면에 나온 번역을 따랐다.

적으로 불가능하다고 보았기 때문이다.[53] 글라우콘은 (소크라테스를 통해 말해지는) 플라톤의 주장에 대해 다음과 같이 확인하고 있다. "알겠습니다. 선생님께서는 이제껏 우리가 수립하면서 언급해 온 나라, 즉 이론상(논의상)으로나 성립하는 나라에서 그러려 할 것이란 말씀이군요. 그 나라는 지상의 그 어디에도 존재하지 않을 것이라고 저는 생각하니까요(592b)."[54] 플라톤이 주장하는 철인의 통치를 통해 수립되는 아름다운 나라(kallipolis)는 현실을 규제하는 본으로서 역할을 수행한다. "그렇지만 그것은 아마도 그걸 보고 싶어 하는 자를 위해서, 그리고 그것을 보고서 자신을 거기에 정착시키고 싶어 하는 자를 위해서 하늘에 본(paradeigma)으로서 바쳐져 있다네(592b)."[55]

---

53) 박종현, 「법률 해제」, Platon(박종현 역), 『법률』(서광사, 2009), 23면.
54) Platon(박종현 역), 『국가』(서광사, 1997), 607면.
55) Platon(박종현 역), 『국가』(서광사, 1997), 608면.

3. 비판적 고찰

이하에서는 플라톤의 이상국가론에 대한 아리스토텔레스, 칼 포퍼, 한스 벨젤의 비판을 살펴봄으로써, 플라톤의 사상을 비판적으로 살펴보고자 한다.

(1) 아리스토텔레스의 비판

1) 국가의 극단적 통일성에 대한 비판

아리스토텔레스는 그의 '정치학' 제2권에서 플라톤의 이상국가론에 비판을 가했다. 아리스토텔레스는 '정치학' 제2권 제2장과 제3장에서 플라톤의 이상국가가 지니는 '총체적 통일성'을 비판하고, 지나친 통일성은 비현실적이며, 통일성은 지나치지 않는 편이 지나친 편보다 더 바람직하다는 의견을 제시한다.

아리스토텔레스에 따르면, 플라톤의 이상국가론은 "국가 전체가 가능한 한 하나의 통일체가 되는 것이 최선이다"('국가' 4권 422d 이하, 423d 이하, 5권 462 이하 참조)라는 말로 집약해서 표현할 수 있다. 아리스토텔레스는 국가가 계속해서 점점 더 하나의 통일체가 되면 국가는 국가이기를 그만두어야 하며, 국가는 파괴될 것이라고 보았다.[56] 다른 관점에서 보더라도 국가의 지나친 통일성은 바람직하지 않은데, 가족은 개인보다 더 자족할 수 있고 국가는 가족보다 더 자족할 수 있는데, 국가는 공동체를 형성하는 주민들이 자족할 수 있을 만큼 많고 다양해야 비로소 국가라고 할 수 있기

---

56) Aristoteles(천병희 역), 『정치학』(숲, 2009), 65-66면.

때문이다.[57)]

아리스토텔레스는 국가에도 통일성이 있어야 하는 것은 당연하나, 그것이 '총체적 통일성'이어서는 안 되며, 통일성에도 어떤 선이 있어 그것을 넘어서면 국가는 국가이기를 멈추거나, 아니면 국가이기를 멈추지 않더라도 열등한 국가가 된다고 보았다.[58)]

2) '처자 공유제'와 '재산 공유제'에 대한 비판

아리스토텔레스는 '정치학' 제2권 제4장에서 수호자 계급은 부인과 아이를 공유해야 한다는 플라톤의 주장에 대해 비판한다. 아리스토텔레스는 플라톤이 '공유' 제도를 바람직한 것으로 보았지만, '사유' 제도를 무시하고 '공유' 제도만을 취하는 것은 사람의 기본적인 본성을 도외시하는 것이라고 보았다. 인간으로 하여금 배려와 애정의 감정을 품게 하는 것은 주로 '내 것'과 '소중한 것'의 두 가지인데, 플라톤의 이상국가에는 그중 어느 것도 존재할 수 없다.[59)] 아리스토텔레스는 많은 사람에게 속하는 것일수록 보살핌을 덜 받는다는 점에 주목했다. 사람들은 공유재산보다 사유재산에 더 관심이 많으며, 공유재산은 개인적으로 관련되는 범위에서만 보살피는 것처럼, 아이를 공유하게 되면 내 아이는 나의 아이일 수도 있지만, 다른 사람의 아이일 수 있기 때문에, 아버지들이 똑같이 그들을 소홀히 하게 된다는 것이다.[60)]

'정치학' 제2권 제5장에서는 수호자 계급은 재산을 공유해야 한

---

57) Aristoteles(천병희 역), 『정치학』(숲, 2009), 67면.

58) Aristoteles(천병희 역), 『정치학』(숲, 2009), 78면.

59) Aristoteles(천병희 역), 『정치학』(숲, 2009), 73면.

60) Aristoteles(천병희 역), 『정치학』(숲, 2009), 69면.

다는 플라톤의 주장이 비판받았다. 아리스토텔레스는 무엇보다도 인간이 사유재산에서 즐거움을 느끼는 것은 자연스러운 것이라는 점을 강조하고, 플라톤의 '재산 공유제'는 국가의 통일성에 대한 그릇된 견해에서 비롯된 것임을 말한다.[61] "무엇보다도 자기 것으로 간주할 수 있다는 것은 엄청난 쾌감을 안겨준다. 각자가 자기 자신을 사랑하는 것은 공연한 짓이 아니라 자연스러운 것(physikon)이기 때문이다. 이기는 비난받아 마땅하다. 그러나 이기가 비난받는 것은 그것이 단순한 자애가 아니라 지나친 자애이기 때문이다. 마치 수전노가 비난받는 것은 돈을 좋아하기 때문이 아니라, 지나치게 돈을 좋아하기 때문인 것과 같다. 자기 자신, 재산, 돈 같은 것에 대한 애착은 보편적인 현상이라고 할 수 있다."[62] 아리스토텔레스에 따르면 재산은 어떤 의미에서는 공유이어야 하지만 전체적으로는 사유이어야 한다.[63]

아리스토텔레스는 사유재산이 없이 공유재산만 있으면, ① 절제와 선심 같은 탁월함이 실현될 수 없고, ② 가까운 사람들에게 베푸는 재미가 없고, ③ 분쟁이 줄어드는 것이 아니라 오히려 늘어나게 된다.[64] 플라톤은 수호자 계급이 재산을 공유하면 재산과 관련된 분쟁이 없어질 것이라고 보았다('국가' 464b). 하지만 아리스토텔레스에 따르면 이는 맞지 않는 주장인데, 계약 파기로 인한 상호 고소, 위증으로 인한 재판, 부자들에 대한 아첨 등은 재산 사유제가 있고 재산 공유제가 없어서가 아니라, 인간의 타고난 사악함 때문에 발

---

61) Aristoteles(천병희 역), 『정치학』(숲, 2009), 74면.

62) Aristoteles(천병희 역), 『정치학』(숲, 2009), 76-77면.

63) Aristoteles(천병희 역), 『정치학』(숲, 2009), 74면, 75면.

64) Aristoteles(천병희 역), 『정치학』(숲, 2009), 77-78면.

생하는 것이다. 아리스토텔레스에 따르면, 재산을 공유하고 공동으로 사용하는 사람들이 재산을 사유하는 사람들보다 서로 분쟁에 말려드는 경우가 더 많고, 다만 재산을 공동으로 사용하다가 분쟁에 말려드는 사람들이 재산을 사유하고 있는 방대한 수의 사람들보다 적어 보일 뿐이다.[65]

아리스토텔레스는 '처자 공유제'나 '재산 공유제'에 대한 플라톤의 견해는 수호자 계급에 해당되는 주장이며, 국가 구성원의 대부분을 차지하는 일반 대중에 대한 설명이 없음을 지적한다."[66] "농민들에게도 처자와 재산 공유제가 독같이 필요한지의 여부, 이와 연관된 다른 질문들, 이를테면 농민들의 국가 내에서의 위치, 그들이 받아야 할 교육의 성격, 그들이 지켜야 할 법률의 성격에 관해 소크라테스는 아무 말도 하지 않았다."[67]

플라톤의 '국가' 제4권에는 아데이만토스(Adeimantos)가 나라의 수호자들로 선발된 사람들이 특혜를 누리기는커녕 오히려 엄격히 통제된 공동생활을 하도록 강요당한다면 이들은 결코 행복하지 않다고 문제를 제기하고(419a), 이에 대해 플라톤은 나라를 수립함에 있어 유념해야 하는 것은 어느 한 집단이 행복하게 되도록 하는 것이 아니라, 시민 전체가 최대한으로 행복해지는 것이라고 답하는(420b) 장면이 있다.[68] 이에 대해 아리스토텔레스는 모두나 대부분이나 일부가 행복하지 않고서는 전체가 행복하다는 것은 불가능하며, 수호자들이 행복하지 않다면 대체 누가 행복할 것이냐고 반문한다.[69]

---

65) Aristoteles(천병희 역), 『정치학』(숲, 2009), 77-78면.
66) Aristoteles(천병희 역), 『정치학』(숲, 2009), 74면.
67) Aristoteles(천병희 역), 『정치학』(숲, 2009), 80면.
68) Platon(박종현 역), 『국가』(서광사, 1997), 257면, 258면.

(2) 칼 포퍼의 비판

포퍼(Karl Popper)는 그의 책 '열린사회와 그 적들' 제1권에서 플라톤의 이상국가론이 상정하는 정의는 '전체주의적 정의'이며, 이는 개인주의와 평등주의에 대한 혐오를 기초로 하고 있다고 혹평하며, '열린사회의 적'으로 규정했다. "플라톤은 우리 세기에 새로운 야만을 불러온 전제주의 체제의 정신적 사조가 아니겠는가?"[70]

포퍼 또한 플라톤의 위대함과 압도적인 지적 업적에 경외감을 표하지만(포퍼는 플라톤을 '신과 같은 철학자'라 칭하고 있다),[71] 위대한 인물 또한 엄청난 큰 실수를 저지를 수 있으며, 우리의 문명이 살아남으려면 위대한 인물에 맹종하는 습관을 타파해야 한다는 것이 자신의 확신임을 밝힌다.[72]

1) 전체주의적 정의

포퍼는 플라톤의 정치강령의 요소들을 다음 5가지로 요약하는데, 포퍼는 이를 순전히 전체주의적이고 반인도적인 것으로 판단한다. 첫째, 계급을 엄격히 구분한다. 둘째, 국가의 운명과 지배계급의 운명을 동일시한다. 셋째, 지배계급은 무기휴대나 교육을 받을 수 있는 권리에 있어서 독점권을 갖는다. 넷째, 지배계급의 모든 지적 행위에 대한 검열과 그들의 의견을 통일하기 위한 계속적인 선전이

---

69) Aristoteles(천병희 역), 『정치학』(숲, 2009), 81면.

70) Hans J. Störig(박민수 역), 『세계 철학사』(이룸, 2008), 257면.

71) Karl Raimund Popper(이한구 역), 『열린사회와 그 적들 I』(민음사, 1997/2011), 2판 서문, 13면.

72) Karl Raimund Popper(이한구 역), 『열린사회와 그 적들 I』(민음사, 1997/2011), 1판 서문, 15면.

있어야 한다. 다섯째, 국가는 자급자족일 수 있어야 한다.[73] 포퍼는 플라톤의 정치강령이 전체주의와 비교해서 도덕적으로 우월하기는커녕, 그것과 근본적으로 동일하다고 보았고, '전체주의적 정치강령'이라고 칭하였다. 이에 따르면, 지배자는 지배하고, 노동자는 노동하고, 노예가 노예일 수 있다면, 국가는 정의로운 것이다(the state is just if the ruler rules, if the worker works, and if slave slaves).[74]

플라톤에게는 국가의 이익이라는 오직 한 가지의 도덕적 기준이 존재하기 때문에, 무엇이든지 국가의 이익을 신장시키는 것은 선량하고 덕 있고 정의로우나, 그것을 위협하는 것은 나쁘고 사악하고 불의하다고 포퍼는 보았다. 따라서 국가의 이익을 추구하지 않고 개인의 이익을 추구하는 '개인주의'는 플라톤이 보기에 악 그 자체이다.[75] 포퍼는 '법률'에 나오는 다음 구절이 플라톤의 개인주의에 대한 혐오를 가장 잘 대변하고 있다고 보았다. "무엇보다도 가장 으뜸가는 원칙은 남자든 여자든 아무도 지도자 없이는 안 된다는 것이다. 어느 누구의 마음도 전적으로 자기 스스로 무언가를 하게끔 습관화되어서는 안 된다. 그것은 열성적으로 하는 것이든 장난삼아 하는 것이든 마찬가지이다. 오히려 사람들은 전쟁 때나 한창 평화로운 때에 그의 지도자에게 눈을 돌려 그를 따라야 한다. 그리고 사소한 일까지도 지휘를 받아야 한다. 예컨대, 그렇게 하라는 명령이 떨어졌을 때만 자리에서 일어나거나 움직이거나 씻거나 먹

---

73) Karl Raimund Popper(이한구 역), 『열린사회와 그 적들 I』(민음사, 1997/2011), 147면, 150면.

74) Karl Raimund Popper(이한구 역), 『열린사회와 그 적들 I』(민음사, 1997/2011), 148면, 151면, 155면.

75) Karl Raimund Popper(이한구 역), 『열린사회와 그 적들 I』(민음사, 1997/2011), 148면.

거나 해야 할 것이다. 한마디로 말하면 사람들은 오랜 습관에 의해 결코 독립적인 행위를 꿈꾸지 않고 전혀 그런 짓을 할 수 없게 되도록 자신의 영혼을 길들여야만 한다. 모든 사람의 생애는 이런 식으로 전체 공동체 속에서 보내게 될 것이다. 이보다 더 우수하거나, 또는 이보다 더 훌륭하고 더 효과적으로 전쟁에서 구제와 승리를 확신시켜 주는 법률은 없으며, 앞으로도 없을 것이다. 남을 지배하고 남에게 지배당하는 습관은 평화 시에도 그리고 유년시절부터 계속해서 육성되어야 한다. 그리고 무정부주의의 모든 흔적은 모든 사람의 전 생애에서 뿌리째 근절되어야 한다. 그것은 심지어 인간에게 예속된 야수의 생활에서도 근절되어야 한다('법률' 942b, 943c)."[76]

2) 철학자에 대한 플라톤의 이상과 소크라테스의 이상 비교

포퍼는 '철학자에 대한 플라톤의 이상'을 '철학자에 대한 소크라테스의 이상'과 비교하면서, '철학자에 대한 플라톤의 이상'이 잘못되었음을 말한다. 소크라테스의 철학자는 자신의 무지를 인지하고 겸허하게 진리를 탐구하고 추구하는 자임에 반해, 플라톤의 철학자는 이데아에 대한 독점적인 인식권을 갖고 있는 거만한 진리의 소유자이다. "소크라테스는 그 자신이 현명하지 못하다는 것을, 그가 진리를 소유하고 있지 못하다는 것을, 그렇지만 그는 진리의 탐구자 내지 추구자이며, 진리를 사랑하는 자임을 강조했었다. 이것은 직업적인 현자인 '소피스트'와는 반대로 지혜를 사랑하는 자, 지혜를 찾는 자인 '철학자'라는 낱말로 표현된다고 그는 말했다. 그는 정치가는 철학자이어야 한다고 주장한다 해도, 그는 단지 정

---

76) Karl Raimund Popper(이한구 역), 『열린사회와 그 적들 Ⅰ』(민음사, 1997/2011), 173면.

치가들이란 과중한 책임을 짊어지고 있으므로, 진리를 추구하여야 하고, 자신의 한계를 의식해야 한다는 것을 의미할 뿐이다. 이 원리를 플라톤은 어떻게 전환하였는가? 그는 국가의 주권은 철학자에게 주어져야 한다고 주장할 때-특히 플라톤도 소크라테스처럼 철학자를 진리를 사랑하는 자로 정의하기 때문에-처음 보기에는 아무것도 변경되지 않은 듯이 보일지도 모른다. 그러나 플라톤이 바꿔놓은 것은 사실상 어마어마하다. 플라톤이 의미하는 진리를 사랑하는 자란 이미 겸허한 구도자가 아니라, 거만한 진리의 소유자이다. 그는 훈련된 변증론자로서, 지적 직관 즉 영원한 천국의 '영상'이나 '이데아'를 보고, 그것과 교류할 수 있다. 그는 지혜로나 능력으로나 모든 일반인보다 위에 군림하는, "신과 같은, 그렇지 않다면 신성한" 존재인 것이다. 플라톤의 이상적 철인은 전지전능한 자에 가깝다. 그는 철인왕이다. 철학자에 대한 플라톤의 이상과 소크라테스의 이상보다 더 대조적인 것은 거의 없으리라 생각된다."[77]

(3) 한스 벨젤의 비판

벨젤(Hans Welzel)은 그의 책 '자연법과 실질적 정의'에서 플라톤의 사상을 소피스트인 프로타고라스(Protagoras, BC 490?-BC 420?)의 사상에 비추어 비판한다. 벨젤은 '인간은 만물의 척도'라는 프로타고라스의 명제는 어떠한 객관적 진리도 인정하지 않은 채, 선과 정의의 척도를 그때그때의 다수 의견에 따르게 하고, 그래서 그것을 정당한 것으로 합리화시키는 '집단적 주관주의'로 나타난다고

---

77) Karl Raimund Popper(이한구 역), 『열린사회와 그 적들 Ⅰ』(민음사, 1997/2011), 220면.

보았다. 그리고 이를 벨젤은 상대주의를 통해서 민주주의를 정당화 시키기 위한 첫 번째의 시도로 평가했다.[78]

벨젤에 따르면, 프로타고라스는 시민의 대다수가 정치문제에 관하여 이성적으로 숙고할 능력이 있고 정치적 의사결정 과정에 근본적으로 동등하게 참여한다는 '낙관적' 인간상을 구상하는 데 반해,[79] 플라톤은 이데아를 볼 수 있는 사람은 특별히 은총을 받은, 신중하게 선택된, 수학과 변론술 교육을 받은 소수에 불과하며, 대다수 사람들은 부정확하고 틀리기 쉬운 지각으로부터 생기는 주장을 펼친다.[80] 따라서 벨젤은 플라톤의 사상에서 지배자는 피지배자들에게 그들 자신에게 유익한 것을 하도록 강제할 수 있으며, 여기서 저 숙명적인 주장, 즉 '선으로의 강제'는 윤리적으로 선하며 허용된다는 주장이 처음으로 철학적으로 근거 지어졌다고 보았다. 벨젤은 플라톤이 오직 절대적인 진리를 지니고 있다고 믿는 사람만이 취할 수 있는 태연자약하고 오만한 태도로 개인적인 자유의 가치를 간과했다고 비판한다.[81] 하지만 어떤 인간도 무제한적 전권을 행사할 수 있는 위치에 놓이게 되면, 횡포와 불의에 빠지게 됨을 막을 수 없다.[82]

---

78) Hans Welsel(박은정 역), 『자연법과 실질적 정의』(삼영사, 2001/2005), 24면.
79) Hans Welsel(박은정 역), 『자연법과 실질적 정의』(삼영사, 2001/2005), 25면.
80) Hans Welsel(박은정 역), 『자연법과 실질적 정의』(삼영사, 2001/2005), 39면.
81) Hans Welsel(박은정 역), 『자연법과 실질적 정의』(삼영사, 2001/2005), 41면.
82) Hans Welsel(박은정 역), 『자연법과 실질적 정의』(삼영사, 2001/2005), 45면; "절대권력을 잡고도 그 성격이 부패하지 않을 사람을 찾는다는 것은 어려운 노릇이다. 액턴 경의 말처럼, 모든 권력은 부패하며, 절대권력은 절대적으로 부패한다." Karl Raimund Popper(이한구 역), 『열린사회와 그 적들 Ⅰ』(민음사, 1997/2011), 226면.

제2장 아리스토텔레스

1. 엔텔레케이아와 정의

(1) 아리스토텔레스의 생애

아리스토텔레스는 BC 384년에 오늘날 그리스 북부에 해당하는 트라케 지방의 스타게이라라는 작은 도시에서 태어났다. 그의 아버지는 마케도니아 필립포스 Ⅱ세 선왕의 주치의였다. 17세 때 플라톤의 아카데미아 학원에 등록하여, 그 후 플라톤이 죽을 때까지(BC 347년) 20여 년 정도를 플라톤에게서 배웠다. 플라톤과 아리스토텔레스처럼 스승과 제자로 있으면서 방대한 저서를 통해 사상사에 지대한 영향을 미친 예는 다시 찾아볼 수 없다.[1] 플라톤이 사망하고 아카데미아 학원의 경영이 플라톤의 조카인 스페우시포스(Speusippos)에게 넘어가자, 아리스토텔레스는 아카데미아 학원을 떠나 독자적인 행보에 나서게 된다(수학에 대한 스페우시포스의 지나친 강조가 아리스토텔레스와 맞지 않았다).

BC 347년에 아리스토텔레스는 아테네를 떠나 트로이 근처에 있는 아소스로 가서(당시 아소스의 지배자인 헤르메이아스도 한때 아카데미아의 학생이었다), 그곳에 3년 동안 머물렀다. 이때 헤르메이아스의 수양딸과 결혼하여 딸 하나를 얻었고, 이후 부인이 죽자 아테네에서 헤르필리스와의 사이에서 니코마코스(Nicomachos)를 얻었다.[2] 니코마코스는 아리스토텔레스가 자신의 윤리학 책이름을 '니코마코스 윤리학'으로 지어 유명한 이름이 되었다.

---

1) Robert L. Arrington(김성호 역), 『서양 윤리학사』(서광사, 1998), 111면.
2) Samuel Enoch Stumpf/James Fieser(이광래 역), 『소크라테스에서 포스트모더니즘까지』(열린책들, 2008), 132-133면.

BC 343년에 아리스토텔레스는 마케도니아 필립포스 II세의 부름을 받아, 후에 알렉산더 대왕(Alexander the Great)이 되는 그의 아들(당시 나이 13세)의 교육을 맡게 된다. 필립포스 II세가 죽고 알렉산더 대왕이 즉위하자, 아리스토텔레스는 BC 335년에 아테네로 돌아와 리케이온(Lykeion)이라는 자신의 학원을 세웠다(스트라보에 따르면 역사상 최초의 도서관을 설립했다고 한다). 이때가 그의 생애에서 가장 생산적인 시기였고, 그와 그의 제자들은 산책길을 걸으면서 학문적인 토론을 진행하였기 때문에 소요학파(peripatetic)라는 별명을 얻게 된다(리케이온 가까이 있던 페리파토스라는 지명에서 유래했다는 견해도 있다).

리케이온 학원을 세운 지 12년 만에 아리스토텔레스의 운명은 바뀌게 되는데, 마케도니아 알렉산더 대왕이 BC 323년에 죽게 되었고, 알렉산더 대왕이 죽은 후 반(反)마케도니아 정서가 아테네를 지배하게 된 것이다. 알렉산더 대왕의 스승으로 마케도니아와 친밀한 관계를 유지하고 있던 아리스토텔레스에게는 크나큰 시련일 수밖에 없었다. 아리스토텔레스는 소크라테스와 마찬가지로 고발당하였지만, 소크라테스와는 달리 사형언도를 피해 도주한다. 아리스토텔레스는 사형당한 소크라테스를 떠올리며 "아테네 시민들이 다시 한 번 철학에 대하여 죄를 저지르는 것을 막기 위하여 자신을 떠난다"는 말을 남겼다고 전해진다. 그다음 해인 BC 322년 아리스토텔레스는 망명지인 칼키스에서 겨우 한 해를 더 살고, 62세의 나이로 사망하였다.[3]

---

3) Samuel Enoch Stumpf/James Fieser(이광래 역), 『소크라테스에서 포스트모더니즘까지』(열린책들, 2008), 130-134면 참조; Hans J. Störig(박민수 역), 『세계 철학사』(이룸, 2008), 257-258면 참조; Robert L. Arrington(김성호 역), 『서양 윤리학사』(서광사, 1998), 111-112면 참조; W. K. C. Guthrie(박종현 역), 『희랍 철학

아리스토텔레스는 스승인 플라톤을 마음으로부터 존경하였으나, 학문에 있어서는 다른 길을 갔다. 아리스토텔레스는 형이상학, 논리학, 윤리학, 정치학, 미학, 자연과학 등의 여러 분야에서 다양한 저서를 남겼다. 형이상학에는 '형이상학', 논리학에는 '범주론', '분석론',[4) 윤리학에는 '니코마코스 윤리학'과 '에우데미아 윤리학', 미학에는 '시학', 자연과학에는 '자연학', '기상학', '동물지' 등의 저서가 있다. 이 중에서 아리스토텔레스의 법사상과 관련하여 '형이상학', '니코마코스 윤리학', '정치학'을 살펴보고자 한다.

(2) 엔텔레케이아

아리스토텔레스(Aristoteles)는 그의 책 '형이상학'에서 '엔텔레케이아'를 상세하게 다룬다. 플라톤은 이데아가 개체로부터 동떨어져 존재한다고 생각했지만, 아리스토텔레스는 이데아가 개체에 내재한다고 생각했다. 플라톤에 따르면 형상들이 구체적인 사물과 분리되어 초월해서 독립된 존재로 존재하지만, 아리스토텔레스에 따르면 형상들은 구체적인 사물과 분리되어 초월해 있는 것이 아니라 오히려 대상물에 내재하여 함께 존재한다.[5) 아리스토텔레스는 현실 속에 내재하는 형상(에이도스)을 '엔텔레케이아'(Entelecheia)라고 지칭하였다. 그 의미는 '목적에 있는 것', 즉 목적을 달성하여 완전한 상태에 있는 것을 말한다. 하지만 '엔텔레케이아'는 최종적으로 완

입문』(서광사, 2010), 159-163면 참조; Johannes Hirschberger(강성위 역), 『서양 철학사-상권·고대와 중세』(이문출판사, 1983/2007), 194-197면 참조.

4) 논리학은 '도구'라는 뜻의 오르가논(Organon)이라는 명칭으로 불렸다.

5) Hans Welsel(박은정 역), 『자연법과 실질적 정의』(삼영사, 2001/2005), 48면.

전히 만들어진 것이 아니라, 애초부터 생성의 전 과정을 규정하는 것이다.[6] 일체의 생성은 목적에 의해서 정해져 그것에 따라 움직이고 조정된다.[7] "이제 세계가 이데아 안에 있는 것이 아니라, 이데아들이 세계 안에 있다. 형상은 그 보편성 그대로 나타나지를 않고 구체적이고, 개별적인 것으로서 실현된다. 아리스토텔레스에게 있어서는 플라톤에게 있어서처럼 제2의 실체가 아니라, 제1의 실체가 세계 안에 널려 있게 된다. 그리고 형상이 그 기능을 다 하게 되는 것은 오직 그 형상이 시간과 공간 안에 실재하고 있기 때문이다. 이러한 것이 플라톤의 에이도스와 아리스토텔레스의 에이도스 사이의 차이다."[8]

아리스토텔레스는 "운동과 변화를 낳는 내재적인 힘이 없다면, 영원한 실체를 가정해도 아무런 소용이 없다"고 플라톤을 반박한다. 아리스토텔레스에 따르면, 플라톤의 이데아는 현실과 초월한 실체로서 시간과 공간을 초월해서 정적으로 존재하기 때문에 현실의 생성과 운동을 설명하지 못한다. 이에 반해 아리스토텔레스의 이데아는 현실 속에 내재하여 현실을 움직이는 힘으로서 현실의 생성과 운동을 설명할 수 있다. 아리스토텔레스의 눈에는 플라톤이 현실과

---

6) Johannes Hirschberger(강성위 역), 『서양 철학사-상권·고대와 중세』(이문출판사, 1983/2007), 246면.

7) Hans Welsel(박은정 역), 『자연법과 실질적 정의』(삼영사, 2001), 49면; 아리스토텔레스는 "① 그것은 무엇인가? ② 그것은 무엇으로 만들어지는가? ③ 그것은 무엇에 의해 만들어지는가? ④ 그것은 어떤 목적에 의해 만들어지는가?"에 따라 '형상인(因)', '질료인', '작용인', '목적인'이라는 4가지 원인을 구분했다. 예를 들어, 조각의 경우 4가지 원인은 ① 입상, ② 대리석으로, ③ 조각가에 의해, ④ 장식용이다. Samuel Enoch Stumpf/James Fieser(이광래 역), 『소크라테스에서 포스트모더니즘까지』(열린책들, 2008), 147-148면.

8) Johannes Hirschberger(강성위 역), 『서양 철학사-상권·고대와 중세』(이문출판사, 1983/2007), 247면.

무관하게 존재하는 이데아를 통해 현실의 생성과 운동을 설명하려는 것이 불가능해 보였다.[9] 아리스토텔레스는 보편적 형상들이 완전히 분리된 채 존재한다는 가정에 의해 무슨 목적이 달성될 수 있는지 반문하며, 플라톤의 이데아는 운동하지 않기 때문에 우리에게 현상으로 나타난 사물들을 이해하는 데도 도움이 되지 않는다고 비판한다.[10]

아리스토텔레스는 '형이상학' 제7권과 제8권에서 '질료와 형상'에 대해 다룬 후에, '형이상학' 제9권에서 '가능태―현실태' 문제를 다룬다. 아리스토텔레스는 형상화되지 않고 규정되지도 않는 무엇, 그리고 그것과 결합하여 형상이 드러나게 되는 무엇을 '질료'[그리스어로 '힐레'(hyle)]라고 불렀고, 사물의 목적으로서 질료로 하여금 현실성을 획득하도록 하는 힘을 '형상'[에이도스, 그리스어로 '모르페'(morphe)]이라고 불렀다.[11] 아리스토텔레스에 따르면, 모든 것은 변화의 과정 속에 있는데, 이때 사물의 형상이 그것의 목적으로 설정됐던 것을 실현하게 된다. 만물 속에는 목적을 향해 나아가는 역동적인 힘이 있는데, 사물들이 목적을 갖는다는 사실은 아리스토텔레스로 하여금 가능태와 현실태를 구분하게 하였다. 변화의 궁극적인 양식은 가능태에서 현실태로의 변화인데, 이때 이 구분이 중요한 의미를 띠는 것은 아리스토텔레스가 현실태를 가능태에 선재(先在)하는 것으로 주장했다는 점이다.[12]

---

9) Johannes Hirschberger(강성위 역), 『서양 철학사―상권·고대와 중세』(이문출판사, 1983/2007), 253면.

10) Samuel Enoch Stumpf/James Fieser(이광래 역), 『소크라테스에서 포스트모더니즘까지』(열린책들, 2008), 146면.

11) Hans J. Störig(박민수 역), 『세계 철학사』(이룸, 2008), 270면.

12) Samuel Enoch Stumpf/James Fieser(이광래 역), 『소크라테스에서 포스트모더니

(3) 정의

아리스토텔레스는 '니코마코스 윤리학'(Ethica Nicomachea) 제5권
에서 '정의'에 대해 상세하게 다룬다.13) 아리스토텔레스는 정의를
'다른 사람들과의 관계에서 완전한 탁월성'으로 설명하고, 평균적
정의와 분배적 정의로 나누어 설명한다.14) 뿐만 아니라 '부정의'에
대해서도 설명하고, '구체적인 사건에서의 정의'인 형평(衡平)도 다
룬다. 아리스토텔레스는 '자연적 정의와 법적 정의'에 대해서도 다
음과 같이 설명한다. "폴리스의 법은 자연법도 있고 실정법도 있
다. 자연법은 어디에서나 같은 힘을 가지고 있는 것으로서 사람들
이 이렇게 혹은 저렇게 생각하는 것과 상관없이 존재하는 것이요,
실정법은 본래는 이렇게도 저렇게도 될 수 있었던 것이나 일단 정
해진 다음에는 함부로 바꿀 수 없다(1134b)."15)

즘까지』(열린책들, 2008), 148-149면; Aristoteles(김진성 역), 『형이상학』(EJB,
2007/2010), 393면 이하.

13) 또한, 아리스토텔레스는 그의 책 '정치학'에서 정의는 국가 공동체의 질서를 유
지해주고, 정의감은 무엇이 옳은지 판별해주기 때문에, 정의는 국가 공동체의 특
징 중 하나라고 밝히고 있다. Aristoteles(천병희 역), 『정치학』(숲, 2009), 22면.

14) 아리스토텔레스는 그의 책 '정치학'에서도 다음과 같이 말한다. "평등에는 두
가지가 있는데, 한 가지는 수에 따른 평등이고, 다른 하나는 가치에 따른 평등
이다. 수에 따른 평등이란 양이나 크기에서 동일하고, 평등한 것을 의미한다.
가치에 따른 평등이란 비례에서 동등한 것을 의미한다. 예컨대, 3과 2의 차이
는 수적으로는 2와 1의 차이와 같다. 그러나 비례적으로는 2에 대한 4의 관계
가 1에 대한 2의 관계와 같다. 2가 4에서 차지하는 부분은 1이 2에서 차지하
는 부분과 같기 때문이다. 다시 말해 2도 1도 절반이기 때문이다." Aristoteles
(천병희 역), 『정치학』(숲, 2009), 262면.

15) 이상영/이재승, 『법사상사』(한국방송통신대학교 출판부, 2005/2008), 43-44면
에 있는 번역문을 따랐다. "자연적 정의는 사람들의 승인 여부와 관계없이 어
디에서나 동일한 힘을 가진다. 반면 법적 정의 혹은 관습적 정의는 애초부터
이러한 방식으로 규정되든 저러한 방식으로 규정되든 아무런 차이가 없지만,
일단 제정된 연후에는 차이를 갖는 것(=중요하게 되는 것)이다." Aristoteles

1) 다른 사람들과의 관계에서 완전한 탁월성

아리스토텔레스는 '정의'[디카오시네(dikaiosynē)]를 '다른 사람들과의 관계에서 완전한 탁월성'으로 정의한다.16) 이에 따르면, 정의는 "다른 사람과 관계하는 것"이며, 탁월성 중에서 정의만이 유일하게 '타인에게 좋은 것'(allotrion agathon), '타인에게 유익한 것'이 된다.17)

아리스토텔레스가 '탁월성'을 어떻게 파악하는지는 그가 좋음(善), 목적, 행복 등에 대해 어떻게 이야기하는지를 살펴보아야 한다. 아리스토텔레스에 따르면, 단일한 이데아에 따른 공통적인 것으로서의 좋음은 존재하지 않는다.18) 즉 좋음(선)의 이데아가 구체적인 사물에 초월하여 독립하여 존재하지 않는다. 대신에 아리스토텔레스는 모든 행위와 선택에 있어서 그 목적(telos)을 각각의 좋음으로 본다. "의술의 경우에는 건강이고, 병법의 경우에는 승리이며, 건축술에서는 집이고, 다른 경우에는 각기 다른 것으로, 모든 행위와 선택에 있어서 그 목적(telos)이다."19) "옳고 그름의 이해가 공간적·시간적 사건들의 제한에 의해 영향을 받지 않고 존재하는 초월적인 존재인 단일한 '좋음(善) 자체'의 인정에 달려 있다고 믿는 한, 윤리학을 형이상학의 소산 이외의 다른 것으로 볼 수는 없다. 오직 참된 철학자만이 바른 행위의 이유와 원인을 알 수 있다. 경험이 그것을 가르쳐 줄 수는 없는데, 그 까닭은 경험적 사실이 진리 자체는 담고 있지 않고, 다만 진리의 왜곡된 상만 담고 있기 때문이다. [...]

(이창우, 김재홍, 강상진 역), 니코마코스 윤리학 (EJB, 2006), 184면.

16) Aristoteles(이창우, 김재홍, 강상진 역), 『니코마코스 윤리학』(EJB, 2006), 163면.

17) Aristoteles(이창우, 김재홍, 강상진 역), 『니코마코스 윤리학』(EJB, 2006), 164면.

18) Aristoteles(이창우, 김재홍, 강상진 역), 『니코마코스 윤리학』(EJB, 2006), 25면.

19) Aristoteles(이창우, 김재홍, 강상진 역), 『니코마코스 윤리학』(EJB, 2006), 27면.

그래서 아리스토텔레스와 함께 윤리학은 구름 밖으로 나오게 되었으며 일상생활의 사실들 속에 닻을 내리게 되었다. 그는 '윤리학' 첫째 권에서 플라톤의 이데아들을 공격한다. 선(善), 즉 '좋음'에는 꼭 한 가지만 있는 게 아니다. 상이한 부류들에 따라 상이한 좋음(善)이, 즉 상이한 유형의 행위에 대해 상이한 목적이 있다."20)

아리스토텔레스는 플라톤의 '좋음의 이데아'를 비판하고, 목적을 좋음으로 규정한 후에, 궁극적인 목적이 무엇인지를 다시 묻는다. 아리스토텔레스에 따르면, 궁극적인 목적이 되기 위해서는 "완전하고 자족적이어야" 하는데, '행복'이 이러한 조건을 충족한다. "우리는 그 자체로 추구되는 것이 다른 것 때문에 추구되는 것보다 더 완전하다고 말하며, 다른 것 때문에 선택되지는 않는 것이 그 자체로도 선택되고 그것(다른 것) 때문에도 선택되는 것보다 더 완전하다고 말한다. 따라서 언제나 그 자체로 선택될 뿐 결코 다른 것 때문에 선택되는 일이 없는 것을 단적으로 완전한 것이라고 말한다. 그런데 무엇보다도 행복이 이렇게 단적으로 완전한 것처럼 보인다. 우리는 행복을 언제나 그 자체 때문에 선택하지, 결코 다른 것 때문에 선택하지는 않기 때문이다."21) "자족성(에 대한 고려)로부터도 똑같은 결론이 나오는 것 같다. 완전한 좋음은 자족적인 것처럼 보이기 때문이다. 그런데 인간은 본성상 폴리스적(사회적) 동물이기 때문에, 우리가 이야기하는 자족성은 자기 혼자만을 위한 자족성, 고립된 삶을 살아가는 사람을 위한 자족성이 아니다. 부모, 자식, 아내와 일반적으로 친구들과 동료 시민들을 위한 자족성이다. [...] 어쨌거나 우리는 '자족성'을 그 자체만으로는 삶을 선택할 만

---

20) W. K. C. Guthrie(박종현 역), 『희랍 철학 입문』(서광사, 2010), 192-193면.
21) Aristoteles(이창우, 김재홍, 강상진 역), 『니코마코스 윤리학』(EJB, 2006), 27면.

한 것으로 만들고 아무것도 부족하지 않도록 만드는 것으로 규정한다. 우리는 행복이 바로 그렇게 자족적인 것이라고 생각한다."[22]

아리스토텔레스는 행복을 '탁월성에 따른 영혼의 활동'으로 파악하는데,[23] 행복에 결정적인 것은 탁월성에 따르는 활동이고, 그 반대의 활동은 불행에 결정적이기 때문이며, 인간적인 성취들 중에서 탁월성에 따르는 활동들만큼 안정성을 갖는 것은 없기 때문이다. 아리스토텔레스가 탁월성에 관해 상세하게 검토하는 것은 행복을 완전한 탁월성에 따르는 영혼의 어떤 활동으로 보기 때문이다.[24] 아리스토텔레스는 우리가 탁월성을 획득하게 되는 것은, 여러 기예들의 경우에서만 마찬가지로 먼저 발휘함으로써 얻게 된다. 정의로운 일들을 행함으로써 우리는 정의로운 사람이 되고, 절제 있는 일들을 행함으로써 절제 있는 사람이 되고, 용감한 일을 행함으로써 용감한 사람이 되는 것이다.[25] 그리고 아리스토텔레스는 탁월성은 그것이 무엇의 탁월성이건 간에 그 무엇을 좋은 상태에 있게 하고, 그것의 기능(ergon)을 잘 수행하도록 한다는 점을 지적한다. 예컨대, 눈의 탁월성은 눈과 눈의 기능을 좋은 것으로 만든다.[26] 무엇

---

22) Aristoteles(이창우, 김재홍, 강상진 역), 『니코마코스 윤리학』(EJB, 2006), 28면.

23) Aristoteles(이창우, 김재홍, 강상진 역), 『니코마코스 윤리학』(EJB, 2006), 30면 이하; "어떤 사람에게는 탁월성이 행복으로 보이고, 어떤 사람에게는 실천적 지혜가, 다른 사람에게는 어떤 종류의 지혜가 행복으로 보인다. 또 어떤 사람들에게는 이 모든 것이거나 이것들 중 어떤 것에 즐거움이 동반된 것, 혹은 즐거움이 없지는 않은 것이 행복이다. 다른 사람들은 외적인 풍요까지 여기에 추가한다. [...] 우리의 논의는 행복을 탁월성 혹은 어떤 탁월성이라고 주장하는 사람들과 부합한다. 탁월성에 따르는 활동은 탁월성에 관련되기 때문이다." Aristoteles(이창우, 김재홍, 강상진 역), 『니코마코스 윤리학』(EJB, 2006), 33면.

24) Aristoteles(이창우, 김재홍, 강상진 역), 『니코마코스 윤리학』(EJB, 2006), 46면 이하.

25) Aristoteles(이창우, 김재홍, 강상진 역), 『니코마코스 윤리학』(EJB, 2006), 52면.

26) Aristoteles(이창우, 김재홍, 강상진 역), 『니코마코스 윤리학』(EJB, 2006), 63면.

보다도 아리스토텔레스는 '중용'이라는 탁월성에 대해 논하는데, 중용은 두 악덕, 즉 지나침에 따른 악덕과 모자람에 따른 악덕 사이의 중용이다.[27]

정의는 '니코마코스 윤리학' 제1권부터 설명되는 '탁월함'의 일부로서, '니코마코스 윤리학' 제5권에서 상세히 다루어진다. "동등한 것은 중간이므로, 정의로운 것은 어떤 중간일 것이다."[28] "부정의한 것은 유익과 해의 비례에 어긋나는 지나침과 모자람이다. 이런 까닭에 부정의는 지나침과 모자람인데, 그것은 부정의가 지나침과 모자람에 관계하기 때문이다."[29] 정의는 다른 사람들과의 관계에서 완전한 탁월성이기 때문에, 종종 탁월성 중에서 최고의 것으로 여겨진다.[30] 정의는 무엇보다도 완전한 탁월성인데, 그것은 정의가 완전한 탁월성의 활용이기 때문이다.[31]

2) 평균적 정의

아리스토텔레스는 정의를 '탁월성의 부분'으로 보고, 이를 '평균적(平均的) 정의'와 '분배적(分配的) 정의'로 나누어 설명한다.[32] 우

---

27) Aristoteles(이창우, 김재홍, 강상진 역), 『니코마코스 윤리학』(EJB, 2006), 66면 이하.

28) Aristoteles(이창우, 김재홍, 강상진 역), 『니코마코스 윤리학』(EJB, 2006), 168면.

29) Aristoteles(이창우, 김재홍, 강상진 역), 『니코마코스 윤리학』(EJB, 2006), 180면.

30) Aristoteles(이창우, 김재홍, 강상진 역), 『니코마코스 윤리학』(EJB, 2006), 163면;

31) Aristoteles(이창우, 김재홍, 강상진 역), 『니코마코스 윤리학』(EJB, 2006), 163면.

32) "분배적 정의와 평균적 정의는 아리스토텔레스에 앞서 벌써 피타고라스가 구별해 놓은 것이다. 분배적 정의는 명예와 재산을 공동체에 대한 사람들의 기여도와 공헌도에 따라 배당하는 것을 말한다. 재화와 명예, 특히 공적의 분배에서는 기하학적으로 비례적인 균등이 필요하다. 분배적 정의에 따라 각자는 자신의 몫에 맞는 명예와 부를 누릴 수 있다. 평균적 정의는 사람들이 얻는 이익과 손실을 산술적 비례에 따라 평등하게 나누는 것을 뜻한다. 예를 들면, 교환

선 '평균적 정의'(교환적 정의 또는 시정적 정의라고도 한다)에 대해 살펴보면, '평균적 정의'는 산술적 비례에 따르는 것이며, 정의로운 것은 '어떤 종류의 동등함'을 말한다.[33] "재판관은 마치 한 선분[AB]이 서로 동등하지 않은 부분으로 나뉘었을 때, 더 큰 쪽의 선분[AC]이 절반을 초과하는 길이만큼[DC]을 떼어 내서 더 작은 쪽의 선분[CB]에 덧붙이듯이 동등성을 회복시킨다. 전체가 둘로 나뉘었을 때, 당사자들이 동등한 몫을 취하게 되면, 그들은 '자신의 몫'을 가졌다고 하는 것이다. 그런데 이 경우 동등함은 더 큰 것과 더 작은 것 사이에 있는 산술적 비례에 따른 중간이다. [...] 또 재판관(dikastēs)은 이등분하는 사람(dichastēs)이기 때문이다."[34] "훌륭한 사람이 나쁜 사람에게서 탈취했든 나쁜 사람이 훌륭한 사람에게서 탈취했든 아무 차이가 없으며, 훌륭한 사람이 간통했든 나쁜 사람이 간통했든 그 역시 아무 차이가 없기 때문이다. 오히려 법은, 한 사람이 부정의를 행하고 다른 사람은 부정의를 당한 경우, 또 어떤 사람은 손해를 입히고 다른 사람은 손해를 입은 경우, 그 손해의 차이에만 주목하며 당사자들을 모두 동등한 사람으로 간주한다."[35]

평균적 정의는 자발적인 교섭과 비자발적인 교섭 둘 다 발생하기 때문에, 자발적인 교섭에 따른 '교환적 정의'가 있고, 비자발적

의 경우에 서로 이득을 평등하게 하며, 불법으로 남에게 입힌 손해를 배상하게 히며, 범죄에 대하여는 같은 값의 보복 처벌을 부과하는 것이 평균적 정의이다. 평균적 정의는 불의를 시정하는데 초점을 두므로 시정적 정의라고도 부른다." Otfried Höffe(박종대 역), 『정의』(EJB, 2006), 194면 이하(옮긴이 해제).

33) Aristoteles(이창우, 김재홍, 강상진 역), 『니코마코스 윤리학』(EJB, 2006), 172면.

34) Aristoteles(이창우, 김재홍, 강상진 역), 『니코마코스 윤리학』(EJB, 2006), 173면; 그리스어에서 '디카이온'(dikaion, 정의로운 것)과 '디카스테스'(dichastēs, 이등분하는 사람)는 비슷한 발음을 갖고 있다.

35) Aristoteles(이창우, 김재홍, 강상진 역), 『니코마코스 윤리학』(EJB, 2006), 172면.

인 교섭에 따른 '시정적 정의'가 있다. "상호 교섭의 일부는 자발적인 것이며, 다른 한 부분은 비자발적인 것이기 때문이다. 자발적인 교섭은 판매, 구매, 대부, 보증, 대여, 공탁, 임대와 같은 것이며 (이것들은 이러한 상호교섭의 단초가 자발적인 것이기 때문에 자발적이라고 부른다), 비자발적인 것들 가운데 일부는 절도나 간통, 독살, 뚜쟁이질, 노예 사기, 모반 살인, 위증 같은 은밀한 것들이고, 다른 일부는 폭행, 감금, 살인, 강탈, 신체 절단, 명예 훼손, 모욕처럼 강제적인 것들이다."[36]

3) 분배적 정의

'분배적 정의'는 재화나 명예를 공동체에 대한 기여도에 따라 배분하는 것으로서, '분배적 정의'가 실현되기 위해서는 '기하학적 비례'가 성립해야 한다. 아리스토텔레스에 따르면, 정의로운 것은 "일종의 비례적인 것(analogon)"으로서 비율들의 동등성이며, 부정의한 것은 비례에 어긋나는 것이다.[37] "정의로운 것 역시 최소한 네 개의 항에서 성립하며 그 비율은 서로 동일하다. 사람들에 있어서나 그 사물에 있어서나 마찬가지 방식으로 나누어지니까. 그러므로 A항이 B항에 대해 가지는 관계를 C항은 D항에 대해 가지며, 상호 교환해서도 그런 관계를 가진다. 즉 A항이 C항에 대해 가지는 관계를 B항이 D항에 대해 가진다. 따라서 전체 [A+C]가 전체 [B+D]에 대해 가지는 관계 역시 동일한 것이다. 분배는 바로 이러한 것을 둘씩 짝짓

---

36) Aristoteles(이창우, 김재홍, 강상진 역), 『니코마코스 윤리학』(EJB, 2006), 167-168면.

37) Aristoteles(이창우, 김재홍, 강상진 역), 『니코마코스 윤리학』(EJB, 2006), 169-170면; 아리스토텔레스는 그의 책 '정치학'에서도 올바른 배분이란 주어진 사물들의 상대적 가치를 받는 사람들의 상대적 가치에 상응하는 배분이라고 언급하고 있다. Aristoteles(천병희 역), 『정치학』(숲, 2009), 156면.

는 것이며, 이러한 방식으로 조합되기만 하면 정의롭게 짝지어지는
것이다."38) "A:B=C:D일 때, 사람A+가치C는 사람B+사람D와 동
일한 비율을 가진다. 부분과 부분이 동일한 비율을 가지는 것처럼,
그렇다면 A+C:B+D=A:B가 성립한다. 따라서 애초의 비율은 분
배 후에도 보존된다."39)

 '분배적 정의'에서 말하는 가치(axia, 공적)의 내용에 대해 사람들
이 말하는 것이 다르다는 점을 인정함으로써, 아리스토텔레스 스스
로도 '분배적 정의'의 모호성을 인정하고 있다. "분배에 있어 정의
로운 것은 어떤 가치에 따라 이루어져야 한다는 것에 대해서는 모
든 사람이 동의하지만, 그럼에도 모든 사람이 동일한 것을 가치로 주
장하는 것은 아니다. 민주주의자들은 자유(민의 신분)를 가치라고
말하고, 과두정의 지지자들은 부나 좋은 혈통을 가치라고, 또 귀족
정체를 주장하는 사람들은 탁월성을 가치라고 말한다."40)

4) 부정의와 자발성

 아리스토텔레스는 정의(正義)를 적극적인 방향으로 정의(定義)내
리기도 하지만, 부정적인 방향으로 '부정의'를 살피기도 한다. 아리
스토텔레스에 따르면, 부정의는 극단과 관계하는데, 부정의는 지나
치거나 모자랄 때 생긴다.41) "부정의한 행위에서 너무 적게 가지는
것은 부정의를 당하는 것이며, 너무 많이 가지는 것은 부정의를 행
하는 것이다."42)

---

38) Aristoteles(이창우, 김재홍, 강상진 역), 『니코마코스 윤리학』(EJB, 2006), 170면.
39) Aristoteles(이창우, 김재홍, 강상진 역), 『니코마코스 윤리학』(EJB, 2006), 170면.
40) Aristoteles(이창우, 김재홍, 강상진 역), 『니코마코스 윤리학』(EJB, 2006), 169면.
41) Aristoteles(이창우, 김재홍, 강상진 역), 『니코마코스 윤리학』(EJB, 2006), 180면.

또한, 아리스토텔레스는 부정의와 자발성의 문제를 다루는데, 아리스토텔레스에 따르면 부정의는 자발적인 것이다. "부정의한 행동과 정의로운 행동은 그것이 자발적이었는지, 아니면 비자발적이었는지에 따라 규정된다. 자발적이라면 비난을 받고 그와 동시에 또부정의한 행동이 된다."[43] "부정의한 것을 소유하는 사람이 부정의를 행하는 것이 아니라, 부정의한 행동을 자발적으로 행하는 사람이부정의를 행하는 것이며, 바로 이것은 행위 원리의 출처이기 때문이다."[44] "모르면서 행한 것, 혹은 모르지는 않았지만 자신에게 달려있지 않은 것, 혹은 강제에 의한 것이 비자발적인 것이다."[45]

이는 아리스토텔레스의 '귀책론'(Zurechnungslehre)이기도 하다. "귀책의 가장 일반적인 원리는 아리스토텔레스가 말한 '행위지배'이다. 행위가 우리들의 지배하에 있거나, 우리가 행위의 주인이기에, 달리 행동할 수 있었을 때 그 행위는 비로소 귀책적이다. 귀책적인 행위만이 윤리적인 평가―칭찬과 비난―의 대상이 될 수 있다. 귀책적인 행위를 아리스토텔레스는 그리스적인 기원을 가진 '헤쿠시온'(Hekusion) 즉 자의적인 것이라는 개념을 가지고 설명했다. 그에 따라서 '아쿠시온'(Akusion) 즉 타의적인 것은 귀책적일 수 없다."[46] '헤

---

42) Aristoteles(이창우, 김재홍, 강상진 역), 『니코마코스 윤리학』(EJB, 2006), 181면.
43) Aristoteles(이창우, 김재홍, 강상진 역), 『니코마코스 윤리학』(EJB, 2006), 186면.
44) Aristoteles(이창우, 김재홍, 강상진 역), 『니코마코스 윤리학』(EJB, 2006), 194면.
45) Aristoteles(이창우, 김재홍, 강상진 역), 『니코마코스 윤리학』(EJB, 2006), 187면.
46) Hans Welsel(박은정 역), 『자연법과 실질적 정의』(삼영사, 2001/2005), 57면;
자발적인 것과 비자발적인 것에 대한 처벌에 대해서는 플라톤의 '법률' 제9권
에서도 볼 수 있다. 여기서 아테네인은 "한데, 만약에 그 각각이 자발적(고의
적)이지 않음과 자발적(고의적)임으로 해서 서로 다르지 않다면, 그것들이 무
슨 수로 둘일 수 있겠습니까?(861d)"라고 반문하면서, 자발적인 행위에 대한
벌은 한결 더 큰 것으로 정하고, 비자발적인 행위에 대한 벌은 한결 더 작은
것으로 정할 것을 주장한다. Platon(박종현 역), 『법률』(서광사, 2009), 639면.

쿠시온'(Hekusion)은 그리스어 관용어법으로 '기꺼이 하는 마음'(willingness)을 의미하며, '아쿠시온'(Akusion)은 '꺼리는 마음'(unwillingness)을 의미한다.[47] 아리스토텔레스는 숙고한 뒤 행한 행위와 숙고 없이 행한 행위를 구분하고,[48] 모르면서 행한 행위라 하더라도 술에 취함으로 말미암아 모르면서 행한 행위를 구분한다.[49]

아리스토텔레스에 따르면, 자발성과 비자발성은 탁월성과도 관련된다. 탁월성은 감정과 행위에 관련하고, 이것들이 자발적인 경우에는 칭찬과 비난이 가해지지만, 비자발적인 경우에는 용서와 경우에 따라서는 연민이 수반되기 때문이다. "탁월성은 감정과 행위에 관련되고, 이것들이 자발적인 경우에는 칭찬과 비난이 가해지지만 비자발적인 경우에는 용서가, 경우에 따라서는 연민까지도 생겨나므로 탁월성에 대해 탐구하는 사람은 아마도 필수적으로 자발적인 것과 비자발적인 것을 규정해야 할 것이다. 또 이 일은 명예와 벌 양자와 관련해서 입법자들에게도 유용하다."[50]

---

47) Christopher Warne(김요한 역), 『니코마코스 윤리학 입문』(서광사, 2011), 109면.

48) "숙고 없이 기도한 행위는 충동적인 행위이거나 고의적이 아닌 행위이다. 아리스토텔레스는 '숙고'라는 개념을 이성행위로 파악하는 까닭에, 고의적인 충동행위를 고의적이 아닌 행위와 함께 숙고되지 않은 행위들의 범주에 포함시킨다. 즉, 행위자는 의식적이기는 하되 숙고함이 없이 행위한다는 것이다. 그럼으로써 행위자는 불법을 행하기는 하지만 아직 불의로운 자는 아니다. 숙고하여 불법을 행하는 자만이 불의로운 자이다." Hans Welsel(박은정 역), 『자연법과 실질적 정의』(삼영사, 2001/2005), 58면.

49) "그런데 무지로 말미암아 행하는 것도 모르면서 행하는 것과는 다른 것 같다. 왜냐하면, 술에 취한 사람이나 화를 내는 사람은 무지로 말미암아 행하는 것이 아니라 지금 막 이야기된 것 중 어떤 것으로 말미암아 (즉 술에 취함으로 말미암아, 혹은 화로 말미암아) 그러는 것으로 보이기 때문이다. 이때 그는 알면서 그러는 것이 아니라 모르면서 그러는 것이다. 못된 사람들은 모두 마땅히 행해야만 하는 것과 피해야만 하는 것이 무엇인지 알지 못하며, 바로 그러한 잘못으로 말미암아 부정의한 사람이 되고 일반적으로 나쁜 사람이 되는 것이다." Aristoteles(이창우, 김재홍, 강상진 역), 『니코마코스 윤리학』(EJB, 2006), 83면.

5) 형평

아리스토텔레스는 '니코마코스 윤리학' 제5권 제10장에서 '형평'
(에피에이케이아, epieikeia)에 대해서 논하고 있다. 형평(衡平)은 '구
체적인 사건에서의 정의'를 말하는 것으로, 형평 문제는 일반적인
법률을 그대로 적용하면 오히려 정의에 반하는 경우에 발생한다.
일반적인 내용을 담은 법률이 사건의 구체성을 제대로 고려하지 않는
경우가 있으며, 이 경우 법의 일반성과 사건의 구체성은 충돌한다. 아
리스토텔레스는 형평을 '일반규칙이라는 직선자'에 견주어 '구체적
사례의 곡면을 측정하는 자'로 묘사하였다.[51] "형평이니 정의(법)니
하는 논의는 모두 어느 의미에서는 옳고, 또 서로 반대되는 것이
아니다. 왜냐하면, 형평은 어떤 한 종류의 정의(법)보다는 나은 것이
기는 하지만, 그래도 결국 정의(법) 속에 포함된 것이요, 또 그것이
정의(법)와 유(類)를 달리함으로써 정의보다 나은 것이 아니기 때문
이다. [...] 그런데 여기서 문제가 되는 것은 형평이 정의로운 것이
기는 하지만, 그것이 법적으로 정의로운 것이 아니고 법적 정의의
시정(是正)이라는 점이다(1137b)."[52]

---

50) Aristoteles(이창우, 김재홍, 강상진 역), 『니코마코스 윤리학』(EJB, 2006), 79면.

51) 이상영/이재승, 『법사상사』(한국방송통신대학교 출판부, 2005/2008), 43면.

52) 이상영/이재승, 『법사상사』(한국방송통신대학교 출판부, 2005/2008), 43-44면
에 있는 번역을 따랐다.

2. 정체

(1) 국가와 인간

아리스토텔레스는 그의 책 '정치학'에서 '정체'(政體)를 상세하게 다룬다. 아리스토텔레스는 '형이상학', '니코마코스 윤리학'에서처럼 목적의 요소를 강조하는데,[53] 아리스토텔레스에 따르면 국가 공동체는 으뜸가는 선을 추구하는 으뜸가는 공동체이다. "모든 국가(polis)는 분명 일종의 공동체이며, 모든 공동체는 어떤 선을 실현하기 위해 구성된다. 무릇 인간 행위의 궁극적 목적은 선(agathon)이라고 생각되는 바를 실현하는 데 있기 때문이다. 이렇듯 모든 공동체가 어떤 선을 추구하는 것이라면, 모든 공동체 중에서도 으뜸가며 다른 공동체를 모두 포괄하는 공동체야말로 분명 으뜸가는 선을 가장 훌륭하게 추구할 것인데, 이것이 이른바 국가 또는 국가 공동체(politike koinonia)다.[54] 자연은 아무 목적 없이는 아무것도 만들지 않는다는 것이 아리스토텔레스의 주장인데,[55] 인간만이 언어(logos) 능력을 가진 동물이고, 선과 악, 옳고 그름 등을 인식할 수 있기 때문에 국가는 자연적으로 생성되는 자연의 산물이다.[56] 아리스토텔레스는 국가가 최종 목표이자 최선의 것인 완전한 자급자족(autarkeia)이라는 최고 단계에 이미 도달해 있으며, 단순한 생존(zen)을 넘어

---

53) Samuel Enoch Stumpf/James Fieser(이광래 역), 『소크라테스에서 포스트모더니즘까지』(열린책들, 2008), 164면.

54) Aristoteles(천병희 역), 『정치학』(숲, 2009), 15면.

55) Aristoteles(천병희 역), 『정치학』(숲, 2009), 20-21면.

56) Aristoteles(천병희 역), 『정치학』(숲, 2009), 20-21면.

훌륭한 삶(eu zen)을 위해 존속하는 것으로 보았다.[57)]

또한, 아리스토텔레스에 따르면, 인간은 본성적으로 국가 공동체를 구성하는 정치적 동물(zoion politikon)이며, 본성으로 인하여 국가가 없는 자는 인간 이하이거나 인간 이상이다.[58)] "공동체 안에서 살 수 없거나, 자급자족하여 그럴 필요를 느끼지 못하는 자는 국가의 부분이 아니며, 들짐승이거나 신일 것이다."[59)]

국가와 인간의 관계에 대해서는 아리스토텔레스는 몸 전체가 파괴되면 손이나 발은 존재할 수 없는 것처럼 전체는 필연적으로 부분에 우선하기 때문에 국가는 본성상 가정과 개인에 우선한다고 주장한다.[60)]

(2) 시민과 정체

아리스토텔레스에 따르면, 여러 가지 정체의 본성과 속성을 연구하려는 사람은 우선 국가(polis)가 무엇인지부터 살펴보아야 하고, 국가는 시민들로 구성된 복합체이기 때문에 시민(polites)이 무엇인지를 고찰해야 한다.[61)] 치자와 피치자의 탁월함은 서로 다른 것이지만, 훌륭한 시민은 이 두 가지에 다 능해야 하는데, 자유민답게 지배할 줄도 알고 자유민답게 복종할 줄 아는 것에 시민의 탁월함이 발휘된다.[62)]

---

57) Aristoteles(천병희 역), 『정치학』(숲, 2009), 20면.
58) Aristoteles(천병희 역), 『정치학』(숲, 2009), 20면.
59) Aristoteles(천병희 역), 『정치학』(숲, 2009), 21-22면.
60) Aristoteles(천병희 역), 『정치학』(숲, 2009), 21면.
61) Aristoteles(천병희 역), 『정치학』(숲, 2009), 131면.
62) Aristoteles(천병희 역), 『정치학』(숲, 2009), 144면.

아리스토텔레스는 국가는 자족한 삶을 영위하기에 충분할 만큼 많은 수의 시민들로 구성된 단체라고 주장하나,[63] 시민의 자격에 엄격한 제한을 가하고 있다. 치자뿐만 아니라 피치자에게도 요구되는 시민의 탁월함 때문이다. 이에 따라 시민은 아버지나 어머니 가운데 어느 한쪽만이 아니라, 양 부모가 모두 시민인 자로 규정된다.[64] 그리고 직공이나 품팔이꾼도 시민에서 제외되는데, 이들은 탁월함을 발휘할 수 없기 때문이다.[65] 노예는 당연히 시민에서 제외된다.

이처럼 아리스토텔레스는 '정체'(政體)를 논하기 위한 사전작업으로 '국가'와 '시민'에 대한 논의를 한 후에, '정체'에 대한 논의를 시작한다. '정체'에 대한 논의는 법사상에서 중요한데, 왜냐하면 아리스토텔레스가 잘 지적하고 있듯이 정체에 법을 맞춰야지 법에 정체를 맞춰서는 안 되기 때문이다.[66] 아리스토텔레스는 '정치학' 제2권에서 플라톤의 '이상국가에 기초한 정체론(政體論)'을 비판한 후에, 제3권부터 '현실국가에 기초한 정체론'을 펼친다. 그는 통치자의 수에 따라 한 사람이 통치하는 정부들 가운데 공동의 이익을 고려하는 정부인 왕정(basileia), 한 사람 이상의 소수자가 통치하는 정부인 귀족정체(arisokratia), 다수자가 공동의 이익을 위하여 통치하는 정부인 '혼합정체'를 구분하였다. 그리고 이것의 세 가지 변형도 구분했는데, 왕정이 왜곡된 참주정체, 귀족정체가 왜곡된 과두정체, '혼합정체'가 왜곡된 민주정체이다.[67] 참주정체는 국가 공

---

63) Aristoteles(천병희 역), 『정치학』(숲, 2009), 134면.
64) Aristoteles(천병희 역), 『정치학』(숲, 2009), 135면.
65) Aristoteles(천병희 역), 『정치학』(숲, 2009), 145-146면.
66) Aristoteles(천병희 역), 『정치학』(숲, 2009), 199면.

동체를 마치 주인이 노예를 지배하듯 통치하는 1인 지배 정체이며, 재산을 가진 자들이 정권을 가지면 과두정체이고, 반면 재산을 갖지 못한 무산대중이 정권을 잡으면 민주정체이다.[68] 과두정체 지지자들은 자신들이 한 가지 점에서, 예컨대 부에서 불평등하면 모든 점에서 불평등하다고 믿는 반면에, 민주정체 지지자들은 자신들이 한 가지 점에서, 예컨대 자유민의 신분에서 평등하면 모든 점에서 평등하다고 믿는다.[69] 그런데 아리스토텔레스가 보기에는, 한 가지 점에서 평등한 자들이 모든 점에서 평등해서는 안 되며, 한 가지 점에서 불평등한 자들이 모든 면에서 불평등해서도 안 되므로, 이런 주장들을 인정하는 정체(민주정체와 과두정체)는 필연적으로 왜곡된 정체다.[70]

아리스토텔레스는 어떤 자들은 너무 많이 갖고 있고, 나머지는 아무것도 갖고 있지 않은 곳에서는 극단적인 민주정체나 순수 과두정체가 생겨날 것이기 때문에,[71] '중산계급으로 구성된 정체'를 최선의 국가 공동체 형태로 보았다.[72]

---

67) Aristoteles(천병희 역), 『정치학』(숲, 2009), 161-152면.

68) Aristoteles(천병희 역), 『정치학』(숲, 2009), 153면.

69) Aristoteles(천병희 역), 『정치학』(숲, 2009), 156면.

70) Aristoteles(천병희 역), 『정치학』(숲, 2009), 170면.

71) Aristoteles(천병희 역), 『정치학』(숲, 2009), 232면.

72) Aristoteles(천병희 역), 『정치학』(숲, 2009), 229면 이하.

3. 비판적 고찰

(1) 분배적 정의의 모호함

분배적 정의에서 '다르게 분배하는' 구체적인 기준에 따라 매우 다른 결과가 산출된다. 이에 대한 한 예를 들어보면 다음과 같다. 형제 A, B, C가 살고 있었는데 A, B는 양을 키워 살았지만 C에게는 키울 양이 없었다. A는 자신의 양 30마리에서 C에게 5마리를 주었고, B는 자신의 양 3마리에서 1마리를 주었다. 8년 뒤 C는 번성하여 양이 132마리가 되었는데(이때 A는 양 50마리를 가지고 있었고, B는 양 10마리를 가지고 있었다), 그만 죽고 말았다. C에게는 A, B 외의 친족이 없었고, C의 양을 A와 B가 어떻게 배분받을지에 대한 법도 있지 않았다.

제1 방안은 132마리를 양분하여 똑같이 A에게 66마리, B에게도 66마리를 주는 방법이다.

제2 방안은 처음에 준 A의 5마리와 B의 1마리를 돌려준 후에, 나머지 128마리를 양분하여 A에게 63마리, B에게 63마리를 주는 방법이다. 따라서 A는 68마리(5+63), B는 64마리(1+63)를 갖게 된다.

제3 방안은 A와 B가 양을 준 비율에 따라 나누는 방법인데, A는 30마리에서 5마리를 주었으므로 1/6, B는 3마리에서 1마리를 주었으므로 1/3을 주는 것이다. 따라서 1/6:1/3=1:2로 나누면 되며 A는 44마리, B는 88마리를 받게 된다.

제4 방안은 132마리에 A와 B가 양을 준 비율을 곱해서 나누는 방법으로, A에게는 132마리의 1/6인 22마리를 먼저 주고, B에게는 132마리의 1/3인 44마리를 먼저 준 다음에, 나머지 66마리를 양분해서 33마리씩 주면 된다. 따라서 A는 55마리(22+33), B는 77마리 (44+33)를 얻게 된다.

제5 방안은 C가 양을 받은 비율에 따라서 나누는 방법인데, A는 C가 가지고 있던 6마리 중 5마리를 주었고, B는 1마리를 주었으므로 5:1로 나누게 된다. 따라서 A는 110마리(132×5/6), B는 22마리 (132×1/6)를 갖게 된다.

제6 방안은 132마리의 절반인 66마리는 5:1의 비율로, 나머지 절반은 1/6:1/3=1:2의 비율로 나누는 방법이다. 따라서 A는 55마리 (66×5/6)와 22마리(66×1/3)를 합쳐 77마리를, B는 11마리(66×1/6) 와 44마리(66×2/3)를 합쳐 55마리를 받게 된다.

제7 방안은 A는 30마리에서 5마리를 주어 25마리에서 50마리를 키웠다. 원래 가지고 있던 30마리였다면 60마리를 키웠을 것이고 (25:50=30:60) 따라서 10마리(60-10)를 우선 받는다. B는 3마리에서 1마리를 주어 2마리에서 10마리를 키웠다. 원래 가지고 있던 3마리였다면 15마리를 키웠을 것이고(2:10=3:15) 따라서 5마리(15-10)를 우선 받는다. 그리고 나머지 117마리를 양분하여 각각 58마리씩 나누어 준다. 그러면 A는 68마리(10+58)를 얻고, B는 63마리 (5+58)를 얻게 된다.[73]

위의 예에서도 잘 알 수 있듯이 '다른 것은 다르게' 나누는 기준을 찾기란 매우 어려움을 알 수 있다.

---

73) Bernd Rüthers, Rechtstheorie, (C. H. Beck, 2005), 243면 이하.

(2) 노예의 정당화와 여성의 비하

아리스토텔레스는 제1권 제2장에서 인간을 본성적으로 국가 공동체를 구성하는 동물로 보았지만, 제1권 제4장과 제5장에서는 노예는 날 때부터 노예이며, 도구로서의 노예는 자연스러운 것이라고 주장한다. 아리스토텔레스에 따르면, 노예와 동물의 차이는 노예는 이성이 있다는 것을 알지만 이성을 갖고 있지 않고, 동물은 이성이 있다는 것조차 모른다는 점이다. 여기서도 '탁월성'은 주장되는데, 아리스토텔레스에 따르면 주인은 노예에게 노예 고유의 탁월함을 심어주어야지, 노예가 할 일을 일일이 지시하는 관리인이 되어서는 안 된다.[74]

아리스토텔레스의 주장은 오늘날의 관점에서 보면 너무 잘못된 터무니없는 주장이다(제대로 알아보기 위해 '정치학'의 본문 내용을 그대로 실었다). "노예는 재산이고 생명 있는 도구다. [...] 도구로서의 노예는 생산이 아닌 활동에 쓰인다. 노예는 그의 활동뿐만 아니라 존재 전체가 주인의 것이다."[75] "도구 가운데 어떤 것은 생명이 없고(apsychon), 어떤 것은 생명이 있다(empsyhon). 예컨대, 배의 선장에게 노는 생명 없는 도구지만, 망보는 선원은 생명 있는 도구다."[76] "통상적인 의미의 도구는 생산을 위한(poietikon) 도구인 반면, 재산은 활동을 위한(praktikon) 도구이다. [...] 그런데 삶은 활동이지 생산이 아니다. 따라서 노예는 활동을 위해 쓰이는 도구다."[77] "이성이 있다는 것은 알지만 이성을 갖지 못하는 자는 본성

---

74) Aristoteles(천병희 역), 『정치학』(숲, 2009), 60면.

75) Aristoteles(천병희 역), 『정치학』(숲, 2009), 25면.

76) Aristoteles(천병희 역), 『정치학』(숲, 2009), 25면.

적으로 노예이기 때문이다. 반면에 다른 동물은 이성이 있다는 것조차 모르고 감정(pathema)에 복종한다. 그러나 노예와 길들인 동물의 용도는 크게 다르지 않다. 이들은 둘 다 생필품을 조달하도록 주인에게 몸으로 봉사하기 때문이다. 그래서 자연은 자유민의 몸과 노예의 몸을 구별하고자 노예에게는 천역을 감당할 수 있는 강한 몸을 주고, 자유민에게는 그런 일에는 쓸모없지만 시민 생활(politikos bios)에는 적합한 꼿꼿한 몸매를 주는 것이다."78) "노예를 부리는 것은 위대하거나 고상한 지식이 아니다. 주인은 노예가 반드시 할 줄 알아야 하는 것을 시킬 줄만 알면 되기 때문이다. 그래서 이런 번거로운 일에서 벗어날 수 있을 만큼 살림이 넉넉한 주인들은 노예의 관리를 집사에게 맡기고 자신들은 정치와 철학에 전념하는 것이다."79)

아리스토텔레스는 남녀평등에 위배되는 말도 서슴지 않는다. "양자가 대등하거나 열등한 것이 지배하게 되면 언제나 유해하다. 사람과 다른 동물들의 관계도 마찬가지다. 길들인 동물은 야생동물보다 본성이 더 낫고, 모든 길들인 동물은 안전을 보장받기에 인간의 지배를 받는 것이 더 나은 것이다. 마찬가지로 수컷이 본질적으로 더 우월하고, 암컷은 열등하다. 그래서 수컷이 지배하고, 암컷은 지배받는다. 그리고 이런 원칙은 인간관계 전반에 적용되어야 한다."80) "자연에 배치되는 예외적인 경우 말고는, 남성이 여성보다 본성적으로 지배하는 데 더 적합하며, 연장자와 성인이 연소자와 미성년보다 지배하는 데 더 적합하기 때문이다."81) "노예는 기획 능력이

---

77) Aristoteles(천병희 역), 『정치학』(숲, 2009), 26면.
78) Aristoteles(천병희 역), 『정치학』(숲, 2009), 29면.
79) Aristoteles(천병희 역), 『정치학』(숲, 2009), 36면.
80) Aristoteles(천병희 역), 『정치학』(숲, 2009), 28-29면.

전혀 없고, 여자는 기획 능력이 있긴 하지만 권위가 없고, 아이는 기획 능력이 있지만 아직은 그것이 성숙하지 못했기 때문이다."[82] "예컨대, 우리는 '여자란 잠자코 있을 때가 가장 예쁜 법이야'라는 시인의 말이 보편적인 진리라고 생각하겠지만, 그런 진리는 남자에게는 해당되지 않는다."[83]

아리스토텔레스의 이러한 생각은 그가 비판했던 플라톤의 생각과 비교해 보면, 확연한 차이를 느낄 수 있다. 남성이 여성보다 본성적으로 지배하는 데 더 적합하다고 본 아리스토텔레스와는 달리, 플라톤은 그 당시로는 드물게 남녀평등 사상을 펼친다. "남성과 여성이 만약에 어떤 기술이나 다른 일(업무)과 관련해서 서로 다른 것으로 판명된다면, 그쪽에 이 다른 일(업무)을 배정해야만 한다고 우리는 말할 걸세. 그러나 만약에 그들이 달라 보이는 것이 바로 이 점에서만이라면, 즉 여성은 아이를 낳으나, 남성을 아이를 생기게 한다는 점에서라면, 우리가 말하고 있는 것과 관련해서 여성이 남성과 다르다는 데 대한 증명이 조금도 잘된 것이 없다고 말할 것이며, 오히려 우리의 남자 수호자들도 그리고 그들의 아내들도 같은 업무에 종사해야만 한다고 우리는 여전히 생각할 걸세(454e)."[84]

(3) 기계론적 세계관에서의 비판

'엔텔레케이아'(Entelecheia)로 대표되는 아리스토텔레스의 목적론

---

81) Aristoteles(천병희 역), 『정치학』(숲, 2009), 54면.
82) Aristoteles(천병희 역), 『정치학』(숲, 2009), 58면.
83) Aristoteles(천병희 역), 『정치학』(숲, 2009), 59면.
84) Platon(박종현 역), 『국가』(서광사, 1997), 328면.

적 세계관은 이후 스토아 철학과 아퀴나스의 스콜라 철학을 통해 서구사회를 지배하는 세계관이 된다. 중세시대에 목적론적 세계관에 대항하는 이론이 등장하지 못했고, 등장하더라도 힘을 발휘하지 못했다. 근대 초기에 이르러서야 자연과학의 발달에 자극받아 기계론적 세계관이 등장했고, 목적론적 세계관은 기계론적 세계관의 주적(主敵)이 된다.

원인과 결과라는 인과율에 따르는 근대 자연과학의 발전은 인과론적 세계관, 기계론적 세계관을 낳았고, 이는 만물에 목적이 있어 목적이 실현된다는 목적론적 세계관과 대립할 수밖에 없었다. "철학사에서, 르네상스기의 진짜 혁명적인 사실은 이때에 형성된 학문(과학)의 새로운 개념이다. 이 개념은 근대물리학의 창시자들, 특히 갈릴레이에 의해서 형성된다. 갈릴레이와 더불어 여태까지의 질적·형상론적인 존재관이 양적·기계론적인 존재관에 의해 해소되게 된다. 그러나 이 자연과학적인 방법은 당장 지식의 개념 전체에 영향을 미치고, 그 영향은 점점 더 멀리 번져, 철학 전체를 이 과학의 방법에 따라 개조하고, 이런 것이 마침내는 중대한 결과를 초래하여 인간상과 세계상을 새롭게 하기에 이르렀다."[85] "본질에 관한 학문은 사건들에 관한 학문에 의해 해체되고 만다. 이제 사람들은 어떻게 해서 속성이 실체에서 생겨나며, 또 실체를 바탕으로 해서 어떻게 이해되는가 하는 것들을 묻지 않고, 과정 속에 포함되어 있는 하나하나의 요인들이 경험 속에서 서로 의존하고 나타나는 것을 연구했다. 이렇게 해서 근세는 실체개념을 기능개념과 바꿔놓고, 형상(Eidos) 또는 본질(Essentia)을 법칙과 바꿔놓는다."[86] "질량 또는 힘

---

85) Johannes Hirschberger(강성위 역), 『서양 철학사―하권·근세와 현대』(이문출판사, 1983/2007), 49면.

의 양은 본질이나 형상과 더불어 주어져 있는 '이렇게 있도록 정해 있는 것'보다 더 기초적인 것으로 보인다. 이렇게 해서 차츰, 공간과 시간 안에 주어져 있는 인과관계가 단적으로 존재론적인 결정인자로 되게 된다. 이러한 바탕 위에서 '에너지 보존의 법칙'이 생겨난다. 또 이렇게 되고 나니, 다른 결정인자, 예컨대 전체적 또는 뜻에 알맞은 목적론적 결정인자는 그 설 곳을 완전히 잃어버리고 만다. 이런 목적론적인 결정인자는 에너지보존의 법칙과 기계론적인 자연관의 전체적인 뜻에 반대된다. 기계론적인 자연관에 있어서는, 생겨나는 모든 것이 오직 양과 무게에 따라서만 생겨나며, 따라서 엄밀하게 필연적일 뿐이다. 이제 물리학이 형이상학과 더 나아가서는 신학과 윤리학까지 흡수하고 만다. 왜냐하면, 세계라는 커다란 기계는 '스스로' 움직이기 때문이다. 단순히 신적인 예견이 필요치 않을 뿐만 아니라, 그런 것도 있지도 않고, 또 창조주는 있을 수가 없다. 모든 원인을 다 따져보면, 이런 것들은 있을 수가 없다."[87]

---

86) Johannes Hirschberger(강성위 역), 『서양 철학사－하권·근세와 현대』(이문출판사, 1983/2007), 60면.

87) Johannes Hirschberger(강성위 역), 『서양 철학사－하권·근세와 현대』(이문출판사, 1983/2007), 60-61면.

제3장 스토아 철학과 에피쿠로스 철학

종래 그리스의 도시문명을 형성하고 정치에 적극적으로 관여했던 그리스인들은 국가공동체 내에서의 개인의 역할에 큰 의미를 부여하였다. 이런 역사적 배경에서 플라톤과 아리스토텔레스는 이상사회의 청사진을 제시하고 국가의 시민이 어떠한 덕목을 갖추어야 하는지를 고찰한 것이다. 하지만 그리스가 마케도니아와 로마의 지배를 받게 되면서 그리스 시민은 정치무대의 장을 상실하게 되고, 점차 국가공동체 내에서의 개인의 의미를 상실하기 시작했다. 그리스 도시국가를 적극적으로 형성하던 위치에서 마케도니아와 로마 제국에 의해 소극적으로 다스려지는 위치로 바뀐 것이다. 그리스의 도시문명이 로마제국에 흡수됨에 따라 국가공동체에서의 개인의 역할을 강조하는 것을 포기하고 개인 그 자체의 문제로 시선을 옮기게 된다.[1] 에피쿠로스 철학은 이러한 배경에서 생겨났다.

한편, 그리스 도시국가에서 로마 제국으로 국가체제가 바뀌었다는 점에서 그 소속 구성원을 그리스 시민에서 세계 시민으로 확대할 필요성이 생겼다. 도시 국가라는 정치적 질서에서 제국이라는 정치적 질서로 이행되면서 그 소속 구성원의 정체성을 다시 규정

---

1) "플라톤과 아리스토텔레스처럼 이상사회에 대한 청사진을 만들고 개인을 거대한 사회 및 정치 구조에 귀속시키는 대신에 이 새로운 철학자들은 먼저 사람들 자신에 대해 생각하게 하고, 어떻게 하면 자연의 구조 안에서 개인으로서 사람들이 가장 만족스러운 개인 생활을 이룰 수 있는지에 대해 생각하게 되었다. [...] 펠로폰네소스 전쟁 이후 아테네가 몰락하자 그리스 문명은 쇠퇴했다. 그리스의 소도시 국가의 몰락과 더불어 시민 개개인은 이제 자신들의 사회와 정치적인 운명을 조정하거나 완성하기 위한 개인의 중요성과 능력 같은 것의 의미를 상실하게 되었다. 개인이 강대한 로마 제국에 흡수됨에 따라 그들은 점차 집단생활 속에서 자신의 삶에 대한 통제력을 상실했다. 그리스가 로마의 속국이 된 이후 사람들은 이상 사회에 관한 문제들을 사색하는 데 관심을 잃었다. 필요한 것은 변화하는 조건 속에서 삶의 방향을 제시해 줄 수 있는 실천 철학이었다." Samuel Enoch Stumpf/James Fieser(이광래 역), 『소크라테스에서 포스트모더니즘까지』(열린책들, 2008), 173-174면.

할 필요성이 생긴 것이다. 예전에는 자신이 속한 도시 국가에 적극적으로 참여함으로써 자신의 정체성을 규정하였다면, 이제는 제국 내에서 자신의 정체성을 규정할 필요성이 생겨났고, 이는 '세계시민주의'라는 스토아 철학의 유명한 주장이 등장하는 계기가 된다.

우리는 이 장에서 스토아 철학과 에피쿠로스 철학을 살펴볼 것이다. 스토아 철학의 목적론적 세계관과 에피쿠로스 철학의 유물론적 세계관이 서로 대조된다. 스토아 철학은 목적론적 결정론을 토대로 '자연과 일치하는 삶'을 삶의 목표로 제시한 반면에, 에피쿠로스 철학은 원자론적 유물론을 토대로 정신이 평온한 쾌락을 삶의 목표로 제시하였다.2) 이는 각각 아파테이아(apatheia)와 아타락시아(ataraxia)로 나타난다.

---

2) 에피쿠로스 철학 뿐만 아니라 스토아 철학도 어떻게 하면 개인이 행복할 수 있을까를 연구했지만 행복에 이르는 구체적인 방법은 달랐다. 스토아 철학은 품위있는 삶, 곧 덕에서 행복을 찾은 반면에, 에피쿠로스 철학은 행복을 쾌락에서 찾았다. "스토아학파는 덕은 전체 최고선이며, 행복은 단지 주관의 상태에 속하는 것으로서 덕의 소유의식일 따름이라고 주장했다. 에피쿠로스학파는 행복이 전체 최고선이며, 덕은 단지 이를 얻기 위한, 곧 이에 이르기 위한 수단들을 이성적으로 사용할 때의 준칙의 형식일 따름이라고 주장했다." Immanuel Kant(백종현 역), 실천이성비판 (아카넷, 2002/2007), 242면.

1. 스토아 철학

(1) 목적론적 결정론

스토아 철학의 사상가들은 초기, 중기, 후기 3단계로 분류된다. 초기 단계의 사상가로는 기원전 3세기에 스토아 철학의 창시자인 제논(Zenon, BC 324-BC 262),3) 클리안테스(Kleinthes), 크리시포스(Chrysippos)가 있고, 중기 단계의 사상가에는 기원전 2세기와 기원전 1세기에 파나이티오스(Panaitios), 포세이도니오스(Poseidonios), 키케로(Marcus Tullius Cicero, BC 106-BC 43)4)가 있다. 그리고 후기 단계의 세네카(Lucius Annaeus Seneca, BC 4?-65),5) 에픽테토스(Epiktetos, 60?-117?),6) 마르쿠스 아우렐리우스(Marcus Aurelius, 121-180)7)가

---

3) 스토아 철학의 창시자인 제논은 키프러스 섬의 키티온에서 기원전 324년에 태어났다. 제논이 가르침을 펼친 곳은 '스토아 포이킬레'(Stoa poikile)라는 아테네의 강당이었는데, 여기서 '스토아'라는 이름이 유래했다. '스토아'(stoa)는 '회랑'을 뜻하는 그리스어이다.

4) 로마인인 키케로는 파나이티오스의 영향하에 포세이도니오스 문하에서 공부하면서 스토아 철학을 로마에 전파했다. 키케로의 책 『의무론』(허승일 역, 서광사, 1989/2013)에는 파나이티오스를 인용하면서 파나이티오스를 따르고 있는데(22-24, 72, 109, 114, 125, 138, 148, 155, 165, 172-173, 180-182, 185, 191-193). 때로는 파나이티오스가 간과한 부분에 대한 자신의 견해를 덧붙이고 있다(22-24, 109, 114, 172-173, 180-182, 191-193).

5) 세네카는 네로 황제의 스승이었는데, 네로 황제의 명령으로 자살로 생을 마감한다. 그의 책으로는 '인생론'(김천운 역, 동서문화사, 2007)이 있다.

6) 에픽테토스는 에파프로디투스의 노예였다가 행정장관까지 지낸 노예 출신의 철학자로, 아리아노스가 엮은 '삶의 기술'(『에픽테토스의 자유와 행복에 이르는 삶의 기술』, 강분석 역, 사람과책, 2008)과 '대화'라는 저서가 있다.

7) 아우렐리우스는 로마 오현제(Five Good Emperors)의 한 명으로 『명상록』(천병희 역, 숲, 2005)이라는 저서를 남겼다. 오현제는 네르바(재위 96-98), 트라야누스(재위 98-117), 하드리아누스(재위 117-138), 안토니누스 피우스(재위 138-161), 마르쿠스 아우렐리우스(재위 161-180)의 5제(帝)를 말한다. 5현제 시대에는 황

있다. 이들은 각각 정치인, 노예, 황제였다. 초기 스토아 철학은 헤라클레이토스의 유물론을 따랐지만, 중기 이후에는 유물론에서 벗어나(파나이티오스는 플라톤 철학을 도입하면서 초창기 유물론의 입장을 포기하였다), 관념론과 윤리학에 치중하였다.

스토아 철학의 중심이 되는 관념은 신이 만물에 내재해 있다는 범신론으로, 스토아 철학은 모든 존재의 총체와 신의 일치를 주장하였다.[8] 스토아 철학은 세계는 신이 부여한 목적의 원리에 따라 움직이기 때문에, 인간과 사물은 목적에 따라 행동해야만 한다고 주장한다. 신들이 하는 일들은 섭리로 가득 차 있으며, 만물은 섭리에서 흘러나온다.[9] 이처럼 목적론적 결정론은 스토아 철학의 세계상에 내재해 있다.[10] 이는 아리스토텔레스가 주장한 엔텔레케이아(Entelecheia) 사상의 확장으로 볼 수 있다.

스토아 철학의 목적론적 결정론은 (후술하는) 에피쿠로스 철학의 원자론적 유물론과 결정적으로 비교된다. 원자론적 유물론에 따르면, 목적의 원리에 따라 움직이는 질서가 없기 때문에 이로부터 무슨 의무가 도출되는 것이 아닌 반면에, 목적론적 결정론은 목적의 원리에 따라 움직이는 질서가 이미 주어져 있기 때문에 이를 준수해야 할 의무가 부여된다. 스토아 철학의 목적론적 결정론에서 우리는 비결과주의적 윤리설의 모습을 확인할 수 있다.[11]

제의 자식에게 제위를 물려주지 않고 유능한 인물을 양아들로 입양해 황제의 후계자로 삼았는데, 아우렐리우스는 이 규칙을 깨고 친아들인 콤모두스(재위 180-192)를 후계자로 지명하였다. 하지만 콤모두스는 네로에 버금가는 폭군이었고, 현명한 황제의 시대는 막을 내린다.

8) Hans J. Störig(박민수 역), 『세계 철학사』(이룸, 2008), 318면.

9) Marcus Aurelius(천병희 역), 『명상록』(숲, 2005), 33면.

10) Hans Welsel(박은정 역), 『자연법과 실질적 정의』(삼영사, 2001/2005), 63면.

11) Robert L. Arrington(김성호 역), 『서양 윤리학사』(서광사, 1998), 178면.

(2) 자연에 일치하는 삶

목적론적 결정론을 토대로 스토아 철학은 목적에 따르는 삶, "자연과 일치하는 삶"을 삶의 목표로 제시하고, 자연이 우리를 덕이라는 목표로 인도한다고 주장하였다.12) 키케로에 따르면, 자연본성에 입각해서 사는 것이, 절도 있고 덕을 쌓기에 합당한 삶을 향유하는 것이 최고선(finis bonorum)이다.13) 이는 에피쿠로스 철학이 원자론적 유물론을 토대로 육체적인 고통이 없는 정신이 평온한 쾌락을 삶의 목표로 제시한 것과 비교된다.

스토아 철학자들은 운명이 전능하다고 믿는 운명론자로서, 주어진 운명에 순종할 것을 요구한다. 타당한 질서가 주어진 상태에서 스토아 철학은 우리가 조절할 수 있는 유일한 것은 세상에서 일어나는 사건들에 대한 우리의 태도뿐이라고 보았으며,14) 운명에 대적하지 말고 순종할 것을 요구하였다.15) "인생은 마차에 매달려 있는 개와 같다. 개가 영리하다면 마차와 함께 달린다. 하지만 개가 저항하면 끌려가게 된다."(제논) "네가 동의하면, 운명은 너를 인도해

---

12) "덕이 있는 삶이 자연과 일치하게 살아가는 삶이며 자연이 이런 유형의 삶을 우리 인간의 목표로 제시한다는 점이다. 여기서 우리는 또한 인간의 본성에 대한 목적론적인 개념이 도입됨을 발견할 수 있다—즉 인간의 목적 또는 목표는 행복 또는 덕이라는 것이다. 이러한 인간의 본성은 자연 일반의 일부이며 자연법칙의 지배를 받는다. 따라서 자연은 이른바 인간의 삶의 이성적인 목적으로서 덕을 부여하였다고 말할 수 있다." Robert L. Arrington(김성호 역), 『서양 윤리학사』(서광사, 1998), 183면.

13) Marcus Tullius Cicero(성염 역), 『법률론』(한길사, 2007), 97-102면.

14) Robert L. Arrington(김성호 역), 『서양 윤리학사』(서광사, 1998), 179면.

15) "이와 관련하여 저 보편적 결정론과 개인의 자유의 일치 가능성 문제가 비로소 처음으로 제기되었다." Hans Welzel(박은정 역), 『자연법과 실질적 정의』(삼영사, 2001/2005), 64면.

주고, 네가 동의하지 않으면, 운명은 너를 강제한다."(세네카) "당신이 가난한 자의 역을 하는 것이 신의 즐거움이라면 당신은 그 역을 잘 해내야 한다. 절름발이나 지배자 또는 소시민의 경우도 마찬가지이다. 왜냐하면, 주어진 역을 잘 해내는 것이 당신의 할 일이기 때문이다."(에픽테토스) "항상 명심해야 할 것은, 전체의 본성은 무엇이고, 나의 본성은 무엇이며, 나의 본성은 전체의 본성과 어떤 관계이고 어떤 전체의 어떤 부분인지와, 네가 그 일부인 자연에 맞는 것을 항상 행하고 말하는 것을 막을 사람은 아무도 없다는 것이다."(아우렐리우스)[16]

스토아 철학은 자연이 각자에게 준 역할을 잘 감당하는 것이 우리의 의무이며, 그 이상의 감정을 가지고 인생을 살아가지 않을 것을 주장하였다. 왜냐하면, 자연이 준 의무를 이행하는 삶을 살아야만 행복하게 되고, 그 이상의 감정을 가지고 살다면 불행해지기 때문이다. 스토아 철학은 파토스(pathos)가 없는 부동심(不動心)의 경지를 '아파테이아'(apatheia)라고 칭하고,[17] 이를 삶의 궁극적인 목표로 삼았다. 스토아 철학에 따르면, 현자는 무슨 사건이 일어나든 기꺼이 받아들이고 꿋꿋하게 참고 따라야 한다. 현자는 운명의 필연성에 괴로워하지 않고 사건의 법칙성을 자신의 법칙성으로 받아들여 그것을 기꺼이 받아들인다.[18] "'이런 일이 나에게 일어나다

---

16) Marcus Aurelius(천병희 역), 『명상록』(숲, 2005), 35면.

17) Samuel Enoch Stumpf/James Fieser(이광래 역), 『소크라테스에서 포스트모더니즘까지』(열린책들, 2008), 186면. "아파테이아(apatheia)는 문자 그대로 파토스(pathos)가 없는 것을 가리킨다. 파토스는 외부의 영향을 받아 생겨나는 감정 상태이므로 아파테이아는 그것으로부터 초연한 무감동의 경지를 말한다. 스토아학파는 이것을 삶의 이상으로 삼았다."

18) Johannes Hirschberger(강성위 역), 『서양 철학사─상권·고대와 중세』(이문출판사, 1983/2007), 346면.

니, 나야말로 불운하구나!' 천만에, 그렇게 말할 것이 아니라 이렇게 말하라. '나는 이런 일을 당했는데도 고통을 겪지 않았고, 현재의 불운에도 망가지지 않고 미래의 고통도 두렵지가 않으니, 나야말로 행운아로구나!' 그런 일은 누구에게나 일어날 수 있지만, 그런 일을 당하고도 고통을 겪지 않는 것은 누구에게나 주어지는 것이 아니기 때문이다."[19]

(3) 오이케이온 - 세계시민사상

스토아 철학은 인간을 폴리스적 동물이 아닌 사교적 동물(zoon koinonikon)로 보아 도시국가가 아닌 세계국가(코스모폴리스)의 입장에서 인간의 문제를 다루었다.[20] 그 중심개념에 '오이케이온'(oikeion)이 있는데, 이는 우리에게 속하는 것, 우리에게 속하는 것으로 느끼는 것을 말한다.[21] 스토아 철학은 인간에게 자연적인 '유대감' 내지 '소속감'이 있다고 보았다. 키케로는 모든 사람은 본성적인 관용과 호의로 서로 결속되어 있다고 표현하고 있다.[22] 인간은 자기보존뿐만 아니라 동료 인간까지 배려하는 사회적 성향이 있으며, 이로부터 평화롭고 이성적으로 질서 지어진 공동체를 형성하려는 성향이 있다.[23] 오이케이온 사상을 통해 스토아 철학은 혈연과 지연을 뛰

---

19) Marcus Aurelius(천병희 역), 『명상록』(숲, 2005), 68-69면.

20) 오세혁, 『법철학사』(세창출판사, 2012), 40면; José Llompart(정종휴 역), 『법철학의 길잡이』(경세원, 2000/2006), 49면.

21) Hans Welzel(박은정 역), 『자연법과 실질적 정의』(삼영사, 2001/2005), 66면.

22) Marcus Tullius Cicero(성염 역), 『법률론』(한길사, 2007), 84면.

23) Hans Welsel(박은정 역), 『자연법과 실질적 정의』(삼영사, 2001/2005), 183면 참조; 스토아학파의 '오이케이온'(Oikeion) 사상은 후에 그로티우스(Hugo Grotius) 법사상의 기초가 된다. 이에 대해서는 Hans Welsel(박은정 역), 『자연법과 실

어넘어 전 인류를 포함하는 인도주의적 사상으로 발전하게 된다.[24] "어린아이들이 자연스럽게 부모에게 속한다는 소속감을 갖게 되듯이 모든 인류는 자연스럽게 서로 다른 사람에게 속한다는 소속감을 가지게 된다. 바로 여기서 우리는 서양 사상사에 있어 가장 위대한 지적인 개혁의 순간을 발견하게 된다 - 철학사가 빈델반트의 말을 빌리면 "우리 인간이 만들어낸 개념의 역사에 있어서 가장 강력하고 가장 의미심장한 창조물 중의 하나와 마주치게 된다." 이전의 철학자들이, 심지어 아리스토텔레스조차도, 그리스인과 그 외의 모든 사람, 그리스인들이 이른바 야만인들(Barbarians)이라고 불렀던 사람들을 철저히 구별하였던 반면, 스토아학파는 이러한 구별이 단지 인위적일 뿐이라고 강력하게 주장한다. 모든 인간은 서로 형제이고 자매이다. 스토아학파는 세계 전체에 대해서, 따라서 모든 인간에 대해서도 오직 하나의 이성적 법칙, 하나의 어법만이 존재한다고 생각하였기 때문에 이러한 신념에 도달하게 되었다. "그들은 세계가 신성한 의지에 의하여 지배된다고 생각하였다. 따라서 우리들 각각은 이 세계의 일부이다. 그렇다면 이로부터 우리가 우리 자신보다 인간 공통의 이점을 먼저 생각하는 것은 자연스러운 결과임이 도출된다." 이전의 그리스인들은 사람들을 그들이 어떤 도시 국가에 속하는가, 또는 어떤 언어를 사용하는가(즉 그리스어를 사용하는가 그렇지 않은가)에 따라 구별하였지만, 스토아학파는

질적 정의』(삼영사, 2001/2005), 182면 이하.

24) Hans Welsel(박은정 역), 『자연법과 실질적 정의』(삼영사, 2001/2005), 66면. 스토아학파의 '오이케이온' 사상은 로마의 황제인 마르쿠스 아우렐리우스(Marcus Aurelius)뿐만 아니라, 노예 출신인 에픽테토스(Epictetus)도 스토아 사상을 신봉하게 하였다[Ernst Bloch(박설호 역), 『자연법과 인간의 존엄성』(열린책들, 2011), 38면].

모든 인간이 하나의 도시의 일부이며 하나의 국가의 시민들이라고 - 세계 시민이라고 - 주장하였다."25)

플라톤과 아리스토텔레스의 '선천적 노예설'과 비교해 볼 때, 스토아 철학의 세계시민사상의 의미는 대단하다고 평가할 수 있다. 아직 '인간의 존엄' 사상이 본격적으로 개진되지는 않았지만,26) 인간의 존엄 사상에 버금가는 인류애를 표현하면서 인간의 평등사상을 개진한 것이다. 시대보다 사상이 너무 앞서 갔는지도 모르나, '오이케이온 사상'이 이후 세상에 미친 영향력은 결코 작다고 할 수 없다. 하지만 현실을 바꾸는 현실파괴력은 미비했다고 평가할 수밖에 없다. 블로흐(Ernst Bloch)는 스토아학파 가운데에서 사회적으로 기여한 자들은 거의 비주류에 해당한다고 말하면서, (다음 인용문에 나오듯이) 에픽테토스가 스파르타쿠스의 폭동 소식을 들었다면 '부동심'이 결핍되었다는 이유로 스파르타쿠스의 행동을 비난했을 게 분명하다고 말한다.27) "스토아학파는 경제적으로 타인에게 의존하며 가난하게 살았지만, 교육받지 못한 가난한 계층과는 접촉을 피했다. 교양을 쌓은 학자들은 처음부터 하층 계급으로부터 멀리 떨어져 있었으며, 하층 계급 역시 이른바 식자 계급에게 어떠한 구체적이고도 분명한 사항을 요구하지 못했다. 예컨대, 스파르타쿠스는 스토아학파의 자연법사상을 한번도 경청한 바가 없었다. 물론 에픽

---

25) Robert L. Arrington(김성호 역), 『서양 윤리학사』(서광사, 1998), 189-190면.

26) 세네카는 '인간은 인간이기 때문에 존엄하다'(homo sacra res homini)라고 주장하여 인간의 존엄성을 주장하였다. 김부찬, 『법학의 기초이론』(대웅출판사, 1994), 152면; 오세혁, 『법철학사』(세창출판사, 2012), 48면.

27) Ernst Bloch(박설호 역), 『자연법과 인간의 존엄성』(열린책들, 2011), 46-47면; 스파르타쿠스(Spartacus, BC109-BC71)는 기원전 73년에 노예반란을 일으켰다. 스파르타쿠스를 죽인 크라수스는 이후 카이사르, 폼페이우스와 함께 제1차 삼두정치의 주역이 된다.

테토스가 처음에는 노예였지만, 나중에 스토아 사상을 공부하여 자연법을 접할 수 있었다. 그렇지만 경천동지하는 폭동의 소식을 접했더라면, 에픽테토스는 '부동심'이 결핍되었다는 이유로 스파르타쿠스의 행동을 비난했을 게 분명하다. 스토아 사상의 한계점은 여기에 있다. 대부분의 에피쿠로스학파는 불법이 자행되는 곳에서 빠져나와 수수방관하는 태도를 취했다. 이로써 그들은 사회적 삶의 실질적 문제를 외면하고 말았다. 스토아 학자들도 이와 다를 바 없었다. 그들은 자신의 내면세계로만 침잠하려 하였고, 보편적 세계의 완전성만을 추구함으로써 그 속에서 헤어나지 못했다. 물론 스토아의 자연법이 노예제도 해결에 새로운 전기를 마련한 것은 사실이다. 그들은 가난한 자들을 돌보았고, 사랑으로 자선 단체를 조직하도록 자극하였다. 그렇지만 빈민구제에 관한 이러한 일련의 사업들은 기껏해야 경미한 범위에서 진행되었을 뿐이다."[28]

뿐만 아니라 스토아 철학의 오이케이온 사상이 실제 로마법에 미친 영향은 예상외로 그리 크지 않다. 이는 로마인들은 매우 실제적이고 실용적인 것에 관심을 두었고, 관념이나 철학에 큰 관심을 두지 않았기 때문이다. 스토아 철학을 제외하고는 철학이 융성하지 않았고, 소수의 사람을 제외하고는 법철학이 큰 관심을 끌지 못했다. 하지만 스토아 철학의 법사상은 로마 만민법의 형성에 영향을 미쳤다.[29] "스토아 사상의 직접적인 영향을 받은 로마법이 그렇게 냉정하게 구성될 수 있었다는 점은 참으로 놀랍기 이를 데 없다. 여기에는 동지애를 부르짖는 스토아 학자들의 격앙된 연설이 조금도 발견되지 않는다. 게다가 사유재산을 보호하고 제한하는 과업에

---

28) Ernst Bloch(박설호 역), 『자연법과 인간의 존엄성』(열린책들, 2011), 45-46면.
29) Hans J. Störig(박민수 역), 『세계 철학사』(이룸, 2008), 294면.

서 이 정도로 놀라운 실천적 법규범은 세상에 없을 것이다. 로마법의 핵심 내용은 채권법에 바탕을 두고 있다. 그렇기에 로마법으로는 현자도 가난한 사람도 실제로는 법의 보호를 받지 못한다. 법의 보호를 받는 자는 채권자뿐이다. 로마법은 개인이 사유재산의 권한을 지닌다는 것을 처음부터 당연히 여겼다. 개인은 특정 사물에 무제한의 지배권을 갖는다."[30] "물론 경미한 범위이기는 하지만, 스토아학파가 로마법에 개입하지 않은 것은 아니다. 그러나 처음부터 적극적으로 그들의 박애주의 정신이라든가 사변 철학적 관심사를 법 규정에 담을 수가 없었다."[31]

(4) 키케로의 자연법사상

스토아 철학의 법사상은 키케로(Marcus Tullius Cicero, BC 106-BC 43)의 자연법사상을 통해 알 수 있다. 기원전 106년에 로마 남부 아르피눔에서 태어난 키케로는 젊은 시절 그리스로 건너가 스토아 철학을 배워 로마에 전파한다. 에피쿠로스 철학이 철저히 개인을 중시하는 반면에, 스토아 철학은 주어진 목적에 따르는 삶을 통해 공동체에 대한 봉사와 의무를 권장하였기 때문에, 키케로 이후 로마인들은 스토아 철학에 공감하게 된다.[32] 저서로는 국가론, 법률론, 최고선악론, 의무론, 수사학 등이 있다.[33]

---

30) Ernst Bloch(박설호 역), 『자연법과 인간의 존엄성』(열린책들, 2011), 48면.

31) Ernst Bloch(박설호 역), 『자연법과 인간의 존엄성』(열린책들, 2011), 49면.

32) Marcus Aurelius(천병희 역), 『명상록』(숲, 2005), 옮긴이 서문, 15면; Johannes Hirschberger (강성위 역), 『서양 철학사-상권·고대와 중세』(이문출판사, 1983/2007), 341면.

33) 키케로는 학문적으로 뛰어났을 뿐만 아니라 정치적으로도 큰 야심을 가지고 관직에 종사했다. 키케로의 정치적 삶이 얼마나 파란만장했을지는 그 시대상황

키케로는 그가 존경하는 플라톤이 '국가'를 먼저 쓰고, '법률'을 나중에 쓴 것처럼, 자신도 '국가론'을 먼저 쓰고, '법률론'을 후에 썼다.34) 키케로는 '법률론'에서 마르쿠스라는 가공의 인물의 입을 통해 자신의 자연법 이론을 밝히고 있다. 키케로는 실정법을 연구하는 것은 실용적인 면에서는 필수적이지만 학문적인 면에서는 보잘것없다고 말하면서,35) 법학을 법무관의 표고령이나 12표법이라는 실정

을 통해 알 수 있는데, 키케로의 시대가 크라수스와 폼페이우스와 카이사르의 제1차 삼두체제 때와 옥타비아누스, 안토니우스, 레피투스의 제2차 삼두체제 시대와 일치하기 때문이다. 키케로는 제1차 삼두체제에서는 폼페이우스를, 제2차 삼두체제에서는 옥타비아누스를 지지하였다. 키케로는 제1차 삼두체제에서 카이사르가 아닌 폼페이우스를 지지했음에도 죽지 않았는데(카이사르는 기원전 49년에 루비콘 강을 건너 로마로 진격하고 권력을 차지하지만, 기원전 44년에 암살된다), 제2차 삼두체제에서는 후에 로마 황제가 되는 옥타비아누스를 지지했음에도 죽게 된다(옥타비아누스는 기원전 31년에 악티움 해전에서 안토니우스를 이겼고, 기원전 27년에 아우구스투스의 칭호를 얻게 되고, 기원후 2년에는 키케로에 이어 두 번째로 '국부'의 호칭을 얻게 된다). 옥타비아누스, 안토니우스, 레피두스는 BC 43년에 제2차 삼두정치를 맺는 협정을 체결하는데, 세 사람은 협정의 제물로 각자에게 중요하나 상대방에게는 부담스러운 사람을 하나씩 제거하기로 합의한다. 레피두스는 친동생을, 안토니우스는 외삼촌을, 그리고 옥타비아누스는 키케로를 제물로 바치기로 합의하였고, 이에 키케로는 죽게 된다.

34) '법률론'에서 마르쿠스와 아티쿠스의 말을 통해 이를 확인할 수 있다. "마르쿠스: 하지만 지극히 박식한 플라톤, 모든 철학자 가운데 가장 심원한 그 인물이 한 것과 똑같이 나도 해야 할 것으로 믿네. 그는 먼저 국가에 관해서 집필했고, 그다음에 별도로 국가의 법률에 대해서 집필했지." Marcus Tullius Cicero (성염 역), 『법률론』(한길사, 2007), 126-127면. "아티쿠스: 그렇긴 한데 내가 무엇을 기대하는지 자네가 묻는다면, 국가의 최선의 상태에 관해서 이미 자네가 쓴 바 있으므로(각주 55: 키케로의 De republica 전체가 여기에 해당한다) 자네가 똑같이 법률에 관해서 글을 쓰는 것이 연속성이 있어 보이네. 자네가 받드는 저 위대한 플라톤 역시 그렇게 한 것으로 나는 알고 있네[각주 56: Plato, Respublica. 단 플라톤은 최선의 국가를 상대로 하지 않고 차선의 국가를 상대로 '법률론'(Leges)을 쓴 것으로 알려져 있다]." Marcus Tullius Cicero (성염 역), 『법률론』(한길사, 2007), 68면.

35) "마르쿠스: 실상 국가의 법제보다 대단한 일이 뭐가 있겠는가? 또 (백성에게는 제아무리 절실하더라도) 소송을 변론하는 사람들의 업무만큼 시시한 일이 뭐가 있겠는가? [...] 그것은 실용적인 면에서는 필수적이지만 학문적인 면에서

법이 아닌 그 바탕이 되는 철학에서 이끌어내고 있다.[36] 키케로는 개개 법률로 나아가기 전에 법의 구속력과 본성을 살펴볼 것을 주문한다.[37]

키케로는 법의 원천을 자연본성과 인간의 본성에서부터 모색해 나간다.[38] 첫째로 존재론의 관점에서 법의 원천인 자연법은 자연본성에서 도출된다. 키케로는 최고법은 여하한 성문법도 생기기 이전에, 심지어 어떤 도시국가도 성립되기 이전에 아주 오랜 세월 전에 먼저 생겨났으며, 이는 자연본성의 위력이고, 정의와 불의의 척도라고 주장한다(이는 키케로의 고유한 법률 정의이다).[39] 아울러 키케로는 우리가 정의를 실현하기 위해 태어났다는 사실, 또 법은 여론에 의해서 성립되지 않고 자연본성에 의해서 성립된다는 사실을 확연하게 깨닫는 일만큼 훌륭한 일은 아무것도 없다고 주장한다.[40]

는 보잘것없다고. [...] 차마 나더러 경계 담장에 관해 규정한 법제를 다루는 소책자나 빗물이 전답으로 흘러들어 가는 문제에 관해 규정한 법제를 다루는 소책자를 쓰라는 말은 아니겠지? 아니면 계약이나 소송에 관한 서식이나 수집하라는 말은 아니겠지? 그건 벌써 많은 사람이 열정을 다해 기록했어." Marcus Tullius Cicero(성염 역), 『법률론』(한길사, 2007), 67면.

36) "아티쿠스: 그 말인즉, 자네는 법학이라는 것이 지금도 다수 인사가 생각하듯이 법무관의 표고령에서 기인하는 것도 아니고, 그렇다고 조상들이 믿어온 것처럼 12표법이라는 실정법에서 유래하는 것도 아니라고 생각한다는 뜻이군. 오히려 법학은 그 바탕이 되는 철학에서 이끌어내야 한다는 말이구먼." Marcus Tullius Cicero(성염 역), 『법률론』(한길사, 2007), 69면. 하지만 키케로는 12표법의 훌륭한 점을 다음과 같이 소개하고 있다. "마르쿠스: 12표법에서 옮겨 쓴 아주 훌륭한 법조문 두 가지가 나오네. 그중의 하나는 특정인을 상대로 하는 사인법을 금지한 것이고, 다른 하나는 시민의 기본권에 관한 법안은 인민회의 총회에 의하지 않고는 의결을 내리지 말라는 것이네." Marcus Tullius Cicero(성염 역), 『법률론』(한길사, 2007), 227면.

37) Marcus Tullius Cicero(성염 역), 『법률론』(한길사, 2007), 121-122면.

38) Marcus Tullius Cicero(성염 역), 『법률론』(한길사, 2007), 69-70, 72면.

39) Marcus Tullius Cicero(성염 역), 『법률론』(한길사, 2007), 70-71면.

40) Marcus Tullius Cicero(성염 역), 『법률론』(한길사, 2007), 78-79면.

둘째로 인식론의 관점에서 법의 원천인 자연법은 인간의 본성에서 도출된다. 키케로는 법이 성문법 이전에 자연법의 모습으로 주어져 있다고 주장하면서, 인간은 이를 인식할 수 있다고 주장한다. 왜냐하면, 인간과 신은 이성을 가지고 있다는 점에서 연합되어 있기 때문이다. "인간에게 신과 연합된 점이 있다면 그 첫째는 이성의 연합일세. 이성보다 훌륭한 것이 아무것도 없고 인간에게도 신에게도 이성이 있어서 하는 말일세. [...] 우리 인간들은 법률로도 신들과 결속되어 있다고 생각해야 할 것일세. 따라서 둘 사이에는 법률의 공유가 있고 정의의 공유가 있네. 둘 사이에 이것들이 공유된다는 점에서 그들은 동일한 국가에 소속되어 있다고 여길 만하네."41) 그리고 키케로는 이성이 인간에게 주어져 있다면 법이 주어진 것이라고 말한다. 이렇게 키케로가 말하는 이유는 이성이 인간에게 주어져 있지 않다면 법이 주어져 있다 하더라도 인간은 주어진 법을 인식할 수 없기 때문이다. "자연으로부터 이성을 받은 사람들에게는 역시 올바른 이성이 주어진 것일세. 그렇다면 그들에게는 법률도 주어져 있네. 법률이란 명하고 금하는 데서 올바른 이성을 말하는 것이네. 만일 법률이 주어졌다면 법 또한 주어졌을 것이네. 그런데 만인에게는 이성이 주어져 있네. 그러므로 만인에게는 법이 주어져 있네."42)

키케로는 성문화된 법률이나 제도에 대해 복종하는 것을 정의라고 하거나, 모든 것을 효용에 의거해서 측정해야 한다면, 누구라도 법률을 소홀히 대할 것이며, 가능하기만 하다면 법률을 위반할 것이라고 주장한다.43) 그리고 키케로는 다수의 투표나 의결로 승인되

---

41) Marcus Tullius Cicero(성염 역), 『법률론』(한길사, 2007), 74면.
42) Marcus Tullius Cicero(성염 역), 『법률론』(한길사, 2007), 82면.

기만 하면 인민의 명령으로, 제일시민들의 칙령으로, 판관들의 판결로 강도질을 하는 것도 법이요, 간통을 저지르는 것도 법이요, 거짓 증언을 행하는 것도 법이 될 것이라고 주장하면서, 어리석은 자들의 판결이나 법령에 그만한 위력이 있어서 그들의 투표만으로도 사물의 자연본성이 뒤집힌다면, 왜 사람들은 악하고 해로운 것들이라도 법률로 재가해 선하고 유익한 것처럼 간주하지 않겠는가 하고 반문한다.44) "백성들 사이에서는 위해가 되는 많은 것, 파멸을 초래하는 많은 것이 법률로 제정되고 있네. 그것들을 법률이라고 부른다면, 강도들이 자기네끼리 합의해서 아무것이나 법률이랍시고 제정해 법률이라고 부르는 것보다 나을 것이 없네. […] 마찬가지로 인민이 위해가 되는 무엇을 비록 법률로서 채택했다고 할지라도, 그런 법률은 어떤 이유로도 인민에게 법률이 될 수 없네. 그렇게 볼 때에 법률이란 정당한 것들과 부당한 것들의 분별이지. 그것도 자연본성에 준해서 표현되는 분별인데, 자연본성은 가장 오래되고 만물 가운데 가장 원초적인 것이네. 인간들의 법률은 다름 아닌 이 자연본성에로 정향되어 있지."45) 이를 토대로 키케로는 법은 여론에 따라서 생기는 것이지 자연본성에 박혀 있는 것이 아니라고 여기는 것은 미친 사람의 생각이라고 보았다.46) 아울러 키케로는 대중의 합치된 의견이 있다고 해서 이성에 의해 이끌어지는 우리의 감관을 오도하지는 못할 것이라고 주장한다.47)

---

43) Marcus Tullius Cicero(성염 역), 『법률론』(한길사, 2007), 89면.

44) Marcus Tullius Cicero(성염 역), 『법률론』(한길사, 2007), 90-91면.

45) Marcus Tullius Cicero(성염 역), 『법률론』(한길사, 2007), 125면.

46) Marcus Tullius Cicero(성염 역), 『법률론』(한길사, 2007), 90-91면.

47) Marcus Tullius Cicero(성염 역), 『법률론』(한길사, 2007), 93면.

2. 에피쿠로스 철학

(1) 유물론적 세계관

에피쿠로스 철학은 기원전 342년에 사모스 섬에서 태어난 에피쿠로스(Epicurus, BC 342-BC 270)에 의해 창시되었다. 에피쿠로스는 아테네에 있는 자신의 정원에 학원을 설립하였는데[그래서 정원(庭園) 학파라고 불린다], 이는 플라톤의 아카데미아 학원, 아리스토텔레스의 리케이온 학원처럼 유명한 학원이 되었다. 에피쿠로스는 데모크리토스(Democritus)의 원자론을 토대로 '원자론적 유물론'을 피력했는데, 신에 의해 세상이 지배된다거나 목적에 의해 세상이 지배된다는 사상에 반대하였다.48) 이에 따르면, 목적에 의해 사건이 발생하는 것이 아니라 신이나 목적이 없는 임의적인 사건에 불과하며, 신이 죽음을 관장하는 것이 아니기 때문에 인간은 죽음의 공포에서 벗어날 수 있다. "우리가 존재하는 한 무(無)인 죽음은 우리에게 존재하지 않는다. 또한, 죽음이 오면 우리는 더 이상 존재할 수 없다." 신과 죽음의 공포에서 벗어난다면 인간은 자신의 통제하에서 삶의 방식을 전개할 수 있게 된다.49) 에피쿠로스 철학의 원자론

---

48) 헤겔(Hegel)은 에피쿠로스가 우연성을 주도적인 원리로 만듦으로써 모든 법칙의 필연성과 세계의 목적을 부정했다고 비판하지만, 마르크스(Karl Marx)는 그의 박사학위 논문인 '데모크리토스와 에피쿠로스 자연철학의 차이'(고병권 역, 그린비, 2001)에서 에피쿠로스 유물론의 독창성을 높이 평가하는 작업을 하였다. 마르크스는 루크레티우스(Titus Carus Lukretius, BC 96-BC 55)의 '사물의 본성에 관하여'(강대진 역, 아카넷, 2012)를 접하면서 에피쿠로스의 유물론적 해석에 매료되었고, 이를 통해 헤겔을 급진적으로 비판할 수 있었다. 고병권, 역자 해제, 355면 이하 참조.

49) "죽음은 우리에게 아무것도 아니다. 왜냐하면, 분해된 것은 감각이 없기 때문

적 유물론에서 우리는 결과주의적 윤리설의 초기 모습을 확인할 수 있다.[50] 하지만 신과 목적이 부여된 질서를 부정함을 통해 에피쿠로스는 정의로운 삶이나 사회에 대한 의무에 대해서 어떠한 견해도 피력하지 않았다.[51] 에피쿠로스는 피지스(physis)는 처음부터 존재하지 않았고 최고선을 쾌락에서 찾았기 때문에, 불법을 대항해 싸우는 곳에서는 그야말로 무용지물이었다.[52] 키케로는 다음과 같이 에피쿠로스학파를 언급하고 있다. "스스로에게 관대하고 육체를 열심히 돌보는 사람들, 삶에서 추구해야 할 것과 피해야 할 모든 것을 오로지 쾌락과 고통으로 가늠하는 사람들은 비록 참된 내용을 말한다고 할지라도 (이 자리에서 그들과 논쟁을 벌일 필요는 없

이다. 감각이 없는 것은 우리에게 아무것도 아니다." Epicurus(오유석 역), 『쾌락』(문학과 지성사, 1998/2013), 13면; "인간의 본성을 설명하기 위해 신도 사후의 세계도 그 밖의 어떠한 원리도 필요치 않다. 신과 죽음의 공포에서 벗어난다면 인간은 자신의 통제하에서 삶의 방식을 전개하기 위한 무대를 마련할 수 있다. 이것은 도덕 철학의 새로운 흐름이었다. 왜냐하면, 그것은 신의 명령에 따르는 추상적인 올바른 행동 원리 대신에 육체와 정신의 쾌락을 위한 개인의 직접적인 욕망에 초점을 두기 때문이다." Samuel Enoch Stumpf/James Fieser(이광래 역), 『소크라테스에서 포스트모더니즘까지』(열린책들, 2008), 176-177면; 루크레티우스의 '사물의 본성에 관하여'(강대진 역, 아카넷, 2012)에서 원자론적 유물론과 죽음의 공포가 어리석은 것이라는 에피쿠로스의 주장을 살펴볼 수 있다.

50) 오세혁 교수는 에피쿠로스학파는 전통적인 행복론이나 의무론이 아닌 공리주의적인 윤리관을 처음으로 천명한 셈이라고 평가한다. 오세혁, 『법철학사』(세창출판사, 2012), 38면.

51) Samuel Enoch Stumpf/James Fieser(이광래 역), 『소크라테스에서 포스트모더니즘까지』(열린책들, 2008), 179면.

52) Ernst Bloch(박설호 역), 『자연법과 인간의 존엄성』(열린책들, 2011), 36-37면; 블로흐는 "쾌락주의자 가운데에는 폭군이나 살인자도 없고, 영웅도 없다. 그들 가운데는 법을 제정하는 자, 왕의 책사, 호민관이 한 명도 없다. 심지어는 법을 위해 순교한 자도 없었다."는 플루타고라스의 언급이 에피쿠로스의 세계관을 정곡으로 비판한다고 말한다. Ernst Bloch(박설호 역), 『자연법과 인간의 존엄성』(열린책들, 2011), 37면

겠네) 그냥 자기네 장원 안에서나 떠들라고 하세."[53]

(2) 영혼의 평정

자신의 유물론적 세계관 하에서 에피쿠로스는 사람들에게 세상사에 관여하지 말고 은둔할 것을 권고하였고(에피쿠로스에게는 가난한 사람들을 멀리하고 가까운 친구와의 교제를 즐기는 것이 선한 삶이다),[54] 육체적인 고통이 없는 정신이 평온한 쾌락을 추구할 것을 주장하였다. 흔히 '에피쿠로스 철학' 하면 쾌락주의(hedonism) 철학으로, 인간의 온갖 쾌락을 추구하는 철학으로 잘못 알고 있는 경우가 있다.[55] 하지만 에피쿠로스 철학은 검소한 식사, 평범한 옷, 마음의 안정 등에서 알 수 있는 것처럼, 흔히 알고 있는 쾌락주의와는 거리가 멀다. 에피쿠로스는 감각적 쾌락을 피함으로써 그리고 욕구를 줄임으로써 쾌락을 얻을 수 있다고 생각했으며, 따라서 에피쿠로스의 쾌락은 육체적인 고통과 마음의 고통이 없는 상태를

---

53) Marcus Tullius Cicero(성염 역), 『법률론』(한길사, 2007), 86면.

54) Samuel Enoch Stumpf/James Fieser(이광래 역), 『소크라테스에서 포스트모더니즘까지』(열린책들, 2008), 179면.

55) "'에피쿠로스적인' 또는 '에피쿠로스주의'라는 말이 '술과 여자, 노래'로 가득찬 저속한 삶 또는 주색잡기와 방탕함에 빠진 자포자기의 관능적인 삶, 강렬한 육체적 쾌락만을 추구하는 삶과 동일시되는 것은 역사의 아이러니이다. 이러한 종류의 삶은 키레네학파와는 어울릴지 몰라도 에피쿠로스가 추천하는 삶의 방식과는 전혀 일치하지 않는다." Robert L. Arrington(김성호 역), 『서양윤리학사』(서광사, 1998), 164면. 북부 아프리카에 위치한 키레네(Cyrene) 출신인 아리스티포스(Aristippus, BC 435-BC 355?)로 대표되는 키레네학파는 순간을 놓치지 말고 현재 쾌락을 즐기는 것을 뒤로 미루지 말라고 주장했다. 우리가 얻을 수 있는 쾌락의 수를 늘리는 데 이성을 활용할 것을 주문했지만, 쾌락의 노예가 되어서는 안 된다고 주장했다. Robert L. Arrington(김성호 역), 『서양 윤리학사』(서광사, 1998), 161-162면.

의미한다.56) "우리가 쾌락이 곧 목적이라고 주장할 때, 그것은 방탕한 자의 쾌락도 아니며 무지하거나 우리와 의견을 달리하는 또는 이해하지 못하는 사람들에 의해 상상이 되는 호색적 쾌락도 아니다. 그것은 육체의 고통과 정신의 불안으로부터의 자유를 의미한다. 그것은 연일 음주와 연회를 벌이는 것도 아니고 또 정욕의 충족도, 편안한 생활을 하는, 즉 생선을 즐기고 호화로운 식탁을 소유하는 것과 같은 사치도 아니다. 오히려 그것은 취할 것은 취하고 금할 것을 금하는 동기를 탐구하거나 정신이 매우 혼란할 때 생기는 잘못된 의견을 떨쳐 버리는 건전한 논리적 사고다."57)

에피쿠로스는 인간의 욕구를 세 가지로 구분했는데, ① 자연적인 동시에 필연적인 것, ② 자연적이기는 하지만 필연적이지는 않은 것, ③ 자연적이지도 않고 필연적이지도 않은 것이다.58) 음식의 섭취에 대한 욕구와 같이 자연적이고 필연적인 욕구가 충족되지 않으면 우리는 고통을 느끼기 때문에, 자연적이고 필연적인 욕구는 충족되어야 한다. 반면에 성적인 욕구는 자연적이지만 필연적이지는 않은 욕구에, 화려한 옷에 대한 욕구나 명예나 명성에 대한 욕구는 헛된 생각에 의해 생겨나는 비자연적인 비필연적인 욕구에 분류되었다. 명예나 명성에 대한 욕구는 정치적인 활동에서 생겨나는데, 에피쿠로스는 정치적인 활동은 항상 좌절과 실망으로 끝나기 때문에 정치적인 활동을 피하고 은둔할 것을 주장한다.59)

에피쿠로스는 쾌락을 새롭게 정의하는데, 고통을 제거하는 과정

---

56) Robert L. Arrington(김성호 역), 『서양 윤리학사』(서광사, 1998), 164면.

57) Samuel Enoch Stumpf/James Fieser(이광래 역), 『소크라테스에서 포스트모더니즘까지』(열린책들, 2008), 178면.

58) Epicurus(오유석 역), 『쾌락』(문학과 지성사, 1998/2013), 20면.

59) Robert L. Arrington(김성호 역), 『서양 윤리학사』(서광사, 1998), 166면.

에서 생기는 쾌락을 '동적인 쾌락'으로 정의하고, 고통이 없는 상태를 안정적으로 유지하는 쾌락을 '정적인 쾌락'으로 정의하였다. 이에 따르면, 자연적이고 필수적인 욕구를 충족하는 것이 고통을 제거하는 것이기 때문에 동적인 쾌락을 주는 것과 일치한다. 에피쿠로스는 동적인 쾌락이 충족된 상태에서 정적인 쾌락을 추구할 것을 주문했는데, 이를 '아타락시아'(ataraxia)라고 한다. 에피쿠로스는 영혼이 평정한 상태, 정신의 균형 잡힌 평온을 삶의 궁극적인 목표로 삼았다.[60]

(3) 법사상

(앞에서 살펴본 바대로) 에피쿠로스 철학은 목적이 부여된 피지스(physis)의 질서를 부정하고, 사회와의 관계를 끊고 아타락시아(ataraxia)를 통한 개인의 행복을 추구했기 때문에 사회정의나 사회에 대한 의무에 대한 내용을 찾아볼 수가 없다. 에피쿠로스 철학은 자신들의 원자론적 유물론을 토대로 신의 질서나 목적에 의한 질서와 같은 객관적으로 타당한 질서가 이미 주어져 있다는 것을 부정하였다. 따라서 에피쿠로스 철학은 이미 주어진 자연법을 부정했으며, 인간이 만든 실정법만이 존재한다고 보았다. 이 점에서 에피쿠로스 철학은 법실증주의의 입장이라고 할 수 있겠다.[61]

---

60) Robert L. Arrington(김성호 역), 『서양 윤리학사』(서광사, 1998), 167면; Hans J. Störig(박민수 역), 『세계 철학사』(이룸, 2008), 298면.

61) 뿐만 아니라 오세혁 교수에 따르면, 에피쿠로스학파의 일원인 루크레티우스의 '사물의 본성에 관하여'(강대진 역, 아카넷, 2012)에서 '사회계약론'의 시초를 확인할 수 있다. "여기까지 에피쿠로스학파는 법철학과 별로 관련이 없어 보인다. 하지만 에피쿠로스학파는 법 및 사회철학의 핵심적인 개념인 사회계약론을 제시함으로써 법철학적으로 중요한 업적을 남겼다. 특히 루크레티우스

하지만 이 실정법은 정의를 담아내기에는 역부족인데, 에피쿠로
스 철학이 사회와의 관계를 끊고 아타락시아를 통한 개인의 행복

(Titus Carus Lukretius, 기원전 96-55)는 '사물의 본성에 관하여'(De rerum natura)
제5권에서 초기 인간 문명의 역사를 노래하면서 인간의 진보, 그리고 사회, 문화
의 기원에 대하여 설명하였다. 국가와 법률은 인간의 본성에서 자연적으로 발생
된 것이 아니라 인간의 전쟁상태를 제거하기 위한 합의의 결과이다. 그 합의의 동
기는 상호 간의 침해로부터 자기를 지킨다는 공리적인 자기보존의 욕구이다. 계
약에 의해 정해진 법률 이외에 정의의 초월적 원천은 없다(De rerum natura, V,
Vers 957 · 958). 정의는 계약에 합의한 사람들 사이에서만 존재한다. [...] 요컨대
에피쿠로스학파는 인간의 본질적 사회성을 부정하고 공동체 성립의 기초를 인간
들의 자유의사에 의한 약속에서 찾았다는 점에서 사회계약론의 원조로 평가될 수
있다. 실제로 근대 사회계약론의 선구자인 홉스 이외에도 로크, 벤담 등이 에피쿠
로스학파로부터 적지 않은 영향을 받았다." 오세혁, 『법철학사』(세창출판사,
2012), 38면; "에피쿠로스는 잡다한 일상사나 고통에 시달리지 않은 채 쾌락을 누
리려는 태도를 가장 훌륭한 인간의 권리라고 생각했다. 이러한 권리는 인간의 가
치와 본원적 존엄성에 가장 적당하며, 나아가 그 자체로 인간 존재의 최초 상태를
반영한다고 했다. 이러한 근본적 입장에 근거하여 에피쿠로스는 국가로부터 전통
적으로 내려오는, 이른바 신성한 국가 개념을 일탈시켜 버렸다. 아테네인들은 그
들이 모시던 군주들을 권좌에서 끌어내려 추방시켰지만, 에피쿠로스는 군주뿐 아
니라 도시국가 자체를 파기하려고 했다. 국가는 인간이 고유한 방식으로 살아가
는 데 악재로 작용하기 때문이다. 다시 말해서 그는 국가란 어떤 목적을 달성하기
위해 단순히 협정으로 구성된 단체, 그 이상도 그 이하도 아니라고 본 것이다. 에
피쿠로스는 누구보다도 먼저 법 자체를 사적 관계 속에서 성립된 계약으로 규정
한다. 가령 국가는 계약에 의해 형성되었으며, 자유롭고도 평등한 개인들에 의해
체결된 단체라고 한 그의 말은 우리를 당혹하게 만들 정도이다. 이러한 '계약'을
체결하게 된 계기는 지극히 단순하다. 국가의 계약은 에피쿠로스에 의하여 상대
방에게 피해를 주지 않으려는 의지에서 비롯된 것이다. 국가가 목적으로 하는 내
용은 '유용성'이다. 국가가 결성된 목적은 국정에 직접적으로 참여하는 사람들의
이익을 도모하며, 이들 사이의 편안함과 휴식을 제공하기 위함이라고 한다. 동일
한 의지를 가진 사람들이 일치된 의견을 보이기 때문에, 예속과 복종에 관한 계약
은 어떠한 흔적도 남기지 않는다. 위정자들의 견해가 일치되는 것도 그들의 관심
이 서로 다르지 않기 때문이다. 따라서 이는 법률적 의미로 고찰해 보면 계약이
아닌, 그 자체로 '합의'이다. 따라서 국가의 협정은 최상의 경우라고 해도 어떤 합
의를 이루려는 계약에 불과하다고 한다. 그것은 오로지 상호가 유리함을 도모하
기 위해 최소한의 자연법적 의무만을 유일하게 반영할 뿐이다." Ernst Bloch(박설
호 역), 『자연법과 인간의 존엄성』(열린책들, 2011), 33-34면; 에피쿠로스는 '정의'
를 그 자체로 존재하는 것이 아니라, 언제든 어디서든 사람들의 상호 관계에 있어
서 서로 해치지 않고 해침을 당하지 않으려는 '계약'으로 정의한다. Epicurus(오유
석 역), 『쾌락』(문학과 지성사, 1998/2013), 21면.

을 최고목표로 삼았기 때문이다. 아타락시아를 통한 개인의 행복을 증진시키기 위해 인간들은 실정법을 만들지, 그 외에 사회의 정의를 위하거나 약자의 권익 증진을 위해 실정법을 만드는 것은 아니기 때문이다. 그렇기 때문에 에피쿠로스의 실정법이 개인주의적 실증주의를 넘어서서 이기적이고 반사회적인 안티법이론(Antirechtslehre)으로 해석될 여지도 없지 않다고 지적된다. "에피쿠로스학파는 법을 어디까지나 인간의지의 산물로 보았다. 모든 법은 실정법이고 따라서 선재하는 신법으로서의 자연법은 존재할 수 없다. 이 점에서 에피쿠로스학파는 법실증주의에 가깝다. 법은 인간의 자발적인 협약에 의해서만 만들어지고 그것이 자신들의 이익에 기여할 경우에만 개인들은 그에 복종한다. 이렇게 본다면 배타적으로 개인의 행복실현을 추구하는 쾌락주의로서의 에피쿠로스학파는 개인주의적 실증주의를 넘어서서 이기적이고 반사회적인 안티법이론(Antirechtslehre)으로 해석될 여지도 없지 않다."[62]

블로흐(Ernst Bloch)는 에피쿠로스의 법사상이 자유주의에 바탕을 둔 '야경국가'의 면모를 고수하고 있다고 지적한다. "에피쿠로스는 역사 이전의 시기에 커다란 효력을 발휘했던 자연의 개념을 전적으로 인정하지는 않았다. [...] 에피쿠로스의 자연법은 인위적으로 만들어진 법칙에 의해서 형성되었다. 물론 인위적으로 만들어진 법칙이라면 근본적으로 계약에서 유래한 것으로서, 처음부터 이용 가치라는 척도에 의해 만들어진 것이다. 나아가 그의 자연법은 적어도 자기 삶의 안전을 도모하려고 법을 제정하는 사람들의 권력과 관심사가 이어지는 범위 내에서만 자신의 유효성을 인정받을 수

---

62) 오세혁, 『법철학사』(세창출판사, 2012), 38-39면.

있다. 그럼에도 불구하고 에피쿠로스가 소박하게 생각한 자연법의 개념은 이후의 역사에 커다란 영향을 끼쳤다. 그 핵심을 고찰해 보면 자유주의에 바탕을 둔 '야경국가'의 면모를 고수한다는 것을 알 수 있다. 의미심장하게도 야경국가에서는 자연법의 개념이 광범해지기는커녕 오히려 협소한 범위로 축소된다. 이로써 자연법은 부정적으로 규정될 수밖에 없다."[63]

---

63) Ernst Bloch(박설호 역), 『자연법과 인간의 존엄성』(열린책들, 2011), 35면.

제4장 중세 철학

이제까지 우리는 플라톤의 법사상, 아리스토텔레스의 법사상, 스토아 철학과 에피쿠로스 철학의 법사상 등을 살펴보았다. 이제 우리는 고대 그리스와 로마를 지나 중세로 들어간다. 중세 가톨릭 철학은 교부 철학과 스콜라 철학으로 나뉘는데, 스콜라 철학은 초기, 중기, 후기 스콜라 철학으로 다시 구분된다.

교부 철학은 예수 그리스도와 사도 바울, 12사도의 가르침을 토대로 그리스도교의 교의를 체계화하려던 중세 초기의 교부들(주로 교회의 성직자들)에 의한 철학으로, 기독교의 교리를 확립하고 이교도의 공격으로부터 이를 옹호하였다.[1] 스콜라 철학은 교부철학이 수립한 기독교 신앙 교리를 이성적인 사유로 체계적으로 정리한 9세기 이후의 중세 철학으로, 스콜라(schola)라는 용어는 중세 수도원 학교 교사나 학생을 지칭하는 라틴어 스콜라티쿠스(Scholasticus)에서 유래했다.[2] 교부 철학과 스콜라 철학의 대표적인 인물로는 아우구스티누스(Aurelius Augustinus, 354-430)와 토마스 아퀴나스(Thomas Aquinas, 1225-1274)가 있다.

철학적 흐름은 서로 영향을 미치고 이전 철학적 흐름이 후대의 철학적 흐름에 영향을 미치게 되는데, 우리는 아우구스티누스의 신학과 토마스 아퀴나스의 신학에서 그리스 철학의 영향을 확인할 수 있다. 아우구스티누스는 플라톤의 철학을, 아퀴나스는 아리스토텔레스의 철학을 자신의 신학을 설명하는 데 주로 이용하였다.[3] 아우구스티누스는 플라톤의 철학이 여러 철학 가운데 으뜸이면서도 그

---

1) Thomas Aquinas(이명곤 역), 『진리론』(책세상, 2012), 역자 해제, 111면; 김부찬, 『법학의 기초이론』(대웅출판사, 1994), 154면.

2) 네이버 지식백과 '스콜라 철학' 참조.

3) 물론 아우구스티누스도 그리스 철학 전반에 나타나는 아리스토텔레스 철학의 영향을 받았고, 아퀴나스도 플라톤 철학의 영향을 받았다.

리스도교적 진리에 가장 가깝기 때문에 신학을 논의할 때는 주로 플라톤의 철학을 고려해야 한다고 보았다.[4] 토마스 아퀴나스는 아리스토텔레스를 존경하여 그를 인용할 때, 이름을 사용하지 않고 '바로 그 철학자'(The Philosopher)라고 표현하였다.[5] 아퀴나스가 아리스토텔레스의 철학에 영향을 받은 것은 무엇보다도 아리스토텔레스의 '목적론'이다.

---

4) Aurelius Augustinus(추인해 역), 『신국론』(동서문화사, 2013), 364면 이하; 아우구스티누스는 우리와 함께 그리스도의 은총을 받은 몇몇 사람들은 플라톤 학설을 읽고 들을 때 우리 종교의 진리와 상당 부분 일치한다는 사실을 알고 놀란다고 말하였다. Aurelius Augustinus(추인해 역), 『신국론』(동서문화사, 2013), 380면. 하지만 이는 모든 철학자들의 학문보다 그리스도교가 우수하다는 것을 전제로 한 것이다. Aurelius Augustinus(추인해 역), 『신국론』(동서문화사, 2013), 378면.

5) Thomas Aquinas(이명곤 역), 『진리론』(책세상, 2012), 역자 해제, 112면; Robert L. Arrington(김성호 역), 『서양 윤리학사』(서광사, 1998), 232면.

1. 아우구스티누스

(1) 아우구스티누스의 생애

교부철학자인 아우구스티누스(Aurelius Augustinus, 354-430)는 354
년 오늘날 아프리카 알제리에 해당하는 타가스테라는 곳에서 태어
났다. 그의 어머니 모니카(Monika)는 독실한 가톨릭교도였다. 가톨
릭으로 회심하기까지 아우구스티누스는 2가지 문제를 가지고 고민
했다. 하나는 육체적 정욕의 문제였다. 16세에 카르타고에 간 아
우구스티누스는 대도시의 향락적 자극에 사로잡혔고, 이후 18세부터
10년간 어느 여인과 동거하면서 한 아이를 낳기도 했다. 30세에 수
사학 교수로 밀라노에 초빙된 아우구스티누스는 고향 타가스테에
부인을 남겨둔 채 다른 여자와 결혼하기도 했다. 또 다른 문제는
선과 악이 어떻게 공존할 수 있는가 하는 문제였다. 기독교는 하나
님은 선하다고 주장하는데, 선한 신이 창조한 이 세상에 왜 악이 만
연한 것일까? 아우구스티누스는 그 대답을 마니교에서 찾았다. 마니
교의 교리는 선의 원리에 대항하는 악의 원리가 따로 있고, 양자는
영원하며 서로 투쟁하고 있기 때문에, 선과 악의 공존을 설명할 수
있었다.[6]

아우구스티누스는 카르타고에서 수사학을 공부한 후 로마를 거
쳐 밀라노로 가게 되는데, 로마에서 플로티누스(Plotinos)의 신플라

---

6) Samuel Enoch Stumpf/James Fieser(이광래 역), 『소크라테스에서 포스트모더니즘까
   지』(열린책들, 2008), 205면; 또한, "인간의 죄악은 자기 책임이 아니라 실재하는
   악과 그에 속한 육체 때문에 존재하는 것"이라고 하여 자신의 죄악을 정당화할
   수 있었다. Aurelius Augustinus(추인해 역), 『신국론』(동서문화사, 2013), 역자 해
   제(아우구스티누스 생애 사상), 1190면.

톤 철학을 알게 되고 매료된다. 또한, '결핍으로서의 악'이라는 플로티누스의 이론에 의해, 악은 적극적인 실재가 아니라 단지 결핍의 문제, 즉 선의 부재임을 알게 된다.7) 자신의 타락을 괴로워하던 중에, 32세(386년)에 아우구스티누스는 밀라노 정원에서 극적으로 회심하게 된다.8) 이후 37세에 히포의 사제가 되고, 42세에 주교가 되었다. 그의 저서로는 '고백론'과 '신국론'이 유명하다. '신국론'은 그가 59세부터 72세까지(413년부터 426년까지) 13년 동안 쓴 22장의 작품으로, 이를 통해 우리는 그의 법사상을 알 수 있다.9)

(2) 아우구스티누스의 법사상 - 국가론과 법률론

아우구스티누스에 따르면, 인간사회의 국가와 법은 인간이 타락한 결과로 생겨난 것이다. 인간이 타락하기 전에는 하나의 국가와 하나의 법(신국과 신법) 만이 존재했지만,10) 인간이 타락한 이후에

---

7) Aurelius Augustinus(김희보/강경애 역), 『고백론』(동서문화사, 2008), 215면 이하.

8) Samuel Enoch Stumpf/James Fieser(이광래 역), 『소크라테스에서 포스트모더니즘까지』(열린책들, 2008), 206면; Robert L. Arrington(김성호 역), 『서양 윤리학사』(서광사, 1998), 205면.

9) 앞의 10장은 고트족의 로마 침략과 파괴의 원인을 그리스도교로 돌리는 비판에 반박하며 로마가 이기심과 부덕함 때문에 몰락하였음을 밝히는 내용인 반면에, 나중의 12장은 신국과 지상국가의 기원, 발전, 운명 등을 다루고 있다(처음 4장은 신국과 지상 국가의 기원을, 다음 4장은 나라들의 신앙 또는 발전을, 마지막 4장은 나라들의 운명을 다룬다). Aurelius Augustinus(추인해 역), 『신국론』(동서문화사, 2013), 역자 해제(아우구스티누스 생애 사상), 1224면 이하; Hans J. Störig(박민수 역), 『세계 철학사』(이룸, 2008), 397면.

10) 신국과 신법은 플라톤의 이데아에 해당하는 것이다. "하느님으로부터 모든 절도와 모든 형태와 모든 질서가 나오고, 그분으로부터 척도와 수량과 무게가 나온다. 또 그분으로부터 종류가 어떠하든 가치가 어떠하든 자연 속에 존재하는 모든 사물이 나오며, 형상의 종자와 종자의 형상, 그리고 종자 및 형상 둘 다의 운동이 유래된다." Aurelius Augustinus(추인해 역), 『신국론』(동서문화사,

는 두 개의 국가와 두 개의 법(신국과 지상국가, 신법과 실정법)이 생겨났다.[11] 두 개의 국가와 두 개의 법은 플라톤의 이데아 세계와 현상 세계처럼 완전히 분리되어 있다.

(후술하는) 토마스 아퀴나스가 국가를 정치적 동물이자 사회적 동물인 인간의 본성에 의거한 것이며 죄의 결과로 보지 않는 반면에, 아우구스티누스는 국가를 원죄의 결과로 보았다.[12] "아우구스티누스에 따르면, 인간이 타락하기 전인 황금시대에는 자연법의 절대적 이상이 실현되고 있었다. 인간은 신성하고 정의로운 상태에서 자유롭고 평등하게 살았다. 모든 인간들은 그들이 가지고 있는 소유물과 재산을 공유하였으며 이성의 보호 아래 진정한 형제로서

2013), 251-252면; 또한, 아우구스티누스는 그리스인들이 탐구하는 '최고선'도 하느님이라고 말한다. 그리스인들은 최고선을 탐구하는데, 이 최고선은 우리가 모든 행동을 그것에 연관시키고 다른 것이 아닌 오로지 최고선 그 자체만을 추구한다. 먼저 최고선에 도달하면, 우리는 행복해지기에 더 이상 다른 것을 요구하지 않는다. 그것은 우리가 최고선 때문에 다른 것들을 원하고 오직 그 자체만을 위하여 그것을 원하기 때문에 궁극목적이라고 불린다. 플라톤에 따르면 참된 최고선은 하느님이므로, 하느님을 사랑하는 사람은 그분을 향유함으로써 최고의 행복을 누리게 된다. 플라톤주의자들은 최고의 참된 하느님이 모든 피조물을 창조한 분이요, 사물이 인식하는 빛이요, 행동이 뒤따르는 선이라 생각하고, 우리는 그분에게서 자연본성의 원리와 배움의 진리와 삶의 행복을 얻는다고 주장한다. Aurelius Augustinus(추인해 역), 『신국론』(동서문화사, 2013), 376-381면.

11) "두 사랑이 두 도성을 이루었다. 심지어 하느님까지도 멸시하는 자신 사랑이 지상 도성을 만들었고, 자신을 멸시하면서 하느님을 사랑하는 사랑이 천상 도성을 만들었다. 따라서 지상 도성은 자신 자체를 자랑하며 천상 도성은 주님을 자랑한다. 지상 도성은 사람들에게서 영광받기를 바라고, 천상 도성은 우리 양심을 보시는 하느님을 가장 큰 영광으로 여긴다. 지상 도성은 자신의 영광으로 머리를 높이 들며, 천상 도성은 하느님께 '당신은 나의 방패, 나의 영광이십니다. 내 머리를 들어주십니다'(시편 3:3)라고 한다." Aurelius Augustinus(추인해 역), 『신국론』(동서문화사, 2013), 683면.

12) 이나가키 료스케(조규상 역), 『토마스 아퀴나스 '신학대전' 새로 알기』(가톨릭출판사, 2011), 182-183면.

생활하였다. 그러나 인간이 원죄를 저질러 타락하게 되면서 인간의 본성은 손상되고 말았다. 이제 인간 정신의 완전한 선을 반영했던 절대적 자연법은 더 이상 실현될 수 없게 되었으므로 새로운 상황에 대처할 수 있는 실천적인 수단과 제도가 고안되어야 한다. 그것이 바로 법과 국가, 그리고 재산제도이다. 지상의 국가(civitas terrena)는 자연적 필연성에 기초를 둔 것이 아니라 원죄에서 파생된 악인 것이다. 국가는 원죄의 산물로서 타락한 인간상태에 의하여 정당화된다. 법도 인간들 사이의 평화를 유지하는 수단으로서 잠정적으로 정당화된다(De civitate Dei, XIX, 17). 신국에서는 영원한 신법(lex divina)이 지배하며 원죄로 타락한 인간의 본성이 완전한 영광으로 회복된다. 그런데 지상의 국가가 지상의 질서와 평화를 유지하는 하위의 임무를 수행하는 데 반해, 교회는 인간의 영혼을 구제하여 신국에 인도하는 숭고한 임무를 수행한다. 교회는 바로 신국을 대변하는 기관이다. 따라서 국가는 교회를 수호해야 하고 교회의 명령을 집행해야 한다. 교회는 영구법의 수호자로서 국가와 같이 원죄에 물든 제도들에 대하여 간섭할 수 있고, 국가는 교회에 복종하여야 한다: 국가에 대한 교회의 우위."13)

한편, 아우구스티누스는 지상의 국가와 법은 천상의 국가와 법이 추구하는 하느님의 정의를 추구해야 함을 말하고, 여기서 세속 국가의 정의에 대한 신(神)의 정의를 강조하고 국가에 대한 교회의 우위를 강조하는 아우구스티누스의 의도를 파악할 수 있겠다. "정의가 없는 왕국은 강도 떼가 아니고 무엇인가? 강도 떼 또한 그 자체로는 작은 왕국이지 않는가? 강도 떼도 사람들로 구성되어

---

13) 오세혁, 『법철학사』(세창출판사, 2012), 63-64면.

있다. 그것은 한 사람의 두목에 의하여 지배되며, 결합체의 규약에 의하여 조직되어 있으며, 약탈물은 일정한 원칙에 의하여 분배된다. 만약 악당이 무뢰한들을 데려와 한 무리를 이루어 어떤 지역을 확보하고 도성들을 장악하여 사람들을 굴복시킬 지경이 된다면, 왕국이라는 이름을 아주 쉽게 얻게 된다. 왜냐하면, 탐욕을 제거시킴으로써가 아니라 아무 징벌을 받지 않음으로써, 왕국이라는 명칭에다가 명백히 실체가 부여되었기 때문이다. 사실 알렉산더 대왕에게 사로잡힌 어떤 해적이 그에게 준 대답이 바로 이와 같았다. 즉 대왕이 해적에게 무슨 의도로 바다에서 남을 괴롭히는 짓을 하느냐고 물었을 때, 그는 거침없이 다음과 같이 답변했던 것이다. '그것은 당신이 온 세상을 괴롭히는 의도와 같습니다. 다만 저는 작은 배를 가지고 그런 짓을 하므로 해적이라고 불리고, 당신은 큰 함대를 가지고 그런 짓을 하므로 황제라고 불리는 차이가 있을 따름입니다.'"14)

---

14) Aurelius Augustinus(추인해 역), 신국론 (동서문화사, 2013), 188면; "진정한 정의가 없는 곳에는 권리를 서로 인정함으로써 뭉친 인간들의 집단이 있을 수 없으며, 따라서 스키피오나 키케로의 정의에 따른 국민은 존재하지 않는다. 국민이 없으면 국민의 복지도 있을 수 없고, 있는 것은 국민이라고 부를 가치가 없는 잡동사니 군중에 불과하다. 따라서 공화국은 국민의 복지이며, 그리고 권리를 서로 인정함으로써 뭉친 사람들의 집단이 아니라면 국민이 아니고, 또 정의가 없는 곳에 권리 역시 없다면 가장 확실한 결론은 정의가 없는 곳에는 공화국도 없다는 것이다. 그뿐 아니라 정의는 모든 사람에게 당연히 받아야 할 것을 주는 덕성이다. 그렇다면 사람이 진정한 하느님을 버리고 불결한 귀신들에게 자기를 맡길 때에 정의는 어디 있는가?" Aurelius Augustinus(추인해 역), 신국론 (동서문화사, 2013), 970면.

2. 토마스 아퀴나스

(1) 토마스 아퀴나스의 생애

토마스 아퀴나스(Thomas Aquinas, 1225-1274)는 1225년 이태리 나폴리 근처의 로카세카라는 곳에서 태어났다. 14세까지 몬테카시노의 베네딕트 수도원에서 배운 후, 14세에 나폴리 대학에 입학했다. 나폴리 대학 재학 중에 그는 도미니크 수도회 소속 탁발 수도승의 생활에 매료되어, 부모의 극심한 반대에도 불구하고(감옥에 가두기까지 했다) 도미니크 수도회의 수도사가 되었다. 20세에 파리 도미니크 수도회에 입회한 아퀴나스는 스승인 알베르투스 마그누스를 만나 학문 탐구에 전념할 것을 결심한다. 알베르투스는 아리스토텔레스가 철학자들 중에서 가장 위대하다고 생각했으며, 아리스토텔레스의 모든 저서를 라틴어로 번역하여 아리스토텔레스를 알리고자 하였다. 아퀴나스는 스승 알베르투스를 통해 아리스토텔레스 철학을 배우게 되고, 이후 그의 신학은 아리스토텔레스 철학과 가톨릭 신학을 결합시키게 된다.[15)

그는 나폴리, 파리, 쾰른에서 공부하고 파리, 로마, 나폴리에서 사람들을 가르쳤다.[16) 그는 31세에 파리 대학의 신학부 교수가 된 이후 40세에는 로마에서 교수생활을, 43세에는 파리로 다시 귀환하여 교수 생활을, 47세 이후에는 나폴리에서 교수생활을 하였다. 하

---

15) Samuel Enoch Stumpf/James Fieser(이광래 역), 『소크라테스에서 포스트모더니즘까지』(열린책들, 2008), 264면.

16) 이나가키 료스케(조규상 역), 『토마스 아퀴나스 '신학대전' 새로 알기』(가톨릭 출판사, 2011), 9면.

지만 그를 둘러싼 환경은 녹녹지 않았다. 아퀴나스는 약 10년에 걸쳐 파리 대학 신학부 교수직을 2번 역임했는데, 그때마다 수도회, 특히 탁발 수도회에 속한 교수들을 추방하려는 파리 대학의 움직임에 대해 2번이나 자신의 교수직을 변호해야만 했다.[17] 뿐만 아니라 45세 때는 파리 교회로부터 '근본적인 아리스토텔레스주의'라는 명목으로 이교도 사상으로 단죄받기도 했다. 하지만 49세의 젊은 나이로 죽기까지 '신학대전', '대(對)이교도대전', '진리론'을 비롯한 수많은 주석과 책들을 저술하였는데, 이는 평생을 학문적 탐구에만 몰두했기 때문에 가능한 것이었다. 임종 후에도 '이교도 사상가'라는 누명은 벗겨지지 않았지만, 임종 후 반세기가 지난 1323년에 그는 '성인의 반열'에 오르게 되고,[18] 1879년에는 토미즘이 가톨릭교회의 공식 철학으로 공인되기에 이른다.[19] '신학대전'(Summa Theologiae)은 40세부터 그가 죽을 때까지(1265년부터 1274년까지) 9년 동안 쓴 '미완성' 작품으로, 이를 통해 우리는 그의 법사상을 알 수 있다. '신학대전'은 초심자를 위한 입문서로 썼다고 아퀴나스가 서문에 명시하고 있지만, 512가지 문제, 2,669개의 물음으로 이루어진 방대한 책이다.[20] 그는 이 책을 세 가지를 의도하고 저술했는데, 첫째는 신에 대해 논하고, 둘째는 인간이 신에게로 향하는 움직임에 대해 논하고, 셋째는 우리가 신에게로 향

---

17) 이나가키 료스케(조규상 역), 『토마스 아퀴나스 '신학대전' 새로 알기』(가톨릭출판사, 2011), 23면.

18) Thomas Aquinas(이명곤 역), 『진리론』(책세상, 2012), 역자 해제, 117면 이하.

19) Hans J. Störig(박민수 역), 『세계 철학사』(이룸, 2008), 397면.

20) 제1부는 119문제로 총론과 각론으로 되어 있으며, 제2부는 303문제, 제3부는 토마스가 도중에 집필을 중단할 때까지의 90문제로 되어 있다. 이나가키 료스케(조규상 역), 『토마스 아퀴나스 '신학대전' 새로 알기』(가톨릭출판사, 2011), 13면.

하는 길인 사람이신 그리스도에 대하여 논하는 것이다.[21] 신학대전은 신에 대해 저술한 책이지만, 신에 다가가는 인간에 대해 아퀴나스는 더 서술하고 있다.[22]

(2) 토마스 아퀴나스의 법사상

1) 토마스 아퀴나스의 법체계

아퀴나스는 법을 신법(lex divina), 영원법(lex acterna), 자연법(lex naturalis), 인정법(lex humana)으로 법체계를 분류하였다. 아퀴나스는 신의 의지에 의해서 법이 결정되는 것이 아니라 신의 의지 또한 구속되는 영원법의 존재를 인정하였다(주지주의). 영원법은 신 안에 발견되는 창조주의 이념으로 신 또한 이에 구속된다. 여기에서는 플라톤의 이데아의 영향을 엿볼 수 있다.[23]

아퀴나스는 신법과 자연법을 동일시한 스토아 철학과는 달리, 자연법을 영원법과 자연법으로 다시 세분화하였다. 토마스는 자연법을 "이성적 피조물(인간)에 있어 영원법의 분유(participatio)이다"라고 정의하는데,[24] 자연법을 통해 인간 내에 영원법이 관계하게 되

---

21) 이나가키 료스케(조규상 역), 『토마스 아퀴나스 '신학대전' 새로 알기』(가톨릭출판사, 2011), 13면, 30면.

22) '신학대전'의 일본어본 번역자인 이나가키 료스케에 따르면, 토마스가 책 이름에서 표시하고 있듯, 이 작품의 주제는 '신'이지만, '인간'에 대하여 고찰하는 제2부에 303문제가 배당되어 있다(남아 있는 사본의 수로 봐도 이 부분이 가장 널리 읽힌 것 같다). 이나가키 료스케(조규상 역), 『토마스 아퀴나스 '신학대전' 새로 알기』(가톨릭출판사, 2011), 11-12면.

23) 이상영/이재승, 『법사상사』(한국방송통신대학교 출판부, 2005/2008), 70면.

24) 이나가키 료스케(조규상 역), 『토마스 아퀴나스 '신학대전' 새로 알기』(가톨릭출판사, 2011), 189면.

며, 인간은 이 자연법을 인간의 이성으로 인식할 수 있다.[25] 블로흐는 아퀴나스의 상대적 자연법이 스토아 철학의 그것에 비해 사상적으로 낙후되었다고 평가한다. "상대적 자연법은 스토아학파의 그것에 비해서 사상적으로 낙후했다. 아퀴나스의 상대적 자연법에서는 노예제도가 처음부터 허용되고 있다. 게다가 국가가 인민에게 마음대로 칼을 휘두르는 것조차 용인된다. [...] 아퀴나스의 상대적 자연법은 처음의 고유한 자연법을 가장 강력한 억압의 도구로 탈바꿈시켰다. 아퀴나스는 계층 질서와 노예에 대한 억압을 하나의 법칙으로 규정했고, 이를 자연법의 토대라고 해명하였다."[26]

아퀴나스는 인간이 제정한 법인 인정법은 자연법으로부터 그 효력이 도출되어야 하며, 따라서 자연법에 어긋나는 인정법은 법이 아니라 법의 파괴, 법의 왜곡으로 보았다.[27] 하지만 아퀴나스는 인

---

25) José Llompart(정종휴 역), 『법철학의 길잡이』(경세원, 2000/2006), 65면.

26) Ernst Bloch(박설호 역), 『자연법과 인간의 존엄성』(열린책들, 2011), 62면; "노예문제에서도 토마스 아퀴나스는 자율개념에서 도달한 정점을 떠난다. 노예문제에 대한 그의 입장은 두 가지 원천으로부터 나온다. 한편으로 그는 교부들의 이론에 동조하는데, 이에 따르면 ─ 스토아 철학의 영향하에서 ─ 낙원(스토아의 황금시대)에서 모든 인간은 자유로웠고, 노예제도는 단지 원죄의 결과였다는 것이다. 그러므로 토마스 아퀴나스도 노예제도를 이차적인 자연법에만 포함시킨다. 다른 한편으로 그는 아리스토텔레스의 노예설을 수용한다. 즉, 선천적인 오성의 결함 때문에 타인에 봉사하도록 운명지어진, 그러므로 주인의 손에서만 생명이 있는 도구인 인간들이 존재한다고 주장한다. 이 본성적인 노예들은 문자도 없이, 또 성문화된 법도 없이 아둔하게 동물적인 습성으로 살아가는 원시족들이다. 이러한 주장들은, 신성모독을 막고 전통 신앙인에 대한 나쁜 영향이나 박해를 막기 위해서 불신자에 대한 전쟁을 허용해야 한다는 이론과 함께, 나중에 식민지전쟁을 정당화해 주는 중요한 논거들을 제공했다. [...] 특히 토마스 아퀴나스의 거대한 대항자인 둔스 스코투스가 그의 뒤에 바싸 붙어 노예제도를 자연법에 위배되는 것으로 거부하고 나섰기 때문이다." Hans Welsel(박은정 역), 『자연법과 실질적 정의』(삼영사, 2001/2005), 100-101면.

27) Samuel Enoch Stumpf/James Fieser(이광래 역), 『소크라테스에서 포스트모더니즘까지』(열린책들, 2008), 286면; '신학대전'의 일본어본 번역자인 이나가키 료스케는 '부정한 법은 법이 아니다'는 과격하고 엄격한 선언으로 받아들여질

정법이 자연법에 어긋나는 부정의한 법인지, 그리고 지배자가 이를 이용하는 폭군인지 여부에 대한 판단권을 대중에게 주지 않고 교회에 주었다.28) 따라서 아퀴나스의 논리에 따르면 자연법에 어긋나는 부정의한 법에 대한 저항권을 일반 대중에게 부여하지 않으며, 폭정에 대항하여 개인 또는 대중이 투쟁한다는 것은 어떠한 경우에도 처음부터 금지되어 있었다.29)

2) 인정법의 공동선 추구

'공동선'(bonum commune)은 아리스토텔레스로부터 키케로를 거쳐 토마스 아퀴나스로 이어지는 정치철학(사회철학)과 법철학의 중심 개념이다. 토마스 아퀴나스에 따르면, 인간은 인격으로서 모든 인간에 있어 공유 가능한(communicabile) 공동선(bonum commune)을 본성적으로 추구하며, 이러한 공동선의 추구에 의하여 성립되는 인격의 공동체(communitas)가 인간 사회의 기본 이념이 된다.30) 토마스 아퀴나스는 만인에 의해 공유될 수 있는 공동선을 보편적 선(bonum univerasale)이라고 칭한다.31) 이처럼 공동선을 모든 인간이

지도 모르나 실은 법은 이성에 속한다는 입장을 실정법에 적용시킨 것에 지나지 않는다고 평가한다. 이나가키 료스케(조규상 역), 『토마스 아퀴나스 '신학대전' 새로 알기』(가톨릭출판사, 2011), 191면.

28) 이상영/이재승, 『법사상사』(한국방송통신대학교 출판부, 2005/2008), 73면. 이상영, 이재승 교수는 인민에게 그러한 판단권을 인정하였다면 토마스는 분명히 로크(Locke)의 선구자로 간주될 것이라고 보았다. 이상영/이재승, 『법사상사』(한국방송통신대학교 출판부, 2005/2008), 73면.

29) Ernst Bloch(박설호 역), 『자연법과 인간의 존엄성』(열린책들, 2011), 77면.

30) 이나가키 료스케(조규상 역), 『토마스 아퀴나스 '신학대전' 새로 알기』(가톨릭출판사, 2011), 41면.

31) 이나가키 료스케(조규상 역), 『토마스 아퀴나스 '신학대전' 새로 알기』(가톨릭출판사, 2011), 196면.

공유할 수 있는 이유는 기본적으로 인간은 본성적으로 다른 사람과의 교류를 필요로 하는 사회적 동물이고, 공동체에 참여하는 정치적 동물이기 때문이다(토마스 아퀴나스는 아리스토텔레스의 '정치학'을 처음으로 스콜라 철학에 소개하며,[32] 아리스토텔레스가 '정치학' 제1권에서 "인간은 본성적으로 사회적 동물이다"고 말한 것을 따르고 있다). 그리고 무엇보다도 타인과의 관계를 정당하고 좋게 하는 진실, 우애, 호의 등이 인간의 사회적 본성에 해당하기 때문이다(이는 스토아 철학의 '오이케이온'과 유사하다).[33] 이런 이유에서 공동선을 추구하는 공동체인 국가는 인간의 본성에 의해 자연스럽게 생겨난다.[34] 이처럼 토마스 아퀴나스는 공동선의 이념에 의거하여 인간의 사회 전반, 특히 국가의 성립과 구조도 이해하고자 했다.[35] 이는 지상국가의 성립을 인간 원죄의 결과로 보는 아

---

32) Johannes Hirschberger(강성위 역), 『서양 철학사-상권·고대와 중세』(이문출판사, 1983/2007), 666면; Hans J. Störig(박민수 역), 『세계 철학사』(이룸, 2008), 395면.

33) "토마스 아퀴나스는 아리스토텔레스가 '정치학' 제1권에서 '인간은 본성적으로 사회적 동물이다'라고 말한 것을 받아서 인간은 본성적으로 다른 사람과의 교류를 통해 살아야 할 존재라는 의미에서 사회적 동물이고 사회적 본성을 가지고 있는 것을 일관되게 긍정하고 있다. 즉, 인간이 서로 계약을 맺고 교류 상태에 들어가기 전의 자연상태가 있다는 것을 가정하거나 긍정할 필요는 없다는 것이다. 고대 로마의 희극작가 플라우투스(Plautus, 기원전 254-184)의 말을 빌려 홉스(1588-1679)가 '인간은 인간에게 늑대이다'(Homo homini lupus)라고 말하고 '만인의 만인에 대한 투쟁'이 인간의 자연 상태였다고 주장한 것과는 대조적으로 토마스는 '인간은 인간에게 벗이다'(Homo homini amicus)라고 반복하여 말하고 있다. 더 나아가 타인과의 관계를 정당하고 좋게 하는 진실, 우애, 호의 등은 그러한 인간의 사회적 본성에 뿌리를 가진 사회적 덕이라고 주장하고 있다." 이나가키 료스케(조규상 역), 『토마스 아퀴나스 '신학대전' 새로 알기』(가톨릭출판사, 2011), 180-181면.

34) 이나가키 료스케(조규상 역), 『토마스 아퀴나스 '신학대전' 새로 알기』(가톨릭출판사, 2011), 182-183면.

35) 이나가키 료스케(조규상 역), 『토마스 아퀴나스 '신학대전' 새로 알기』(가톨릭

우구스티누스의 생각과 매우 대비된다.[36)]

정치철학(사회철학)뿐만 아니라 토마스 아퀴나스의 법 이해도 마찬가지인데, 토마스 아퀴나스의 법 이해에 있어 중요한 특징은 법은 공동선으로 질서 지어지고 있는 것을 본질로 한다는 점이다.[37)] 아퀴나스는 '법률이란 공동선을 위해 사회를 옹호하는 자가 공포한 일종의 이성의 질서이다'라고 법률을 정의하고 있다(신학대전 1, Ⅱ, 90, 4).[38)] 토마스의 정의론 또한 교환 정의나 분배 정의를 초월하는 최고의 정의의 덕이 있다고 보고 있으며 그것이 바로 공동선을 대상으로 하는 정의이다.[39)]

하지만 (저자가 보기에) 아퀴나스가 상정하는 공동선(bonum commune)은 신과 더불어 주어지는 최고선(summum bonum)과 무관하지 않다는 데 문제가 있다. 아리스토텔레스의 '목적론적으로 구상된 존재론'이 토

출판사, 2011), 183면.

36) Samuel Enoch Stumpf/James Fieser(이광래 역), 『소크라테스에서 포스트모더니즘까지』(열린책들, 2008), 288면; "인간이 본성에 의해서 사회를 형성하고 있다는 의미에서 인간이 사회적 동물인 것은 아우구스티노도 인정하였다. 그러나 아우구스티노가 인간의 사회적 본성에 의거한 사회를 긍정한 것은 가족 사회뿐이었다. 국가는 인간의 인간 지배라는 인간으로의 예속인 이상, 인간의 죄의 결과로서 생긴 지배욕에 의한 것이며 예속은 죄에 대한 벌로서 받아들여졌다. 따라서 아우구스티노에 의하면 인간은 본성적으로 사회적 동물이기는 하지만 정치적 동물은 아니었던 것이다." 이나가키 료스케(조규상 역), 『토마스 아퀴나스 '신학대전' 새로 알기』(가톨릭출판사, 2011), 182면.

37) 이나가키 료스케(조규상 역), 『토마스 아퀴나스 '신학대전' 새로 알기』(가톨릭출판사, 2011), 192면.

38) Johannes Hirschberger(강성위 역), 『서양 철학사-상권·고대와 중세』(이문출판사, 1983/2007), 666면.

39) 이나가키 료스케(조규상 역), 『토마스 아퀴나스 '신학대전' 새로 알기』(가톨릭출판사, 2011), 204면; 인간의 사회적 본성을 완성하는 사회적 덕으로서의 정의를 몸에 지니는 것은 인간 공동체의 구성원인 자유로운 인간에게 가장 중요한 일이 된다. 이나가키 료스케(조규상 역), 『토마스 아퀴나스 '신학대전' 새로 알기』(가톨릭출판사, 2011), 199면.

마스 아퀴나스의 철학에 지배적인 영향을 미쳤으며, 이에 따라 신과 더불어 주어지는 최고선이 최고의 목표가 된다.[40] 아퀴나스가 말하는 목적은 선이 우리를 끌어들이고 작용하여 그 실현을 위한 힘을 우리 안에서 불러일으키는 근원이다.[41] 아퀴나스가 생각한 인간의 궁극적 목적은 선이나 가치가 근본적으로 그 존재와 함께 모든 것에 내재하고 있다는 가치관을 전제로 했을 때 비로소 성립한다. 이러한 가치관에 의하면 선이나 가치는 모든 존재하는 것의 제1 근원인 신에 의하여 존재와 더불어 모든 것에 부여되는 것이다.[42] "존재와 선은 바꿔놓을 수 있다(ens et bonum convertuntur)."[43]

3) 양심의 자유와 착오

토마스 아퀴나스는 스콜라의 전통에 따라 양심을 신데레시스

---

40) Johannes Hirschberger(강성위 역), 『서양 철학사-상권·고대와 중세』(이문출판사, 1983/2007), 635면. "우주에는 모든 것들이 그것으로 향해 질서 지어져 있는 최고의 목표가 있는데, 이 최고의 목표란 신과 더불어 주어지는 최고의 선(善, summon bonum)이다. 이 최고의 목표와 질서 지어지는 관계를 고려할 때, 가까운 것과 먼 것, 높은 것과 낮은 것이 있다. 그래서 위계와 척도, 유와 종, 형상과 실체 등이 존재와 생성 속에 생겨나게 된다(신학대전 Ⅰ, 5, 5)." Johannes Hirschberger(강성위 역), 『서양 철학사-상권·고대와 중세』(이문출판사, 1983/2007), 635-636면.

41) 이나가키 료스케(조규상 역), 『토마스 아퀴나스 '신학대전' 새로 알기』(가톨릭출판사, 2011), 149면.

42) 이나가키 료스케(조규상 역), 『토마스 아퀴나스 '신학대전' 새로 알기』(가톨릭출판사, 2011), 150면.

43) Johannes Hirschberger(강성위 역), 『서양 철학사-상권·고대와 중세』(이문출판사, 1983/2007), 657면. "토마스 아퀴나스 역시 근대적인 의식을 지배하는 현실과 가치, 존재와 당위의 구분에 대해서는 아직 알지 못했다. 이것들은 근대의 몰가치적 자연과학의 산물이었다. 토마스는 오히려 존재를 처음부터 가치로부터 규정했으며, 그래서 이 두 개념은 서로 치환될 수 있다. '존재와 선은 서로 치환된다(ens et bonum convertuntur).'" Hans Welsel(박은정 역), 『자연법과 실질적 정의』(삼영사, 2001/2005), 90면.

(synderesis)와 콘시엔티아(conscientia)로 나눈다. '신데레시스'는 우리 이성이 타고난 것으로 최상의 자연법을 인식할 수 있는 능력을 말하며 절대로 오류에 빠지지 않는 반면에, '콘시엔티아'는 '신데레시스'가 파악한 것을 구체적인 사례에 적응하는 능력으로 이는 착오를 일으킬 수 있다.44)

아퀴나스는 면책가능한 양심의 착오로 인해 예수 그리스도를 믿는 것이 나쁘다고 확신하고 있는 사람은 그의 양심에 따라 기독교 신앙을 멀리해도 된다고 보았으나,45) 유대인과 이방인에게만 면책가능한 양심의 착오를 인정하고, 이단자와 배교자에게는 이를 인정하지 않았다.46) "누군가가 강요당한다는 것이 중요한 게 아니라, 그가 어떤 것에, 즉 선한 것에 아니면 악한 것에 강요되는지가 중

---

44) Hans Welsel(박은정 역), 『자연법과 실질적 정의』(삼영사, 2001/2005), 97면; 이정훈 교수는 이를 다음과 같이 예로 풀어 설명한다. 신데레시스(syderesis)는 예를 들어 '선을 행하고 악을 피하라'와 같은 추상적인 명제를 인식하는 능력이다. 그러나 구체적인 상황에서 어떤 일을 행하는 것이 선을 행하는 것인가에 대해서는 착오를 일으킬 수 있다. 이정훈, 『열린 사회와 양심의 자유』(세창출판사, 2007), 5면; "토마스는 양심의 작용과 그릇된 양심에 관해 상세히 설명하고 있습니다. 오늘날의 형법에서는 이른바 '금지의 착오' 이론이 인정되고 있는데 이 학설의 근거는 이미 '신학대전'에 나타나 있습니다. 즉 양심의 착오가 불가피한 경우는 행위자의 책임은 완전히 조각된다. 그러나 피할 수 있는 경우는 그 피할 수 있는 정도에 의해 그 책임이 경감된다고 하는 것입니다." José Llompart(정종휴 역), 『법철학의 길잡이』(경세원, 2000/2006), 66면.

45) Hans Welsel(박은정 역), 『자연법과 실질적 정의』(삼영사, 2001/2005), 97면.

46) "그러나 윤리의 주관적 원리를 밝힘에 있어서 토마스 아퀴나스의 위대한 업적은 이단자와 노예문제에 대한 그의 입장 때문에 막대한 손상을 입게 된다. 그는 유대인과 이방인에게만 면책가능한 양심의 착오를 인정하고, 이단자와 배교자에게는 이를 인정하지 않았다. 세례의 은혜를 입은 인간은 신앙의 문제에서 더 이상 면책가능한 착오를 일으킬 수 없기 때문이라는 것이다. 이 때문에 그는 이방인과 유대인에게는 기독교 신앙을 받아들이도록 강요할 수 없다고 보는 반면에, 이단자와 배교자에 대해서는 그들이 신앙을 받아들일 때에 약속했던 것을 이행하도록 강요해야 한다고 주장한다." Hans Welsel(박은정 역), 『자연법과 실질적 정의』(삼영사, 2001/2005), 99면.

요하다. 이 말은 플라톤처럼, 절대적인 진리를 소유하고 있다고 믿는 자가 개인들의 자유와 주관적 도덕성을 당당히 무시할 수 있음을 表現한 것으로 역사적으로 이단자 박해를 정당화해 주는 데 기여했다."[47]

47) Hans Welsel(박은정 역), 『자연법과 실질적 정의』(삼영사, 2001/2005), 99-100면.

3. 둔스 스코투스와 윌리엄 오컴

후기 스콜라 철학은 중기 스콜라 철학이자 스콜라 철학의 전성기였던 토마스 아퀴나스의 철학을 이어받은 진영과 반(反)토마스 진영에 섰던 둔스 스코투스와 윌리엄 오컴의 진영이 극적인 대립을 이루는 시기였다.[48] 이는 스페인 출신의 도미니크 성인에 의해 창설된 도미니크 수도회(설교자회)와 아사시의 프란치스코 성인을 지도자로 하는 프란체스코 수도회(작은 형제회)의 대립이기도 하다. 두 수도회 사이의 경쟁은 치열해서 프란체스코 수도회의 수도자들은 토마스 아퀴나스의 권위를 받아들이려 하지 않았다.[49]

프란체스코 수도회의 철학은 반(反)토마스 진영에 섰는데, 이들은 아우구스티누스의 입장을 고수하였고,[50] 대표적인 신학자가 전부 영국 출신이었다. 이들은 토마스 아퀴나스가 아리스토텔레스 철학을 통해 이성의 우위(신앙과 이성의 조화)를 주장한 것에 대항하여 아우구스티누스 전통으로 돌아가 신앙의 우위를 주창하였다. 이들은 토마스 아퀴나스만큼 이성을 신뢰하지는 않았고 신앙 문제에 있어 이성은 한계가 있다는 점을 분명히 하였다. 또한, 토마스 아퀴나스의 주지주의에 대항해 주의주의를 주창하였고, 보편론을 대항해 유명론을 주창하였다. 프란체스코 수도회를 대표하는 철학자로는 영국 스코틀랜드 출신의 요한네스 둔스 스코투스(Johannes Duns

---

48) 비토리아(Franz von Vitoria), 몰리나(Ludwig Molina), 바스케스(Gabriel Vasques) 등 스페인 후기 스콜라 철학의 가치객관주의에 대해서는 Hans Welzel(박은정 역), 『자연법과 실질적 정의』(삼영사, 2001/2005), 141면 이하.

49) Bertrand Russell(서상복 역), 『서양철학사』(을유문화사, 2009), 605면.

50) Hans J. Störig(박민수 역), 『세계 철학사』(이룸, 2008), 397면.

Scotus, 1266-1308)와 영국 런던 출신의 윌리엄 오컴(William Ockham, 1290-1349)이 있다. 둔스 스코투스는 '주의주의'로, 윌리엄 오컴은 '유명론'으로 근대 세계는 준비되기 시작한다. "토마스 아퀴나스의 이성의 우위에 반기를 든 스코투스는 신의 이성보다는 신에 내재하는 의지가 더없이 높다고 주장하는데, 이것이 주의주의(voluntarism) 이다. 보편자가 어떤 형태의 존재를 소유한다는 토마스 아퀴나스에 반대하여 오컴은 보편자가 단지 단어들에 불과하다고 주장했는데 이것은 유명론(nominalism) 또는 명목론으로 알려지게 되었다."[51] 이후 영국 경험론의 전통은 '주의주의와 유명론으로 대표되는' 후기 스콜라 철학에 있다고 볼 수 있다. "영국철학은 중세의 유명론과 단절함이 없이, 베이컨과 홉스를 거쳐 로크와 흄으로 이어진다."[52]

(1) 주의주의

주의주의는 '이성과 보편자의 우위'를 주장하는 토마스 아퀴나스의 주지주의에 대항하여 '의지와 개별자의 우위'를 주장한다.[53]

1) 이성에 대한 의지의 우위

어떤 것이 선하기 때문에 신이 선을 원하는 것인가? 아니면 신이 그것을 원하기 때문에 그것이 선한 것인가? 이 질문은 주지주의(intellectualism)와 주의주의(voluntarism)의 대립을 가장 잘 보여주

---

51) Samuel Enoch Stumpf/James Fieser(이광래 역), 『소크라테스에서 포스트모더니즘까지』(열린책들, 2008), 292면.
52) Hans Welzel(박은정 역), 『자연법과 실질적 정의』(삼영사, 2001/2005), 161면.
53) Hans Welzel(박은정 역), 『자연법과 실질적 정의』(삼영사, 2001/2005), 133면.

는 질문이다. 이에 대한 대답에 따라 주지주의와 주의주의가 나누어지기 때문이다. 주지주의자들은 어떤 것이 선하기 때문에 신이 선을 원한다고 주장하는 반면에, 주의주의자들은 신이 그것을 원하기 때문에 그것이 선한 것이라고 주장한다. 주지주의자들은 신 또한 구속되는 영원법이 있다고 주장한 반면에, 주의주의자들은 신의 의지를 구속하는 영원법이란 없다고 주장한다. 주의주의자인 둔스 스코투스는 "신성한 의지가 신의 원인이며 따라서 신이 어떤 것을 원한다는 사실 때문에 그것이 선하게 된다"고 말하고, 영원법의 존재를 부정했다.[54] 신의 의지가 그의 이성에 종속되거나 영원법에 구속된다면 신 자신도 제한받는 것처럼 보일 것이기 때문이다.[55]

"선이 선하기 때문에 신이 선을 원하는 것인가? 아니면 신이 그것을 원하기 때문에 그것이 선한 것인가?"라는 질문은 하나님의 사랑의 이념을 철학적·신학적 사유의 중심에 둔 사랑의 철학자 스코투스에게는 다음과 같이 바뀌었다.[56] "신이 어떤 것을 사랑하기 때문에 그것이 선한가 아니면 그것이 선하기 때문에 신이 그것을 사랑하는가라는 것인가?" 이에 대한 스코투스의 대답은 신의 사랑하려는 의지 때문에 그것이 선한다는 것이다.[57] 사랑의 행위는 의지로부터 도출되는 것이지 이성으로부터 유도할 수 있는 것이 아

---

54) Robert L. Arrington(김성호 역), 『서양 윤리학사』(서광사, 1998), 248면; Hans Welzel(박은정 역), 『자연법과 실질적 정의』(삼영사, 2001/2005), 112면; 오세혁, 『법철학사』(세창출판사, 2004/2008), 80면; "신의 의지야말로 기독교도들의 궁극적인 규범이다." (코플스톤) Robert L. Arrington(김성호 역), 『서양 윤리학사』(서광사, 1998), 253면.

55) Samuel Enoch Stumpf/James Fieser(이광래 역), 『소크라테스에서 포스트모더니즘까지』(열린책들, 2008), 293면.

56) Hans Welzel(박은정 역), 『자연법과 실질적 정의』(삼영사, 2001/2005), 102면.

57) Robert L. Arrington(김성호 역), 『서양 윤리학사』(서광사, 1998), 248-249면.

니다.[58] "지금 바로 이것을 원하고, 그것을 창조하는 신의 의지는 곧 제일의 원인이며, 이에 대해 그 밖의 다른 원인을 찾을 수 없다."[59] "올바른 행위의 일반법칙은 신의 의지에 의해 확정된 것이지, 신의 의지행위에 앞서는 신의 이성에 의해 확정된 것이 아니다."[60] "신 이외의 모든 사물의 가치는 오로지 신의 의지결정에 기인하는 것이지, 반대로 신의 의지가 선행하는 이념적인 가치 자체에 구속되는 것은 아니다."[61]

토마스 아퀴나스는 '의지에 대한 이성의 우위'(주지주의)를 주장하였지만, 스코투스는 이 관계를 역전시켜 '이성에 대한 의지의 우위'(주의주의)를 주장하였다.[62] 스코투스는 토마스 아퀴나스가 아리스토텔레스 철학과 가톨릭 신학을 결합시키는 방법을 통해 신앙을 이성으로 설명하려는 것에 반기를 들면서, 신학과 철학이 너무 긴밀하게 엮이는 것을 반대하였다. 스코투스에 따르면, 신학과 철학은 별개의 것으로 철학적 관점에서 참인 명제가 신학적 관점에서는 그릇될 수 있고 철학적 관점에서 거짓인 명제가 신학적 관점에서는 참일 수도 있는 것이다.[63]

둔스 스코투스보다 주의주의를 더 강하게 밀고 나간 사람은 프란체스코 수도회의 젊은 수도사였던 윌리엄 오컴(William Ockham, 1290-1349)이다. 윌리엄 오컴은 스코투스보다 더 강하게 철학과 신학의 분리를 주장하며, 신의 절대적인 권능을 강력하게 옹호한다.

---

58) Hans Welzel(박은정 역), 『자연법과 실질적 정의』(삼영사, 2001/2005), 105면.
59) Hans Welzel(박은정 역), 『자연법과 실질적 정의』(삼영사, 2001/2005), 110면.
60) Hans Welzel(박은정 역), 『자연법과 실질적 정의』(삼영사, 2001/2005), 112면.
61) Hans Welzel(박은정 역), 『자연법과 실질적 정의』(삼영사, 2001/2005), 117면.
62) Hans J. Störig(박민수 역), 『세계 철학사』(이룸, 2008), 407면.
63) Hans J. Störig(박민수 역), 『세계 철학사』(이룸, 2008), 406면.

윌리엄 오컴에 따르면, 신은 돌이나, 나무 조각, 아니면 당나귀로도
세상에 올 수 있었을 것이며, 이 또한 우리는 믿지 않으면 안 된
다. 신앙의 명제는 철학을 통해 합리적으로 증명될 수 없으며, 철
학적으로 거짓인 것이 신학적으로는 참일 수 있다.[64] 신은 절도와
간통행위, 심지어 살인행위도 명령할 수 있고, 신이 절도와 간통행
위, 살인행위를 명령했다면 그것이 참인 것이다.[65] "자연법은 신이
원하는 것 이외의 것을 명령하지 않고, 신이 저지하려는 것 이외의
것을 금하지 않는다."[66]

2) 자연법 실증주의(도덕 실증주의) – 법실증주의의 '전초'

둔스 스코투스에 따르면, 신의 의지를 구속하는 영원법은 존재하
지 않고 영원한 입법자로서 신만이 존재한다. 영원한 것은 법률이
아니라 입법자이다.[67] 스코투스에 의해 영원법은 부정하지만 자연
법은 부정되지 않는다. 왜냐하면, 이제 자연법은 영원법에서 도출
되지 않고, 신의 절대적인 권력, 권위에 기초한 명령에서 나오기
때문이다.[68] "둔스는 이와 같은 견해(플라톤의 이데아론, 괄호 안

---

64) Hans Welzel(박은정 역), 『자연법과 실질적 정의』(삼영사, 2001/2005), 124면.
65) "도덕적인 명령은 둔스보다는 오캄에게서 더 강하게 신의 절대권력의 지배하
   에 놓이면서, 이성의 진리가 아닌 신의 의지에만 구속되는 것으로 드러난다.
   신은 절도와 간통행위도 명령할 수 있었을 것이고, 그럴 때 이 행위들은 선한
   공적이 되었을 것이다. 그리고 반대로 신의 명령을 거역하여 이집트인의 재산
   을 가져가지 않았던 유대인들도 죄를 진 것과 같게 되었을 것이다." Hans
   Welzel(박은정 역), 『자연법과 실질적 정의』(삼영사, 2001/2005), 124-125면.
66) Hans Welzel(박은정 역), 『자연법과 실질적 정의』(삼영사, 2001/2005), 131면.
67) Hans Welzel(박은정 역), 『자연법과 실질적 정의』(삼영사, 2001/2005), 115면.
68) 이상영/이재승, 『법사상사』(한국방송통신대학교 출판부, 2005/2008), 78면. "스코
   투스는 자연법에 따르면 모든 인간은 평등하다는 전제에서 출발한다. 그래서
   노예의 예속은 자연법에 의하면 존재할 수도 없고, 오로지 실정법을 통해서만
   존재할 수 있다. 노예제를 규정한 실정법은 두 가지 조건하에서만 정당화된다.

은 필자가 첨가함)와 결별하고, 신의 절대적인 권력에 대한 이론을 통해서 바울과 아우구스티누스의 주의주의적인 신관을 자연법론에 도입한다. 절대적인 권력과 합법적인 권력은 더 높은 법칙에 예속된 자에 이르러서는 붕괴되고 만다. 그러나 신 위에 더 높은 법칙은 없으며, 그의 의지가 비로소 모든 법칙을 만든다. 그러므로 그의 행위는 그가 행하는 대로 언제나 반드시 올바른 것이 된다."[69] "그가 사물들을 인정하는 정도에 따라서 그것들은 좋은 것이며, 그 반대는 아니다."[70] "그 밖의 모든 행위규범은 신의 의지의 우연적인 설정이다. 그가 다르게 행동할 수 있듯이, 그는 다른 법률을 올바른 것으로 제정할 수 있다. 신의 의지에 의해 받아들여지지 않는 법률은 올바르지 않기 때문에, 그가 제정하자마자 그 법률은 올바른 것이 된다."[71]

신의 전능성에 기초한 신의 명령에 의한 자연법은 '자연법 실증주의'라고 명명할 수 있겠다. 이는 이후 신이 아닌 국가에 의한 '법실증주의(실정법 실증주의)' 사상에 영향을 미치게 된다.[72] 이후

첫째는 자발적인 노예의 경우이다. 그러나 자발적으로 자신의 자유를 포기하는 행위는 자연법에 반하기 때문에 자발적 노예는 치명적인 문제점을 안고 있으나 자유의 포기가 일단 일어난 후에는 이 상황은 지켜져야 한다는 것이다. 다음으로 정치적 지배자가 범죄자에게 자유형을 가한 경우이다. 어쨌든 여기에서 아리스토텔레스나 토마스 아퀴나스의 노예천성론과는 아주 다른 논리를 사용한 것이다." 이상영/이재승, 『법사상사』(한국방송통신대학교 출판부, 2005/2008), 80-81면.

69) Hans Welzel(박은정 역), 『자연법과 실질적 정의』(삼영사, 2001/2005), 109면.
70) Hans Welzel(박은정 역), 『자연법과 실질적 정의』(삼영사, 2001/2005), 113면.
71) Hans Welzel(박은정 역), 『자연법과 실질적 정의』(삼영사, 2001/2005), 114면.
72) 오세혁, 『법철학사』(세창출판사, 2012), 80면. "스코투스와 오컴은 신학의 이론에서는 입법자는 신이라 했으나 신을 보편의 인간인 입법자로 바꿔 놓으면, 이 학설들은 근대의 법실증주의와 마찬가지가 됩니다('인간인 입법자가 바라고 결정하는 것만으로 법률이 성립하고 그것을 따라야 한다'는 견해)." José

토마스 홉스(Hobbes)는 "진리가 아니라 권위가 법을 만든다"(auctoritas, non veritas fact legem)라고 주장하면서, '영원불멸의 하나님'(immortal God)을 대신하여 '지상의 신'(mortal god)인 리바이어던(Leviathan)을 등장시킨다.[73]

3) 보편적인 것에 대한 개별적인 것의 우위

개별적인 것에 대한 보편적인 것의 우위는 주지주의의 중요한 특징인 반면에,[74] 반대로 보편적인 것에 대한 개별적인 것의 우위는 주의주의의 중요한 특징을 이룬다. 주의주의는 보편적인 것보다 개별적인 것을 과소평가하여 '개별성'은 저급하고 극복되어야만 하는 것으로 보는 반면에,[75] 주의주의에서는 '개별성'이 주목받기 시작하는데, 이는 신의 사랑이라는 의지가 개별적이기 때문이다. "둔스는 사랑을 독자적이며 개념화 능력으로서의 오성에 의해서도 전부 이해될 수 없는 세계로 가져감으로써, 개별성도 아주 다른 의미를 얻게 된다. 사랑은 결코 보편적인 개념이 아니라 개인을 향한다. 사랑에 대한 의지가 좀 더 고귀한 영혼의 능력인 곳에서는, 개별성은 보편적인 것보다 더 높은 존재형태일 수밖에 없다."[76] "위와 같은 이론에는 플라톤에 의해 시작된 사유를 완전히 전도시키는 요소가 들어있다. 이제부터는 보편적인 것이 아니라 개별적인 것이 최고의 존재형태가 된다. 이렇게 근대의 개인주의는 둔스 스

Llompart(정종휴 역), 『법철학의 길잡이』(경세원, 2000/2006), 70면.

73) Thomas Hobbes(진석용 역), 『리바이어던 1』(나남, 2008), 22면, 232면.
74) Hans Welzel(박은정 역), 『자연법과 실질적 정의』(삼영사, 2001/2005), 105면.
75) Hans Welzel(박은정 역), 『자연법과 실질적 정의』(삼영사, 2001/2005), 106면.
76) Hans Welzel(박은정 역), 『자연법과 실질적 정의』(삼영사, 2001/2005), 106면.

코투스 때부터 그 승리의 행진을 시작하여 근대의 의식세계로 넘어온다."[77] "개별화의 문제에 대한 스코투스의 태도는, 의지와 그때그때의 적극적인 결정에 관한 평가와 연관이 있다. 개별자도 일종의 '적극적인' 존재양식이며, 그 자체로서 haecceitas(이것이라고 하는 것)이다. 개별적인 자가 인식하는 것도 역시 완전한 인식이다. 이렇게 말하는 것은 동시에, 플라톤, 아리스토텔레스, 토마스 등이 보편자를 존중한 것과는 반대로, 한 가지의 새로운 태도가 시작되는 것을 뜻하며, 마침내는 이런 태도가 새로운 학파를 만들게 되고, 근세로 올라감에 따라 점점 더 세력을 떨치게 되었다. haecceitas라는 용어가 문제의 발단이고, 그 해결은 아니라고 하더라도, 마침내는 근대철학의 중요한 관심사가 될 바의 것, 즉 개별주의는, 이 용어에서 처음으로 전형적으로 나타나게 된다."[78]

(2) 유명론

윌리엄 오컴은 보편자가 실재한다는 토마스 아퀴나스의 주장에 반하여 보편자는 실재하지 않으며 다만 이름에 불과하다는 유명론(nominalism)을 주장한다. 주의주의가 '이성에 대한 의지의 우위'를 주장하면서 '보편자에 대한 개별자의 우위'를 주장하는 반면에, 유명론은 더 나아가 보편자의 존재를 부정하고 개별자의 존재만을 인정한다. 이제 보편실재론과 유명론의 극한 대립이 등장한다. 보편실재론은 보편이 실재한다는 주장을 펼치지만, 유명론은 보편이

---

77) Hans Welzel(박은정 역), 『자연법과 실질적 정의』(삼영사, 2001/2005), 106-107면.
78) Johannes Hirschberger(강성위 역), 『서양 철학사-상권·고대와 중세』(이문출판사, 1983/2007), 687-688면.

실재한다는 주장을 부정한다.79) "실재론자들은 인간이 가진 추리능력에 의하여 자연에 존재하는 통일성과 법칙을 발견할 수 있다고 믿었으며, 대체로 자연법의 존재를 인정하는 경향을 지닌 반면에, 유명론자들은 자연의 본체에 대한 파악능력에 회의적이고, 자연법에 대해서도 부정적이었으며, 오히려 개별적 사실과 상황에 눈을 돌렸다."80) "보편은 명칭이며, 사물 다음에 존재한다. 개별자만 존재한다. 오컴의 유명론은 한마디로 개체주의에 입각한 주관주의 내지 상대주의이다. 개체주의는 윤리적·자연법적·논리적 그리고 사회적 질서를 비롯한 일체의 질서가 개별적 주체로서의 인간에 의하여 만들어져야 하고 또 인간과 관계되어야 한다는 것이다. 바로 유명론은 그 인식론적 전제가 된다. 이 점에서 오컴의 유명론도 보편성을 객관성에 일치시키는 서구의 전통적인 사고방식을 전복하는 내용을 담고 있다."81)

(3) 목적론적 세계관의 붕괴

결정적으로 중요한 것은 주의주의와 유명론에 의해 목적론적 세계관이 붕괴된다는 점이다. "둔스 스코투스는 자연법을 신의 의지로 기착시키면서 아리스토텔레스-토마스의 철학의 목적론적 자연

---

79) 이상영/이재승, 『법사상사』(한국방송통신대학교 출판부, 2005/2008), 74-75면.

80) 이상영/이재승, 『법사상사』(한국방송통신대학교 출판부, 2005/2008), 75면.

81) 오세혁, 『법철학사』(세창출판사, 2012), 84면; "둔스 스코투스를 거쳐 오컴에 이르러 jus는 객관적인 법의 성격을 탈퇴하고 주관적인 권리개념으로 이해되기 시작했다. 그 후 jus는 근대에 이르러 수아레즈, 알투지우스에 의하여 개인의 주관적 권리로 확고하게 자리를 잡게 되었다." 오세혁, 『법철학사』(세창출판사, 2004/2008), 83면.

관을 비판하였다. 오컴은 스코투스와 마찬가지로 목적지향적인 자연관에 입각한 필연성설(Necessitarism)을 거부하고, 오로지 하느님만이 필연이라고 판단하였다. 세계와 현실의 구조를 필연적인 연관체계로 상정하는 것은 신의 전능성과 모순되기 때문이다. 오컴은 신학적 권위가 전제되지 않는다면 "모든 운동자는 목적으로 인하여 운동한다(Omne agens agit propter finem)"는 명제는 증명될 수 없다고 선언하였다."[82]

목적론적 세계관의 붕괴에는 목적론이 아닌 인과론에 따른 자연과학의 발전이 한몫을 했고, 목적론적 세계관의 붕괴는 자연과학의 발전을 가져왔다. "특히 갈릴레이의 자연과학적 연구방식은 자연법론을 포함한 그 당시 학문 세계에 엄청난 영향을 미쳤다. 아리스토텔레스와 토마스의 관조적, 목적론적 세계관과 새로운 수학적, 인과율적 자연연구의 대립은, 그 어떤 자연과학적 발견에서보다도 갈릴레이의 낙하법칙 발견에서 가장 명백하게 나타난다."[83]"'목적에 대한 물음은 자연현상에서 설 자리가 없다. 왜냐하면, 어떤 목적으로 불이 생기는가 하는 물음은 무의미하기 때문이다.' 이로써 나중에 ─ 이미 유명론 안에서 ─ 자연에 관한 인과론적 연구가 생겨날 수 있는 기반이 마련된다. 이를 위해 오캄은 벌써 완전한 연구의 자유를 들고 나왔다."[84] "사건의 목적성이 말소되면, 신과 세계의 직접적인 결합은 끊어지게 된다. 세계의 질서는 이제 자체적으로, 세계 내재적으로 설명되어야 한다. 즉, 인과율적, 수학적 그리고 기하학적으로 表現될 수 있는 자연법의 형태로 설명되어야 한다."[85]

---

82) 이상영/이재승, 『법사상사』(한국방송통신대학교 출판부, 2005/2008), 78면.
83) Hans Welzel(박은정 역), 『자연법과 실질적 정의』(삼영사, 2001/2005), 155면.
84) Hans Welzel(박은정 역), 『자연법과 실질적 정의』(삼영사, 2001/2005), 124면.

목적론적 세계관의 붕괴는 초자연적인 질서와 자연적인 질서의 분리를 가져왔고, 신앙과 지성, 신학과 학문의 분리를 가져왔다. "유명론에 따른 아리스토텔레스적, 토마스주의적 세계상의 몰락은 두 영역, 즉 신과 세계, 초자연적인 질서와 자연적인 질서, 신앙과 지식을 점점 더 냉혹하게 분리해 나갔다."[86] "오컴의 유명론과 그의 추론들은 스콜라 철학에 의해 수백 년 동안 유지된 신학과 철학, 신앙과 지식의 연대를 실제로 끊어 버렸다. 두 영역은 이제 독립하였다. (이미 오래전에 아베로에스가 주장했듯이) '이중의 진리'가 존재하게 된 것이다. 바로 이것이 오컴의 행동이 낳은 중대한 결과이며, 그 영향은 당시에서 오늘날까지 지속되고 있다."[87]

주의주의와 유명론에 의해 목적론적 세계관은 붕괴되었고, 자연법은 신의 절대적인 권력, 전능성에 강조점을 둔 주의주의에 의해 명맥을 유지하였다. 하지만 이후 사상사에서 더 이상 신을 중심으로 논의하지 말 것이 주문되자[1612년 옥스퍼드의 국제법 교수인 알베리코 젠틸리(Alberico Gentili)는 신학자들에게 이렇게 외쳤다. "신학자들이여, 다른 사람들의 직무에 대해서는 침묵하라!"],[88] 주

---

85) Hans Welzel(박은정 역), 『자연법과 실질적 정의』(삼영사, 2001/2005), 157면; "존재 및 그 인식에 관하여 목적론적 설명(teleological explanation)을 시도하는 입장을 '아리스토텔레스(Aristoteles)적 전통'이라고 하며, 반면에 인과론 내지 기계론적 설명(mechanistic explanation)을 시도하는 입장을 '갈릴레오(G. Galileo)적 전통'이라고 한다(이명현, 『이성과 언어』, 101면). 고대와 중세를 통해서 보면 자연과 사회의 모든 문제에 대한 목적론적 설명방법이 우세하였으며, 특히 중세에는 목적론의 기독교적 교리형태인 '창조론'이 철두철미하게 지배했었다. 그런데 근대에 들어와서 기계론적 설명방법의 입장이 새롭게 체계화됨으로써 이에 입각한 실증주의(positivism)가 유력한 학문적 방법론으로 부각되었다." 김부찬, 『법학의 기초이론』(대웅출판사, 1994), 22-23면.

86) Hans Welzel(박은정 역), 『자연법과 실질적 정의』(삼영사, 2001/2005), 147면.

87) Hans J. Störig(박민수 역), 『세계 철학사』(이룸, 2008), 413면.

88) Hans Welzel(박은정 역), 『자연법과 실질적 정의』(삼영사, 2001/2005), 162면.

의주의마저도 붕괴되었다. 물론 루터(1483-1546)와 칼뱅(1509-1564)의 종교개혁 등에서는 주의주의는 여전히 큰 힘을 발휘한다.

　그 당시 세상은 가톨릭과 개신교가 종교전쟁을 벌이고 있었지만, 사상가들은 목적도 없고 신도 없는 세상에서 인간과 인간사회를 어떻게 설명하고, 인간사회의 질서를 어떻게 설명할지를 고민하게 된다. 몇몇 사상가들은 "신이 존재하지 않더라도 타당한 자연법"을 구상하기도 했고, 몇몇 사상가들은 사회계약을 통한 사회의 기본구조와 법질서를 구상하기도 했다. 전자의 방법은 휴고 그로티우스(Hugo Grotius, 1583-1645)와 사무엘 푸펜도르프(Samuel Pufendorf, 1632-1694)가 취한 방법이고, 후자의 방법은 토마스 홉스(Thomas Hobbes, 1588-1679), 존 로크(John Locke, 1632-1705), 장 자크 루소(Jean-Jacques Rousseau, 1712-1778)가 취한 방법이다.

제5장 인간존엄과 천부인권

이 장에서는 앞에서 서술한 내용을 다시 점검하면서, '자연권으로서의 인간존엄과 천부인권' 사상을 다룰 것이다. 현대에는 자연권 개념이 전제하는 형이상학적 가정들이 세속화되고 다원화된 현대사회의 성격과 부합하지 않기 때문에 자연권이라는 용어가 거의 사용되지 않는다. (법)실증주의의 득세와 더불어 자연권이라는 용어의 역사적 수명은 다했다고 할 수 있다. 공리주의나 실증주의의 입장에서 자연권은 경외의 대상이 아닌 비판의 대상이다. 하지만 오늘날에도 자연권으로 요구되는 인간존엄과 천부인권 사상은 인권을 실정법이 규정하는 범위 내에서만 인정하는 편협한 시각을 교정하고, 법실증주의를 보완하는 한도 내에서 여전히 유효하다고 볼 여지가 있다. 무엇보다도 자연권으로서의 인간존엄과 천부인권 사상은 경멸당하는 사람들 그리고 모욕당하는 사람들의 지위를 상승시키는 구체적 현실을 선험적 자연법을 통해 제시했다는 점에 역사적 의의가 있다.

1. 자연법 논증의 구조

(1) 자연법의 존재론과 인식론

자연법에 의해 타당한 영역은 객관적으로 이미 존재하고, 그 효력은 스스로에서 나오며, 이에 대한 규범적 인식은 직접적으로 가능하다. 실재존재론과 이에 기초한 인식론은 기능적으로 분화되지 않은 사회에서 세계를 하나의 통일된 질서로 파악하는 틀이었다.[1] 그 대표적인 예로는 플라톤의 이데아 사상을 들 수 있다. 플라톤은 소피스트철학의 상대주의와 주관주의를 배격하며, 확실한 진리와 확실한 인식의 대상을 탐구하였는데, 감각세계의 변화와 불확실성이 배제된 '불변하는 선험적 내용'을 '이데아'로 칭했다.[2] 이처럼 감각적인 것을 진리의 원천에서 제거하기 위해, 플라톤은 '눈으로 볼 수 있는 세계'와 '이데아의 세계'를 구분하며, '시간의 매임이 있는 세계'와 '시간에 매이지 않는 이데아의 세계'를 구분한다.[3] 플라톤에게는 눈에 보이는 세계는 '참된' 존재가 아니고, 감각의 세계는 실체가 없는 가상에 지나지 않고, 단순히 이데아가 나타난

---

1) Niklas Luhmann(장춘익 역), 사회의 사회 2 (새물결, 2012), 1022면 이하.

2) Platon(박종현 역), 『국가』(서광사, 2007), 453면; Hans Welsel(박은정 역), 『자연법과 실질적 정의』(삼영사, 2001/2005), 37-38면. "그의 이데아론은 다음과 같은 세 가지 요소를 지니고 있었던 것이다. 첫째, 이데아는 개별적인 경험에 매임이 없이 타당하므로, 가장 엄격한 보편타당한 인식대상이다. 둘째, 이데아의 내용은 절대적 확실성을 지닌다. 셋째, 이데아는 가변적인 의사결정이 아닌 영원한 이성진리이다." Hans Welsel(박은정 역), 『자연법과 실질적 정의』(삼영사, 2001/2005), 38면.

3) "감각적인 것은 주관적인 감관(感官)의 지각임과 동시에 감각의 객관적인 세계, 즉 시간과 공간 안에 있는 물체의 세계이기도 하다." Johannes Hirschberger(강성위 역), 『서양철학사-상권·고대와 중세』(이문출판사, 1983/2007), 116면.

것에 지나지 않는다.4) 아리스토텔레스는 스승인 플라톤의 구별, 완전한 이데아의 존재와 우리 세계의 불완전한 존재의 구별을 받아들이지 않는다.5) 하지만 아리스토텔레스에 따르면, 이데아는 대상을 초월해 있는 것이 아니라 오히려 대상물에 내재해 있다.6) 현실은 불완전하지만 완전을 향해 가고 있는 것이다. 아리스토텔레스의 이데아는 현실에서 목적(엔텔레케이아)으로 존재한다. "아리스토텔레스 철학의 뼈대를 이루는 목적론은 플라톤의 변화에 대한 비판적인 생각을 낙관적으로 바꾸어 놓은 것이라고 볼 수 있다. 플라톤은 모든 변화는 원형인 완전한 형상 즉 이데아로부터 점점 떨어져가는 퇴화의 과정 즉 파멸에로의 과정이라고 보았다. 이와는 반대로 아리스토텔레스는 변화는 궁극목적을 향해 움직여 가는 과정이라고 보았다. 그런데 이 궁극목적은 다름 아닌 사물이 지닌 본질인데 그는 그것을 형상이라고 불렀다. 그러므로 모든 사물의 변화는 결국 사물이 잠재적으로 지니고 있는 본질을 실현하는 과정으로 파악된다."7)

자연법의 또 다른 대표적인 예는 '신법'(神法)이다. 종교에 의해 타당성을 가지는 규범은 다음의 구조를 가진다. 첫 번째 명제는 신에 의해 창조된 질서이다. 초월한 존재인 신은 규범의 근원이고, 규범의 타당성은 신이 창조한 질서의 타당성에서 자연스럽게 도출된다. 어떤 행동이 옳고 그른지는 그 행동이 신이 창조한 질서를 따르는지 아니면 침해하는지 여부에 달려 있다.8) 신이 창조한 질

---

4) Johannes Hirschberger(강성위 역), 『서양철학사(上)』(이문출판사, 1999), 148면.
5) Klaus Held(이강서 역), 『지중해 철학기행』(효형출판, 2007), 83면.
6) Hans Welzel(박은정 역), 『자연법과 실질적 정의』(삼영사, 2001/2005), 48면.
7) Karl R. Popper(이명헌 역), 『열린 사회와 그 적들 II』(민음사, 1989), 24면.
8) Nobert Hoerster, Ethik und Interesse, (Reclam, 2003), 82면 이하.

서는 '객관적으로 타당한 질서'로서 이미 주어져 있다.

(2) 자연법 논증의 특징

자연법 논증의 첫 번째 특징은 '존재론'의 내용이 너무 강하다는 점에 있다. 자연법 논증에 따르면, 자연법 질서가 실체로 이미 주어져 있다(already given). 정법(正法)으로 주어졌다고 주장되는 실체는 그것을 믿고 따르는 사람에게는 절대적인 진리가 되지만, 그와 다른 가치를 따르거나 반대진영에 있는 사람에게는 납득하기 어려운 주장일 뿐이다. 이는 플라톤과 소피스트, 가톨릭과 개신교가 상정했던 실재존재론이 상반되는 것에서 잘 알 수 있다. 플라톤은 선천적 노예설을 주장했지만(아리스토텔레스와 토마스 아퀴나스 또한 선천적 노예설을 주장했다), 소피스트는 이에 반대했고, 중세의 종교전쟁에서 가톨릭은 가톨릭의 교리를, 개신교는 개신교의 교리를 실재존재론의 위치에 올려놓고 "진리"의 이름으로 강요했다. 오늘날 신학과 세속학문과의 대립도 이런 관점에서 파악할 수 있다. "이 모델의 약함은 그 전제의 강함에 있다. 신학은 종교적인 전제를 따르지 않는 법철학과 도덕철학 논의에서 합의를 도출할 능력이 없다."9)

자연법 논증의 두 번째 특징은 '인식론'의 내용이 너무 강하다는 점이다. 이미 주어져 있는 자연법 질서를 직접 인식할 수 있다는 '강한 인지주의' 덕분에, 실재존재론은 확실한 인식을 가능하게 하는 원천이 될 수 있다. 하지만 자연법의 독해에서 "이미 주어져 있

---

9) Ulfrid Neumann, Die Tyrannei der Würde, ARSP, 1998, 164면.

는 자연법 질서를 직접 인식할 수 있다"고만 주장될 뿐, "이미 주어져 있는 자연법 질서를 사람들이 똑같이 인식할 수 있다"고는 주장되지 않았다. 많은 경우 소수의 특정계급에게 인식의 독점권을 부여하여 '선(정의)의 강제'라는 문제를 야기했다.

오늘날, 변화하는 생성과 운동을 주장하는 헤라클레이토스(Heracleitos) 사상은 항상 동일하고 고정되어 있으며, 영원히 정지되어 있는 파르메니데스(Parmenides) 사상과의 대립에서 승리했다.[10] 정보와 확실성의 원천으로서 실재존재론은 더 이상 '시간의 흐름'을 규정할 수 없게 되었고, '시간의 화살'에 따라 존재와 인식은 달라진다.[11] 시간의 화살에 따라 존재도 달라지고, 이에 대한 인식도 달라진다. 시간으로부터 자유로운 존재는 없으며, 시간으로부터 자유로운 인식도 없다.[12] 콘텍스트(context, 시간 속에 존재하는 패턴) 안에 놓고 인식하지 않으면 텍스트(text)는 아무 것도 의미를 질 수 없다.[13] 뿐만 아니라 하이젠베르크(Werner Heisenberg)의 '불확정성의

---

10) "우리는 동일한 강에 두 번 들어갈 수 없다. 왜냐하면, 물도 이미 다른 물이지만 우리 자신도 (이미) 달라졌기 때문이다"는 말로 유명하다. 헤라클레이토스와 파르메니데스의 사상에 대해서는 Johannes Hirschberger(강성위 역), 『서양철학사-상권·고대와 중세』(이문출판사, 1983/2007), 34면 이하.

11) '시간의 화살'(Arrow of Time)이란 표현은 에딩톤(Authur Eddington)의 용어를 프리고진(Ilya Prigogine)이 사용한 것으로서, "가장 작은 물질 단위조차도 무시할 수 없는 역사적 궤적이 있음을 주장함으로써 역사적이지 않은 사회분석은 없다고 끊임없이 주장해온 사회과학자들의 입지를 강화했을 뿐 아니라, 물리학을 사회과학 인식론 지형의 한가운데로 옮겨놓았다." '시간의 화살'에 대해서는 Immanuel Wallerstein(유희석 역), 『지식의 불확실성』(창비, 2007), 65면 이하; "프리고진은 전통 물리학이 시간에 대한 지속을(어떤 특정 지속을) 우위에 두는 것으로 보고 자연과학을 위한 인식론의 핵심적인 도구로서 시간의 화살을 복권시키려고 했다." Immanuel Wallerstein(유희석 역), 『지식의 불확실성』(창비, 2007), 96면.

12) Niklas Luhmann, Die Wissenschaft der Gesellschaft, (Suhrkamp, 1992), 129면.

13) Gregory Bateson(박지동 역), 『정신과 자연』(까치, 1998), 27면.

원리'에 따르면, 객관적이고 초연한 관찰자는 있을 수 없으며, 관찰자에 따라 인식의 내용이 달라진다. 관찰 자체가 관찰자를 관찰 대상에 직접적으로 연관시키며, 이는 관찰 결과에 영향을 미치기 때문이다.[14]

자연법 논증의 세 번째 특징은 '논증'이라는 이름이 붙었음에도 불구하고 실상은 '논증'이 아니라는 점이다. 자연법 논증의 특징은 "그 자체로부터 명백하다는" 점이다.[15] '그 자체로부터 명백한' 자연법 논증은 입증책임을 면하면서 강한 주장을 펼칠 수 있는 반면에, 정작 필요한 논증은 피해간다. "푸펜도르프는 '그 자체로부터 명백함'이라는 이 이론에 반대했다. 절도 등이 그 자체로부터 그리고 그 본성상 악하다는 명제는 합리적인 통찰을 사칭하면서 입증책임을 면하려는 주장을 담고 있을 뿐이라는 것이다. 여기서 핵심

---

14) Jeremy Rifkin(이희재 역), 『소유의 종말』(민음사, 2001), 281면; 관찰 자체가 관찰자를 관찰 대상에 직접적으로 연관시키며, 이로써 관찰결과는 달라질 수 있다는 점을 잘 말해주고 있는 이론은 루만(Niklas Luhmann)의 '2차적 질서의 관찰'(Beobachtung der zweiten Ordnung)이다. 1차적 질서의 관찰자에게는 '실재존재론'에 기초해서 판단하지만, 2차적 질서의 관찰자는 실재존재론의 강한 전제를 부정하고, 자신의 의미기준을 토대로 정보를 처리한다. 2차적 질서의 관찰자에게는 1차적 질서의 관찰이 가지는 '인식론적 특권'은 부여되지 않지만, 대신에 '구성론적 특권'이 부여된다(이를 '구성적 인지주의'라고 한다).

15) "우리가 자연법적 주장을 펼치자마자 여지없이 곧 부딪히게 되는 심각한 문제는, 인간의 자연에 대한 상은 프로테우스상과 같아서, 자연법 사상가들이 저마다 그가 원하는 상을 만들어 낼 수 있다는 것이다. 각자는 그가 옳다고 여기고 또 원하는 바를 (암암리에) 인간의 '자연개념'에 먼저 집어넣고는, '자연에 합당하게' 옳다고 생각하는 것을 근거 짓기 위해서 그것들을 다시 끄집어내는 데 불과한 것이다. 이처럼 인간의 '자연'은 개방적이고 다양한 내용으로 채워 넣을 수 있는 개념이어서, 도대체가 모든 것을 그 개념 안에 집어넣고, 다시금 그 개념을 논거짓기 위해 그것으로부터 꺼낼 수 있게 만든다. 이는 자연법의 초기에, 예컨대 만인평등설이 이와 반대되는 만민불평등설과 똑같은 추론방식으로 인간의 '자연'에서부터 도출됐다는 데서 지적된다." Hans Welzel(박은정 역), 『자연법과 실질적 정의』(삼영사, 2001/2005), 29면; 같은 설명으로 박은정, 『자연법의 문제들』(세창출판사, 2007). 9면, 109면.

적인 작업은 왜 이 행위가 선하고, 저 행위가 악한지를 탐구하는 것이라고 한다. 그러나 '그 자체로부터 존재함'에 호소하는 자는 더 이상 다른 증명이 필요 없다고 믿고, 이로써 안심하자고 주장한다는 것이다."16) '존재론적 근거설정'은 구체적인 논증 대신에 선재하는 구조를 통해 의무론적 논증(deontologisches Argument)에 가해지는 정당성 입증부담을 완화시킨다.17) "도덕적인 옳고 그름에 대한 물음이 이미 존재하는 구조에 대한 물음으로 대체된다."18) 하지만 이 경우 이미 존재하는 구조에 대한 판단이 잘못되어 버리면, 존재론적 논증은 진실에 반하는 논증으로 변한다. 역사적으로 '주어진 존재론적 구조'는 잘못된 현실을 유지하는 데 곡해되기도 했고, 잘못된 현실을 지적하는 데에도 이용되었다. 이미 존재하는 구조가 무엇인가에 따라 정반대의 주장이 존재론적 논증의 이름으로 정당화된다. (저자가 구분하는) 제1의 자연법과 제2의 자연법이 정반대의 주장을 존재론적 논증을 통해 펼치는 것 또한 이 때문이다.

---

16) Hans Welzel(박은정 역), 『자연법과 실질적 정의』(삼영사, 2001/2005), 199면.
17) Ulfrid Neumann, Die Tyrannei der Würde, ARSP, 1998, 154면.
18) Ulfrid Neumann, Die Tyrannei der Würde, ARSP, 1998, 154면.

2. 제2의 자연법 – 인간존엄과 천부인권

'자연법'이라는 동일한 용어를 사용함에도 자연에 대한 개념만큼이나 다양한 자연법의 개념이 존재한다.[19] 하지만 '자연법의 존재론과 인식론'에 기초한 자연법 논증의 구조는 매우 유사하며, 이는 (저자가 구분하는) 제1의 자연법과 제2의 자연법에도 마찬가지이다. 이 장은 제1의 자연법과 제2의 자연법을 구분하는 저자의 방법을 통해 '인권과 관련된' 자연법의 내용을 살펴보려는 것을 목적으로 한다. 여기서 제1의 자연법은 '강자에게 유리한 자연법'을 말하며, 제2의 자연법은 '약자에게 유리한 자연법'을 말한다. 제1의 자연법과 제2의 자연법은 그 내용은 매우 다르지만, 논증구조는 크게 다르지 않다. '주어진' '자연'으로부터 '강자의 지배'가 정당화되었을 뿐 아니라, '만민의 평등'이나 '천부인권'이 부여되었다. 제2의 자연법에서 '천부인권' 사상이 도출되며, 이를 토대로 약자는 하늘이 부여한 인권을 쟁취하기 위한 '투쟁'을 전개하였다.

인류역사에 있어 '자연법' 사상만큼 큰 영향력을 발휘한 법사상은 드물다. 그리고 '자연법' 사상만큼 그 영향력이 서로 다른 방향으로 펼쳐진 법사상 또한 드물다. 하지만 오늘날 '자연법'이 현대 인권론에서 차지하는 비중은 그리 크지 않다. 극도의 부정의가 지배했던 이전의 현실에서 '자연법'은 인권 해독에 도움을 주는 로제타석(Rosetta Stone)이 되었지만, 인권이 실정법화(實定法化)된 오늘날에는 자연법, 즉 천부인권이 전제하는 '권리의 선험성' 명제는 오늘날 실증

---

19) 법철학자들의 복잡한 논의를 따라가다 보면 자연에 대한 개념만큼이나 다양한 자연법의 개념이 존재한다. Emmanuel Pierrat(이충민 역), 『법은 사회의 브레이크인가, 엔진인가』(모티브북, 2009), 44면.

주의뿐만 아니라 공리주의, 보수주의, 공동체주의, 마르크스주의 등에 의해 부정된다.[20] 이는 자연권 개념이 전제하는 형이상학적인 가정들이 세속화되고 다원화된 현대사회에서는 더 이상 타당성을 획득하지 못하기 때문이다.[21] 그럼에도 자연법이 인권에 남긴 흔적, 인권이 역사에 남긴 의미는 결코 사라지지 않는다. 제2의 자연법은 현실과 무관한 형이상학이 아니라, 현실의 고통을 이해하고 해결하려 했던 '시대의 전사(戰士)'였다. 그리고 자연권으로서의 인권은 다음 세대의 인권 담론의 시발점이 되었다.

(1) 제1의 자연법

제1의 자연법은 '존재론'과 '인식론'에서 강자의 이익을 대변한다. '존재론'에서 피라미드형 신분질서가 이미 주어져 있다고 상정하거나, '인식론'에서 특정 계층의 사람만이 '이미 주어진 질서'를 인식할 수 있다고 주장한다. 제1의 자연법에 따르면, 특정 계층의 사람만이 신분의 피라미드의 정점과 상위를 차지하고 있고, 하위에 속하는 나머지 계층의 사람들은 상위의 신분에 속한 사람들이 규정하는 대로 살아야 할 숙명을 타고난다. 그리고 계층적 신분질서는 '조화'의 이름으로 채색되었고, 자연에 합당한 것으로 파악되었다.

---

20) 김비환, 「현대 인권 담론의 쟁점과 전망」, 김비환 外 15인, 『인권의 정치사상』 (이학사, 2011), 25면 이하.
21) 김비환, 「현대 인권 담론의 쟁점과 전망」, 김비환 外 15인, 『인권의 정치사상』 (이학사, 2011), 27면.

1) 존재론

제1의 자연법은 '존재론'에서 피라미드와 같은 신분질서가 객관적으로 타당한 질서로서 이미 주어져 있다고 상정한다. 플라톤에 따르면, 정의란 계층 간의 올바른 관계로서, 각 계층이 그의 것을 행하는 것이다.[22] 플라톤에 따르면, 인간의 영혼은 사유와 의지, 욕망으로 삼분되는데, 사유는 머리에, 감정은 가슴에, 그리고 욕망은 하체에 자리 잡는다.[23] 이 세 가지의 영혼의 부분에 상응하여 세 종류의 시민층인 지배자, 군인, 생산자는 모두 각자가 오직 그의 것만 행해야 한다는 정의법칙의 지배하에 놓인다.[24] 뿐만 아니라 이러한 계층에도 속하지 못하는 '선천적 노예'도 있는데, 이들은 영혼의 가장 숭고한 부분인 이성이 천성적으로 약해서 이들 안에 있는 동물적 요소를 스스로 지배할 수 없기 때문에 최고자의 노예가 되어야 한다.[25] 에피쿠로스의 자연법 또한 '제1의 자연법'에 해당한다. 에피쿠로스는 잡다한 일상사나 고통에 시달리지 않은 채 쾌락을 누리려는 태도를 가장 훌륭한 인간의 권리라고 생각했지만,[26] 이를 위해서는 인간에 포함되지 않는 노예들의 노동이 당연히 전제되어야 했다.[27] 에피쿠로스의 자연법에는 '포함과 배제'

---

22) Hans Welzel(박은정 역), 『자연법과 실질적 정의』(삼영사, 2001/2005), 44면.
23) Hans Joachim Störig(박민수 역), 『세계 철학사』(이룸, 2008), 240면.
24) Hans Welsel(박은정 역), 『자연법과 실질적 정의』(삼영사, 2001/2005), 44면.
25) Hans Welsel(박은정 역), 『자연법과 실질적 정의』(삼영사, 2001/2005), 40면.
26) Ernst Bloch(박설호 역), 『자연법과 인간의 존엄성』(열린책들, 2011). 33-34면.
27) "에피쿠로스가 말하는 쾌락의 권리는 손에 못이 박힐 정도로 뼈 빠지게 일하는 노예들의 노동이 있어야 한다는 것이 전제였다. 고상하고 조용하게 쾌락을 즐기려면, 상류층 사람들이 그들이 상호 교환했던 법적 계약으로부터 일단 노예들을 배제시켜야 했다. 그렇기에 노예는 처음부터 인간이 아니라, 얼마든지 사적으로 소유할 수 있는 물건으로 취급되었다. 사람들은 노예와 합의를 도출하기 위한 계약을 맺을 필요도 없었고, 처음부터 노예들에게 복종하라고 강요

의 이분법이 존재론적으로 주어져 있어, 쾌락의 권리는 강자만이 누릴 수 있는 것이었고, 약자인 노예는 참여할 수 없는 것이었다.[28]

2) 인식론

제1의 자연법은 '인식론'에서 특정한 계층의 사람만이 '이미 주어진 질서'를 인식할 수 있다고 주장한다. "객관적으로 타당한 질서가 이미 주어져 있다"는 실재존재론이 제대로 작동하기 위해서는, "이미 주어져 있는 객관적으로 타당한 질서를 누구나 직접적으로 인식할 수 있다"는 인식론을 취해야 한다. 하지만 제1의 자연법은 "이미 주어져 있는 객관적으로 타당한 질서를 강자만이 인식할 수 있다"는 인식론을 취한다. 플라톤에 따르면, 이데아의 직관은 이 직관이 가능한 자로 하여금 존재의 원초형에 대한 절대적으로 확실하고 정확한 인식을 보장해 주며, 선과 정의 그 자체에 대해서도 오류의 여지가 없는 지식을 제공해 주나, 이데아를 볼 수 있는 사람은 특별히 은총을 받은, 신중하게 선택된, 수학과 변론술 교육을 받은 소수에 불과하다.[29] 이로써 이데아를 인식할 수 있는 지배자는 피지배자에게 그들이 인식한 바로 강제할 수 있는 길이 열리게 된다.[30] "여기서 저 숙명적인 주장, 즉 '선으로의 강제'는 윤리적으로도 선하며 허용된다는 주장이 처음으로 철학적으로 근거 지

할 필요조차 없었다. 에피쿠로스의 자연법은 타인으로부터 방해받지 않으려고 했는데, 이는 자유로운 인간들 내지 동등한 계층의 인간들에게 국한되었다." Ernst Bloch(박설호 역), 『자연법과 인간의 존엄성』(열린책들, 2011), 36면.

28) "쾌락주의의 한계는 바로 여기에 있다. 에피쿠로스의 법 개념은 불법에 대항해 싸우는 곳에서는 그야말로 무용지물이다." Ernst Bloch(박설호 역), 『자연법과 인간의 존엄성』(열린책들, 2011), 37면.

29) Hans Welsel(박은정 역), 『자연법과 실질적 정의』(삼영사, 2001/2005), 39면.

30) Platon(박종현 역), 『국가』(서광사, 2007), 459면.

어졌다. [...] 그리고 오직 절대적인 진리를 지니고 있다고 믿는 사람만이 취할 수 있는 태연자약하고 오만한 태도로 개인적인 자유의 가치를 간과했다."[31]

'선(정의)으로의 강제'는 아퀴나스의 사상에도 그대로 드러난다. "'누군가가 강요당하는 것이 중요한 게 아니라, 그가 어떤 것에, 즉 선한 것에 아니면 악한 것에 강요되는지가 중요하다.' 이 말은 플라톤처럼, 절대적인 진리를 소유하고 있다고 믿는 자가 개인들의 자유와 주관적 도덕성을 당당히 무시할 수 있음을 표현한 것으로 역사적으로 이단자 박해를 정당화해 주는 데 기여했다."[32] 아퀴나스에 따르면, 세례의 은혜를 입은 인간은 면책가능한 착오를 주장할 수 없기 때문에, 유대인과 이방인에게 면책가능한 착오가 인정되는 것과 달리 이단자와 배교자는 면책가능한 착오가 인정되지 않으며, 그들을 정의의 이름으로 사형시킬 수도 있다.[33]

(2) 제2의 자연법

제1의 자연법 아래서 약자는 계층질서의 최하층이나 계층 外 신분으로 존재하였고, 강자의 계층질서를 강제당하는 위치에 있었다. 약자는 강자가 만든 질서에 따라 최하층으로 포섭되거나 계층 外로 배제될 뿐이었다. '인권에 대한 개념조차도 없던 시대'에 현실에서 실제로 빈번히 일어나는 인권침해는 '제1의 자연법'에 의해 정당화되었다. 대다수의 약자는 자신의 열등한 지위를 자연법 질서

---

31) Hans Welsel(박은정 역), 『자연법과 실질적 정의』(삼영사, 2001/2005), 41면.
32) Hans Welsel(박은정 역), 『자연법과 실질적 정의』(삼영사, 2001/2005), 99-100면.
33) Hans Welsel(박은정 역), 『자연법과 실질적 정의』(삼영사, 2001/2005), 99면.

의 결과로 보았기 때문에 제1의 자연법에 의해 정당화된 현실에 반항하지 않고 순응하였다. 강자는 자신의 특권을 '자연법'을 통해 정당화하면서 소외되고 배제된 약자를 적절히 대변하지도 않았다. 순응이 아닌 반항에는 엄청난 희생이 뒤따랐는데, 드디어 이를 감수하는 약자가 등장하였다. 이들은 드디어 스스로를 대변하게 되는데, 그 사상적 토대는 '제2의 자연법'이며, 이는 만민에게 천부인권이 주어져 있다는 사상으로 발전한다. '자연법'은 원래 강자에게만 국한된 무기고(武器庫)였는데, 이제 약자에게도 개방된 무기고가 되었다.[34]

1) 존재론

'천부인권' 사상이 주장되기 이전에도 (저자가 생각하는) '제2의 자연법'에 해당하는 것으로는 일부 소피스트에 의해 주장된 '평등' 사상이 있다. 이에 따르면, 자연적 질서로서의 '피지스'와 인간이 제정한 것으로서의 '노모스'는 예리하게 분리되는데, 전자는 모든 인간의 자연에 합당한 평등이 자리 잡는 곳이라면, 후자는 자연에 어긋나는 불평등의 근원이 된다.[35] 자연은 그 누구도 노예로 만들지 않았고, '선천적 노예설'은 거부되었다.[36]

---

34) "정당한 의미의 자연법은 결국 위로부터의 명령으로 전달되는 정의가 아니다. [...] 이에 반해서 진정한 자연법에 담긴 정의는 아래로부터 위로 향하는 적극적인 저항을 의미한다. 그것은 처음부터 사람들이 더 이상 권력자의 명령에 복종하지 않겠다는 자유와 저항의 의미를 지니고 있다." Ernst Bloch(박설호 역), 『자연법과 인간의 존엄성』(열린책들, 2011), 15면.

35) Hans Welsel(박은정 역), 『자연법과 실질적 정의』(삼영사, 2001/2005), 28면. 소피스트의 '노모스(nomos) 피시스(physis) 논쟁'에 대해서는 G. B. Kerferd(김남두 역), 『소피스트 운동』(아카넷, 2004), 183면 이하 참조.

36) Hans Welsel(박은정 역), 『자연법과 실질적 정의』(삼영사, 2001/2005), 28면. 플라톤의 '선천적 노예설'과 아퀴나스의 '선천적 노예설'에 대해서는 Hans Welsel

스토아학파의 '오이케이온' 사상 또한 (저자가 생각하는) '제2의 자연법'에 해당된다. '오이케이온'은 우리에게 '속하는 것'이며, 우리가 우리에게 속하는 것으로 느끼는 것으로서, 인간은 자기보존뿐만 아니라 동료 인간까지 배려하는 사회적 성향이 있으며, 이로부터 평화롭고 이성적으로 질서지어진 공동체를 형성하려는 성향이 있게 된다.[37] 이는 스토아학파의 특징인 인도주의 이념의 원천이 되었고, 인간 간의 상호존중을 자연적인 것이 되게 하였다.[38]

하지만 일부 소피스트의 '평등' 사상이나 스토아학파의 '사회성(오이케이온)' 사상은 현실을 바꾸는 현실파괴력을 발휘하지 못했다. 여전히 사상가의 머리에 있는 사상으로만, 책 속에서만 존재했고,[39] 현실에는 존재하지 않았다. 시대보다 사상이 너무 앞서 갔는지도 모른다. 반면에 또 다른 '제2의 자연법'으로서 등장하는 '인간의 존엄' 사상과 '천부인권' 사상은 현실을 바꾸는 현실파괴력을 띠고 있었다.

근대에 이르러야 '인간의 존엄' 사상은 비로소 등장한다. 인간의 존엄에 기초하여 모든 인간에게 평등한 권리가 인정되어야 한다는 인권 사상은 전근대사회에서는 찾아볼 수 없다.[40] '인간의 존엄' 사상은 처음에는 인간과 신의 관계에서 신이 부여한 것으로 설명이 되다가, 후에는 인간 상호 간에 공통된 것으로 변모한다. '인간존엄'

(박은정 역), 『자연법과 실질적 정의』(삼영사, 2001/2005), 40면, 100면.

37) Hans Welsel(박은정 역), 『자연법과 실질적 정의』(삼영사, 2001/2005), 183면 참조.

38) Hans Welsel(박은정 역), 『자연법과 실질적 정의』(삼영사, 2001/2005), 66면.

39) 일부 소피스트의 '평등' 사상이나 스토아학파의 '사회성(오이케이온)' 사상 외에는 그나마도 사상의 중심에 놓이지 못하고 지엽적 문제로 다루어졌다.

40) 유홍림, 「현대 자유주의와 인권의 보편성」, 김비환 外 15인, 『인권의 정치사상』(이학사, 2011), 81면.

을 최초로 주장한 것으로 알려진 피코델라 미란돌라(Giovanni Pico della Mirandola)는 '인간 존엄성에 관한 연설'에서 인간이 위대한 기적이요, 정말 당당하게 경탄을 받을 만한 동물이라고 말하고 그렇게 여기는 이유가 무엇인지를 묻는다.[41] 이에 대해 그는 하느님이 아담에게 허락한 인간의 '자유의지'(네 자유의지의 수중에 나는 너를 맡겼노라!)가 그 이유라고 대답한다.[42] 뿐만 아니라 피코델라 미란돌라는 하느님이 우리에게 베푸신 자유 선택을 유익하게 사용하기보다는 해롭게 사용하는 일이 없도록 조심해야 하고, 기왕이면 경건한 의욕을 가지고 어중간한 상태에 만족하지 않고 최고의 상태를 동경하며(우리가 원하면 할 수 있으니까) 그것을 획득하기 위해서 전력을 기울여야 함을 강조한다.[43]

이후에는 '인간의 존엄' 사상은 신이 없더라도 설명이 가능했는

---

41) Pico della Mirandola(성염 역), 『인간존엄성에 관한 연설』(경세원, 2009), 15면; 피코델라 미란돌라 이전에도 '인간의 존엄'에 대해 설파한 사람이 있는데, '인간존엄성과 탁월성'(De dignitate et excellentia hominis)을 저술한 마네티(Gianozzo Manetti, 1396-1459)이다. 그의 저술에 대한 소개는 성염, 역자 해제, in: Pico della Mirandola(성염 역), 『인간존엄성에 관한 연설』(경세원, 2009), 113면 이하.

42) "오 아담이여, 나는 너에게 일정한 자리도, 고유한 면모도 부여하지 않았노라! 어느 자리를 차지하고 어느 면모를 취하고 어느 임무를 맡을지는 너의 희망대로, 너의 의사대로 취하고 소유하라! 여타의 조물들에게 있는 본성은 우리가 설정한 법칙의 테두리 안에 규제되어 있다. 너는 그 어떤 장벽으로도 규제받지 않는 만큼 너의 자유의지에 따라서 (네 자유의지의 수중에 나는 너를 맡겼노라!) 네 본성을 테두리 짓도록 하여라! 나는 너를 천상존재로도 지상존재로도 만들지 않았고, 사멸할 자로도 불멸할 자로도 만들지 않았으니, 이는 자의적으로 또 명예롭게 네가 네 자신의 조형자요, 조각가로서 네가 원하는 대로 형상을 빚어내게 하기 위함이다." Pico della Mirandola(성염 역), 위의 책(주47), 17면. "그러니 인간을 두고 경탄하지 않을 자가 누구겠습니까? 모세의 성서나 그리스도교 성서에서 인간이 온갖 육체의 이름으로, 온갖 피조물의 이름으로 호명되는 것도 까닭이 없지 않으니, 이것은 인간이 자기를 온갖 육체의 얼굴로, 모든 피조물의 자질로 조형하고 형성하고 변형하기 때문입니다." Pico della Mirandola(성염 역), 『인간존엄성에 관한 연설』(경세원, 2009), 23면.

43) Pico della Mirandola(성염 역), 『인간존엄성에 관한 연설』(경세원, 2009), 24면.

데, 이는 인간 상호 간에 공통된 것이므로 보호되어야 한다는 주장이다. 이러한 생각이 탄생하게 된 직접적인 계기는 가톨릭과 개신교 간의 종교전쟁이었다. 즉 가톨릭과 개신교가 자연법을 종파 간의 논쟁에 끌어들여 종교전쟁을 벌이는 와중에, 자연법이 보편타당하려면 기독교인으로서가 아니라, 가톨릭교도이든 루터교파이든 개혁교파이든, 그리고 기독교인이든 이방인이든 상관없이, 모든 인간을 위한 규범으로 제시되어야 한다는 사고가 등장한다.[44] 특히 신이 없더라도 타당한 자연법으로 푸펜도르프(Samuel Pufendorf)는 '인간의 존엄' 사상을 주장한다. "인간은 오성의 빛, 즉 구별하고 선택하는 능력을 타고났으며, 무수한 예술에 정통한 불멸의 영혼을 가지고 있다. 이미 인간이란 단순한 명칭에 존엄이 있다. 이 존엄은 모든 인간에게 똑같이 부여되기 때문에 인간은 모두 천부적으로 동등하다.[45]

인간에게 천부적인 인권이 주어져 있다는 자연권으로서의 인권 또한 (저자가 생각하는) '제2의 자연법'에 속한다. 근대의 자연법 전통에서 천부인권 사상을 통해 인권은 비로소 형성되었으며, 이는 이후 인권 담론의 초석이 된다. '인간의 권리'라는 용어 이전에 '자연권'이라는 용어가 먼저 사용된 것이다.[46] 절대적이고 양도 불가능한 선험적 권리인 자연권으로서의 인권은 경험세계의 우연성에 훼손되지 않는 초월성을 그 특징으로 하며,[47] '자연권으로 자명하게 요

---

44) Hans Welsel(박은정 역), 『자연법과 실질적 정의』(삼영사, 2001/2005), 162면 이하.

45) Hans Welsel(박은정 역), 『자연법과 실질적 정의』(삼영사, 2001/2005), 203면.

46) 1789년 이전에, 예를 들어 제퍼슨은 '자연권'(natural rights)에 관해 자주 말했다. 그가 '인간의 권리'(rights of man)라는 용어를 쓰기 시작한 것은 1789년 이후였다. Lynn Hunt(전진성 역), 『인권의 발명』(돌베개, 2009), 27면.

구되는' 인권은 자연성, 평등성, 보편성을 그 특징으로 한다.[48]

2) 인식론

'제2의 자연법'이라는 텍스트는 '현실의 고통'이라는 콘텍스트 안에서야 비로소 읽혀졌다.[49] 이때 천부인권에 대한 직접적 인식을 가능하게 한 것은 무엇보다도 "약자의 고달픈 현실"이었다. "인권에 대한 절실한 각성은 인류가 겪은 다양한 '고통' 경험으로부터 비롯된다. 인권 이념은 인류의 경험을 토대로 형성된 신념이며, 공유된 경험에 대한 기억을 토대로 한다."[50] 약자가 당한 사회적 멸시와 무시에 대한 반작용으로 약자는 (저자가 생각하는) 약자의 '자연법'인 천부인권을 뼈저리게 인식하는 '인식론적 특권'이 부여되었다. 사실 그 당시 인권침해는 오늘날의 인권침해와는 달리 논증을 통해 섬세하게 증명해야 하는 것이라기보다는 삶을 통해 뼈저리게 느끼는 부류의 것이었다. 그렇기에 인류역사의 수많은 투쟁에 등장하는 '천부인권'의 사상은 그 자체로 의미심장한 것이었다. 인권투쟁에 있어 원동력은 '천부인권'이었다. 인권개념이 구체화되지 않은 역사적 상황 속에서 '천부인권' 사상은 인권침해에 대한 저항을 뒷받침하는 강력한 도구였다. 약자는 '제2의 자연법'을 토대로 강

---

47) 유홍림, 「현대 자유주의와 인권의 보편성」, 김비환 外 15인, 『인권의 정치사상』(이학사, 2011), 79면.

48) Lynn Hunt(전진성 역), 『인권의 발명』(돌베개, 2009), 25면. 린 헌트(Lynn Hunt)는 '자명성의 요구'가 인권의 역사에서 핵심이라고 말한다.

49) 하지만 그 주장은 실재존재론과 이에 기초한 인식론의 틀을 따른다. 따라서 인권침해는 이미 존재하는 인권을 통해 확인되고, 결정되며, 인권침해에 대한 근거지움은 이미 주어진 인권에 대한 주장으로 대체된다.

50) 김비환, 「현대 인권 담론의 쟁점과 전망」, 김비환 外 15인, 『인권의 정치사상』(이학사, 2011), 76-77면.

자의 지배와 착취에 목숨을 건 투쟁을 전개하였다.[51]

　천상의 자연법과 지상의 고통은 일견 서로 어울려 보이지 않는다. 하지만 제2의 자연법은 약자의 고통에 민감했다.[52] 약자는 현실의 고통 속에서 자연법을 바라보았지, 현실과 동떨어진 이상적인 세계로 자연법을 그리지 않았다. 제1의 자연법은 "이미 주어져 있는 객관적으로 타당한 질서를 강자만이 인식할 수 있다"는 인식론을 취하였음에 비해, 제2의 자연법은 "이미 주어져 있는 객관적으로 타당한 질서를 약자는 직접적으로 인식할 수 있다"는 인식론을 취하였다. 이번에는 인식론적 독점권을 약자가 가지게 된다. 제1의 자연법에서 강자의 인식은 약자의 승인을 강제한 반면에, 제2의 자연법에서 약자의 인식은 강자의 승인을 투쟁을 통해 이끌어냈다.[53]

---

51) "자연법이 없으면, 정의롭지 않은 정치 질서에 항거할 도덕적 논지를 상실하게 된다." 이종은, 『평등, 자유, 권리』(책세상, 2011), 449면.

52) 따라서 "나는 형이상학자라는 사람들은 인간이 받고 있는 고통에 대해서는 거의 눈도 거들떠보지 않는다는 것을 알고 있다"는 호르크하이머(Max Horkheimer)의 언급은 (저자가 상정하는) 제2의 자연법에는 해당되지 않는다. Max Horkheimer, Dämmerung, (Zurich, 1934), 86면. [Martin Jay(황재우/강희경/강원돈 역), 『변증법적 상상력』(돌베개, 1994), 85면에서 재인용함]

53) 천부인권의 사상은 수많은 투쟁에서 주장되었고, 투쟁의 원동력을 제공했음에도, 이것이 최종적으로 승인된 것은 수많은 사람이 생사를 건 투쟁에서 피땀을 흘린 후였다. 따라서 인권발전에서 더 중요한 것은 인권을 쟁취하기 위해 흘린 수많은 사람의 피와 땀, 희생이며, 이를 잘 드러내 주는 것이 '상호승인의 결과로서 구성된 인권' 개념이다. 인권사는 어떤 형이상학적 관념을 중심으로 움직인 것이 아니라, 인간의 고통에 기초한 투쟁을 통해 인권이 보편적인 것임을 승인받는 과정이었다.

제6장 사회계약론

아리스토텔레스의 목적론적 세계관이 해체되기 시작할 때, 토마스 홉스(리바이어던)와 존 로크(정부에 관한 두 개의 논문)로부터 장자크 루소(사회계약론) 등의 사상가들은 사회계약을 통해서 사회의 기본구조를 만드는 사고실험을 시도하였다.[1] 홉스(1588-1679)가 '리바이어던'을 출간한 1651년부터 루소(1712-1778)의 '사회계약론'이 출간된 1762년에 이르는 한 세기는 '사회계약론의 위대한 시대'였다.[2] 사회계약론자인 홉스, 로크, 루소의 이론은 자연상태론, 사회계약론, 국가론(통치론) 등에서 각각 다르다. 자연상태의 내용에 대한 차이는 사회계약의 내용에서도 차이를 낳게 되고, 이는 사회계약에 의해 설립된 국가와 정치권력에 대한 설명도 다르게 한다.[3]

물론 사회의 기본구조는 결코 사회계약에 의해 만들어지지 않았다. (존 롤스의 정의론에 의해 최근 부활하기는 했지만) 다음 두 가지 결정적인 이유 때문에 사회계약론은 사회계약론의 전성기 이후 자취를 감추었다. 그런 계약은 한번도 체결된 적이 없었으며, 실제로 성사된 계약이 없다면 시민들도 정부도 약속에 의해 구속받지 않는다.[4] 다만 사회계약을 통해서 사회의 기본구조를 만들려고 한 시도는 역사적으로 대단한 의의를 갖는다. 왜냐하면, 사회계약론은 주어진 자연법 질서나 신의 질서에 따라 인간사회질서를 확립하려는 시도

1) Otfried Höffe(박종대 역), 『정의』(EjB, 2004/2006), 97면.
2) 문지영, 『국가를 계약하라 홉스&로크』(김영사, 2007/2011), 133면.
3) 문지영, 『국가를 계약하라 홉스&로크』(김영사, 2007/2011), 116면.
4) Will Kymlicka(소병철 역), 사회계약론의 전통, in: Peter Singer(김성한/김성호/소병철/임건태 역), 『규범윤리의 전통』(철학과현실사; 2005), 74면; 따라서 사회계약론은 그것이 실제적인 약속을 판명하려고 시도한다면 역사적으로 부조리하거나(historically absurd), 그것이 순전히 가상적인 약속을 확립하려고 시도한다면 도덕적으로 무의미한(morally insignificant) 것이 된다. Will Kymlicka, 사회계약론의 전통, in: 한국사회·윤리연구회 편, 『사회계약론 연구』(철학과 현실사, 1993), 15면.

에 반대하고, 사회계약을 통해 새롭게 사회질서를 만들어 보려고
한 시도이기 때문이다. 사회계약론은 개인이나 인간사회가 더 이상
자연이나 신에 의해 운명지어진 존재가 아님을 밝힌 것이다.[5] 홉
스, 로크, 루소 등의 사회계약론자들은 객관적 가치질서의 존재에
대해 의문을 제시하고, 객관적 가치질서를 인간이 인식할 수 있다
는 점에 대해서도 의문을 제기했다.[6]

1. 토마스 홉스

(1) 홉스의 정치철학

토마스 홉스(Thomas Hobbes, 1588-1679)가 1651년에 발표한 '리
바이어던'(Leviathan)은 정치철학에 있어 패러다임의 전환을 가져온
저서로서,[7] 아리스토텔레스의 철학에 근거한 정치철학과는 전혀
다른 모습을 보여준다. 이 책에서 홉스는 이전 정치철학의 흐름과
절연하고, 개인주의에 바탕을 둔 계약이론에 의거해서 국가권력을
정당화하는데, 이로 인해 그는 근대 정치철학의 창시자로 간주된
다.[8] 정치철학의 새로운 방향을 제시한 '리바이어던'이지만, 이 책

---

5) Will Kymlicka(소병철 역), 사회계약론의 전통, in: Peter Singer(김성한/김성호/소
  병철/임건태 역), 『규범윤리의 전통』(철학과현실사, 2005), 72면.

6) Robert Unger(김정호 역), 『근대사회에서의 법』(삼영사, 1994), 51면.

7) Wolfgang Kersting(전지선 역), 『홉스』(인간사랑, 2006), 7면.

8) Wolfgang Kersting(전지선 역), 『홉스』(인간사랑, 2006), 5면, 7면; "최고의 학식
  을 자랑하는 저술가들조차 '시민법'(lex civile)과 '시민권'(jus civile)을 같은 것으
  로 혼동하는 경우가 있는데, 잘못된 일이다. 왜냐하면, '권리'는 '자유', 즉 시민

은 홉스에게 큰 불행을 가져왔다. 리바이어던이라는 절대군주제를 주장하여 의회파로부터 배척당할 뿐 아니라, 종교에 대한 이단적인 견해를 주장하여 국교회와 왕당파에게도 배척당한다.9) 또한, 군주의 절대권력이 신에 의해 부여된 것이 아니라 사회계약에 기초하고 있다고 주장한 점이 왕당파의 미움을 샀다.10)

토마스 홉스가 개인주의에 바탕을 둔 사회계약론을 통해 국가권력을 정당화하고, 법실증주의라는 새로운 법사상을 제기할 수 있었던 역사적 배경에는 아리스토텔레스의 목적론적 세계관의 해체가 자리하고 있다. (앞서 살펴본 바대로) 둔스 스코투스와 윌리엄 오컴에 의해 제기된 주의주의와 유명론, 그리고 인과법칙에 기초한 자연과학의 발전에 의해 아리스토텔레스의 목적론적 세계관은 붕괴되기 시작했다. 홉스는 유명론에 기초하여,11) 옛날 도덕 철학자들의 책에 나오는 '궁극목적'(finis ultimus)이나 '최고선'(summum bonum) 따위는 없다고 보았다.12) 대신에 자신의 유물론적 세계관을 등장시

법이 우리에게 남겨준 자유를 말하는 반면, '시민법'은 '의무'이며, 자연법이 우리에게 부여한 권리를 가져가는 법이기 때문이다. [...] '법'(lex)과 '권리'(jus)가 다른 것은 '의무'와 '자유'가 다른 것과 같다." Thomas Hobbes(진석용 역), 『리바이어던 1』(나남, 2008), 376면.

9) 문지영, 『국가를 계약하라 홉스&로크』(김영사, 2007/2011), 41면 이하.

10) 문지영, 『국가를 계약하라 홉스&로크』(김영사, 2007/2011), 53면.

11) "이름 중에는 '피터', '존', '이 남자', '이 나무'처럼 오직 하나의 사물에만 '고유하게'(proper) 적용되는 것이 있는가 하면, 인간, 말, 나무 등과 같이 여러 사물에 대해 '공통으로'(common) 적용되는 것도 있다. 후자는 이름은 하나지만 여러 개체가 같이 쓰는 이름이다. 그 모든 개념에 다 같이 적용된다는 점에서 '보편적인 것'이라고 불린다. 세상에는 이름 이외에는 보편적인 것이 없다. 그 이름이 적용되는 대상은 하나하나가 다 개별자로서 하나뿐인 것이기 때문이다." Thomas Hobbes(진석용 역), 『리바이어던 1』(나남, 2008), 53면.

12) Thomas Hobbes(진석용 역), 『리바이어던 1』(나남, 2008), 137면. '궁극목적'과 '최고선' 등은 아리스토텔레스 이래 토마스 아퀴나스에 이르기까지 서양철학 및 중세신학의 주제였다. Thomas Hobbes(진석용 역), 『리바이어던 1』(나남,

켜 욕구, 혐오, 기쁨, 고통, 공포, 희망과 같은 인간의 '정념(passion)'
에 주목하였다.[13]

　토마스 홉스의 정치철학은 목적론적 세계관을 부정하고 인간의
정념에 기초한다는 점에서 아리스토텔레스 철학과 다를 뿐 아니라,
국가공동체를 구성하는 방식에 있어서도 아리스토텔레스 철학과
차이를 드러낸다. 아리스토텔레스 철학에 따르면, 국가공동체는 정치
적 동물이라는 인간의 본성에 의거해 자연적으로 발생하는 것이다.
인간은 정치적 동물이기 때문에, 인간은 태생적으로 정치적 공동체
를 구성하고, 공동체에 참여하면서 올바른 삶을 추구하게 된다.[14]
아리스토텔레스의 철학을 부정하는 홉스는 아리스토텔레스와는 아
주 다른 방법으로 국가공동체를 구상한다. 홉스에 따르면, 국가공
동체는 정치적 동물이라는 인간의 본성에 의거해 자연적으로 발생
하는 것이 아니라, 자연상태에서의 인간의 이기적인 본성에 근거하
여 인위적으로 만들어지는 것이다.

(2) 자연상태 - 만인의 만인에 대한 전쟁상태

　홉스에 따르면 자연상태에서의 인간은 모두 평등하다. 자연은 인

　　2008), 137면.

13) Thomas Hobbes(진석용 역), 『리바이어던 1』(나남, 2008), 76면 이하; "홉스에
　　있어서는 운동하는 물질 세계 외에 도덕적 세계가 따로 존재하지 않으며, 도
　　덕적 의무나 객관적으로 인정될 수 있는 계명 같은 것도 존재하지 않는다. 오
　　직 선호하고 추구하는 경향과 회피 및 혐오라는 두 개의 심리적 기본 움직임
　　이 있을 뿐이다. 선이나 악, 추함 등과 같은 개념은 객관적 도덕 의미를 지니
　　는 것이 아니라 어디까지나 주관적 심리에 관한 것이다." Wolfgang Kersting
　　(전지선 역), 『홉스』(인간사랑, 2006), 88면.

14) Wolfgang Kersting(전지선 역), 『홉스』(인간사랑, 2006), 18면, 24면; 문지영, 『
　　국가를 계약하라 홉스&로크』(김영사, 2007/2011), 53면, 59면.

간이 육체적·정신적 능력의 측면에서 평등하도록 창조하였는데,[15] 이러한 '능력의 평등'에서 '희망의 평등'이 생긴다. 즉 누구든지 동일한 수준의 기대와 희망을 품고서 목적을 설정하고, 그 목적을 달성하기 위해 노력한다.[16] 하지만 재화의 한정성 때문에 경쟁(competition)은 불가피해지고, 상대방에 대해 적대적 감정(불신, diffidence)을 품고 "자기보존"에 여념이 없게 된다.[17] 자연상태에는 평등상태에서의 경쟁·불신, 공명심을 제어할 수 있는 장치, 즉 그들 모두를 위압하는 공통의 권력이 없기 때문에, '만인의 만인에 대한 전쟁상태'로 빠져든다.[18] 인간은 인간에 대해 늑대이다(Homo homini lupus). 자연상태의 인간은 공동체 감정이 없으며, 사회성을 타고나지 않은 원자적 인간이다.[19] 자연상태는 전쟁상태이며, 법이 없는 상태이기 때문에 인간은 '자기보존'을 추구하게 된다.[20]

---

15) "자연은 인간이 육체적, 정신적 능력의 측면에서 평등하도록 창조했다. 간혹 육체적 능력이 남보다 더 강한 사람도 있고, 정신적 능력이 남보다 뛰어난 경우도 있지만, 양쪽을 모두 합하여 평가한다면, 인간들 사이에 능력 차이는 거의 없다. 있다고 하더라도 다른 사람보다 더 많은 이익을 주장할 수 있을 만큼 크지는 않다. 왜냐하면, 체력이 아무리 약한 사람이라 하더라도 음모를 꾸미거나, 혹은 같은 처지에 있는 약자들끼리 공모하면 아무리 강한 사람이라도 충분히 죽일 수 있기 때문이다." Thomas Hobbes(진석용 역), 『리바이어던 1』(나남, 2008), 168면.

16) Thomas Hobbes(진석용 역), 『리바이어던 1』(나남, 2008), 169면.

17) Wolfgang Kersting(전지선 역), 『홉스』(인간사랑, 2006), 131면 이하; "경쟁(competition), 불신(diffidence), 공명심(glory)은 인간들 사이에 분쟁이 발생하는 세 가지 원인이다. 인간은 경쟁 때문에 이익확보를 위한 약탈자가 되고, 불신 때문에 안전보장을 위한 침략자가 되고, 공명심 때문에 명예수호를 위한 공격자가 되는 것이다." Thomas Hobbes(진석용 역), 『리바이어던 1』(나남, 2008), 171면.

18) Thomas Hobbes(진석용 역), 『리바이어던 1』(나남, 2008), 171면.

19) 문지영, 『국가를 계약하라 홉스&로크』(김영사, 2007/2011), 64면.

20) "같은 것을 두고 두 사람이 서로 가지려 한다면, 그 둘은 서로 적이 되고, 따라서 상대방을 파괴하거나 굴복시키려 하게 된다. 파괴와 정복을 불가피하게

홉스는 자연상태, 즉 만인의 만인에 대한 전쟁상태를 다음과 같이 비참하게 그리고 있다. "전쟁상태에서 벌어지는 모든 일은 만인이 만인에 대해 적인 상태, 즉 자기 자신의 힘과 노력 이외에는 어떠한 안전대책도 존재하지 않는 상태에서도 똑같이 발생할 수 있다. 이러한 상태에서는 성과가 불확실하기 때문에 근로의 여지가 없다. 토지의 경작이나 해상무역, 편리한 건물, 무거운 물건을 운반하는 기계, 지표에 관한 지식, 시간의 계산도 없고, 예술이나 학문도 없으며, 사회도 없다. 끊임없는 공포와 생사의 갈림길에서 인간의 삶은 고독하고, 가난하고, 험악하고, 잔인하고, 그리고 짧다."21)

홉스는 인간의 정념으로부터 이끌어낸 '자연상태'에 대한 자신의 추론이 전 세계에 걸쳐 보편적으로 존재했다고는 생각하지 않았다.22) 자신의 추론이 경험적으로도 뒷받침될 수 있는지에 대해 몇몇 경험적 증거를 제시하고 있을 뿐이다.23) 따라서 우리는 홉스의

만드는 경쟁의 주된 목적은 자기보존이다." Thomas Hobbes(진석용 역), 『리바이어던 1』(나남, 2008), 169면.

21) Thomas Hobbes(진석용 역), 『리바이어던 1』(나남, 2008), 172면; "만인이 만인에 대하여 전쟁을 하는 상황에서는 그 어떠한 것도 부당한 것이 될 수 없다. 정과 사의 관념, 정의와 불의의 구별이 존재하지 않기 때문이다. 공통의 권력이 없는 곳에는 법이 존재하지 않는다. 법이 없는 곳에는 불의도 존재하지 않는다. 전쟁에서 요구되는 것은 오로지 폭력과 기만뿐이다." "정의, 불의는 사회생활을 하는 인간들과 관계있는 성질일 뿐, 고립적으로 존재하는 인간들과는 아무런 관계가 없다. 또한, 그러한 전쟁상태에서는 소유(property)도, 영유(dominion)도, '내 것'과 '네 것'의 구별도 존재하지 않는다. 획득 가능한 모든 것이 자기 것이며, 자기 것으로 유지가 가능한 기간 동안 자기 것이다." Thomas Hobbes(진석용 역), 『리바이어던 1』(나남, 2008), 174면.

22) Thomas Hobbes(진석용 역), 『리바이어던 1』(나남, 2008), 173면.

23) "아메리카 곳곳에서 많은 야만족이 오늘날에도 여전히 국가가 없는 상태에서, 앞에서 말한 바와 같은 잔인한 삶을 살고 있다. 기껏해야 몇몇 가족들이 모여 본능적 욕망에 따라 일시적으로 합의를 이루어나갈 뿐이다. 어쨌든, 두려워할 만한 공통의 권력이 존재하지 않는 곳에서 인간의 삶이 어떠할 것인가 하는 것은 평화로운 국가 생활을 하다가 내란에 빠져들곤 했던 인간의 역사를 살펴

자연상태가 가상적인 것이지 현실적인 것이 아님을 알 수 있다.[24]

(3) 자연법과 자연권

홉스는 자신의 이론을 구상함에 있어 '자연법과 자연권'을 새롭게 구성하는데, '자기보존'에 대한 인간의 관심에서 자연법과 자연권을 도출한다.[25] 하지만 홉스는 자연법론자가 아니라 법실증주의자임에 유의해야 한다. 홉스도 완전한 자연상태에서의 자연법은 법이라기보다는 오히려 인간으로 하여금 평화와 복종을 지향하게 하는 성질이라고 말하면서, 코먼웰스가 설립되고 나면 그것이 법이되지만, 코먼웰스가 설립되기 전까지는 아직 법이 아니라고 단언하고 있다.[26] 자연법은 자연상태에서는 무력하며, 자연법은 평화를 유지하기에는 충분하지 않다.[27]

홉스가 주장하는 제1의 자연법은 다음과 같다. "모든 사람은, 달성될 가망이 있는 한, 평화를 얻기 위해 노력해야 한다. 평화를 달

보는 것으로도 족할 것이다." Thomas Hobbes(진석용 역), 『리바이어던 1』(나남, 2008), 173면.

24) Robert L. Arrington(김성호 역), 『서양 윤리학사』(서광사, 1998), 257면.

25) Samuel Enoch Stumpf/James Fieser(이광래 역), 『소크라테스에서 포스트모더니즘까지』(열린책들, 2008), 341면.

26) "완전한 자연상태에서 보면 이러한 자연법은 법이라기보다는 오히려 인간으로 하여금 평화와 복종을 지향하게 하는 성질이다. 코먼웰스가 설립되고 나면 그것이 법이 되지만, 코먼웰스가 설립되기 전까지는 아직 법이 아니다. 코먼웰스가 성립되어야 자연법이 코먼웰스의 명령이 되고, 따라서 시민법이 된다. 사람들로 하여금 이들 법에 복종하도록 만드는 것이 바로 주권자이기 때문이다." Thomas Hobbes(진석용 역), 『리바이어던 1』(나남, 2008), 350면.

27) Thomas Hobbes(이준호 역), 『시민론: 정부와 사회에 관한 기초철학』(서광사, 2013), 105-106면.

성하는 일이 불가능할 경우에는 전쟁에서 승리하기 위한 어떤 수
단이라도 사용해도 좋다." 이 원칙의 앞부분은 자연법의 기본을 나
타내고 있는 것으로서 '평화를 추구하라'는 것이고, 뒷부분은 자연
권의 요지를 나타내고 있는 것으로서 '모든 수단을 동원하여 자신
을 방어하라'는 것이다.[28] 홉스는 자연권을 (홉스 자신의 방식으로)
'모든 사람이 그 자신의 본성, 즉 자신의 생명을 보존하기 위해 자
기 뜻대로 힘을 사용할 수 있는 자유, 즉 그 자신의 판단과 이성에
따라 가장 적합한 조치라고 생각되는 어떤 일을 할 수 있는 자유'
로 정의한다.[29] 따라서 자신의 생명을 파괴하는 행위나 자신의 생
명보존의 수단을 박탈하는 행위는 금지되며, 또한 자신의 생명보존
에 가장 적합하다고 생각되는 행위를 포기하는 것이 금지된다.[30]

홉스가 주장하는 제2의 자연법은 평화추구의 의무를 규정한 제1
의 자연법으로부터 도출된다. 자기보존에 대한 자연권을 그대로 가
지고 있으면 평화추구에 대한 제1의 자연법을 지킬 수 없으므로,
자기보존에 대한 자연권은 포기되어야 한다.[31] "인간은 평화와 자
기방어가 보장되는 한, 또한 다른 사람들도 다 같이 그렇게 할 경
우, 만물에 대한 이러한 권리를 기꺼이 포기하고, 자신이 타인에게
허락한 만큼의 자유를 타인에 대해 갖는 것으로 만족해야 한다."
모든 사람이 자기 뜻대로 무엇이든지 할 수 있는 그런 권리를 보
유하는 한, 모든 인간은 전쟁상태에 놓이게 되기 때문이다. 그러나
자기는 그러한 권리를 포기할 의사는 있지만, 다른 사람들은 그러

---

28) Thomas Hobbes(진석용 역), 『리바이어던 1』(나남, 2008), 177면.

29) Thomas Hobbes(진석용 역), 『리바이어던 1』(나남, 2008), 176면.

30) Thomas Hobbes(진석용 역), 『리바이어던 1』(나남, 2008), 176면.

31) Thomas Hobbes(이준호 역), 『시민론: 정부와 사회에 관한 기초철학』(서광사, 2013), 51면.

한 권리를 포기할 의사가 없는 경우에는, 누구도 자신의 권리를 포기할 이유가 없다.32)

인간이 본래부터 가지고 있는 자기보존의 자연권을 타인에게 양도하지 않고 자기가 계속 가지고 있는 경우에는, 만인에 대한 만인의 투쟁상태를 종식시키지 못한다. 제1의 자연법(평화를 추구하라)과 제2의 자연법(자연권을 포기하라)은 자기보존의 자연권을 타인에게 양도할 것을 명하는데, 이로부터 제3의 자연법이 생겨난다. "신의계약을 맺었으면 지켜야 한다."33)

(4) 신의계약

1) 권리 양도와 주권 설립의 계약

인류의 평화를 위해서는 자연상태의 모든 인간은 자기보존의 자연권을 타인에게 양도하는 방식으로 포기해야 한다. 모든 사람이 판관(判官)인 자연상태에서는 평화를 유지할 수 없고,34) 소수의 사람이 판관인 사회상태에서야 비로소 평화를 유지할 수 있다. 그래서 홉스는 '영원불멸의 하나님'(immortal God)의 가호 아래, 인간에게 평화와 방위를 보장하는 '지상의 신'(mortal god)인 리바이어던(Leviathan), 코먼웰스(commonwealth)를 탄생시켰다.35) 홉스는 정의의 본질은 유효한 계약을 지키는 데 있으며, 계약의 유효성은 그 계약의 이행

---

32) Thomas Hobbes(진석용 역), 『리바이어던 1』(나남, 2008), 177-178면.

33) Thomas Hobbes(진석용 역), 『리바이어던 1』(나남, 2008), 194면; Robert L. Arrington(김성호 역), 『서양 윤리학사』(서광사, 1998), 264면 이하.

34) Thomas Hobbes(진석용 역), 『리바이어던 1』(나남, 2008), 190면.

35) Thomas Hobbes(진석용 역), 『리바이어던 1』(나남, 2008), 232면.

을 충분히 강제할 수 있는 사회적 권력의 수립과 더불어 시작되며, 그때 비로소 소유권도 발생한다고 보았다.36) 홉스에 따르면, 자연상태 아래의 인간들은 '코먼웰스'라는 인공 인간을 만들고, 자신의 자연권을 양도한다. "나는 스스로를 다스리는 권리를 이 사람 혹은 이 합의체에 완전히 양도할 것을 승인한다. 단 그대도 그대의 권리를 양도하여 그의 활동을 승인한다는 조건 아래."37) 이는 자연상태를 통제할 수 있는 주권자(sovereign)를 세우고, 그에게 모든 권력과 힘을 양도하여 그로 하여금 주권적 권력(sovereign power)을 행사하게 하는 주권 설립의 계약이다.38) 이제 권리의 양도를 통해서 권리

---

36) Thomas Hobbes(진석용 역), 『리바이어던 1』(나남, 2008), 195-196면; "정의와 불의의 개념이 존재하기에 앞서, 먼저 어떤 강제적 힘이 존재해야 한다. 이 강제력이 하는 일은 신의계약을 이행하지 않았을 때 얻을 수 있는 이익보다는 더 큰 처벌의 공포를 통하여 신의계약 당사자 쌍방이 각각의 채무를 이행하도록 평등하게 강제하고, 그들이 보편적 권리를 포기한 대가로 상호계약에 의해 소유권을 확보할 수 있도록 보장하는 것이다. 이런 일을 가능하게 하는 힘은 코먼웰스가 수립되기 전까지는 존재하지 않는다." Thomas Hobbes(진석용 역), 『리바이어던 1』(나남, 2008), 194-195면.

37) Thomas Hobbes(진석용 역), 『리바이어던 1』(나남, 2008), 232면; "계약자 쌍방이 계약의 내용을 현재 이행하지 않은 상태에서 상호신뢰를 바탕으로 한 신의계약이 자연상태, 즉 만인에 대한 만인의 전쟁상태에서 체결되었다면, 어느 모로 보나 이 계약은 무효이다. 그러나 그들 쌍방에 대하여 약정된 채무를 이행하도록 강제할 수 있는 충분한 권리와 힘을 가진 공통의 권력이 존재한다면, 그 계약은 무효가 아니다. 자연상태, 즉 모든 사람이 평등하고, 각자가 품게 된 공포심의 정당성에 관한 판단도 각자가 하게 되는 자연상태에서는 그러한 강제적 힘을 기대할 수 없다. 강제적 힘에 대한 공포가 없으면 말로 이루어진 약정은 인간의 야심, 탐욕, 분노 및 다른 정념을 이겨내지 못한다. 따라서 채무의 선이행자는 상대방이 나중에 이행할 것이라는 보증을 받을 수가 없다. 이러한 보증이 없는 상태에서 채무를 먼저 이행하는 것은 자기 자신을 적에게 넘겨주는 것과 다를 바가 없다." Thomas Hobbes(진석용 역), 『리바이어던 1』(나남, 2008), 186면. "그러나 사회상태에서는 그런 걱정을 할 이유가 없다. 사회상태에서는 반신의행위를 하는 자를 규제하는 권력이 존재하기 때문에 어느 일방에게 채무의 선이행이 의무화된 신의계약 같은 것이 유효하게 성립할 수 있다." Thomas Hobbes(진석용 역), 『리바이어던 1』(나남, 2008), 187면.

38) Thomas Hobbes(진석용 역), 『리바이어던 1』(나남, 2008), 222면, 232면.

를 포기한 자는 권리를 양도받은 자의 권리행사를 방해하지 않을 의무가 있다. 만일 권리를 포기한 자가 권리를 양도받은 자의 권리행사를 방해한다면 이는 불의이며, 권리침해에 해당한다.[39] 코먼웰스를 설립한 이상, 신의계약에 의해 주권자의 행위와 판단을 자기 자신의 것으로 인정할 의무가 있다.[40] 주권의 설립에 의해, 모든 백성은 주권자의 모든 행위와 모든 판단의 본인이 된다.[41] 주권자에 대한 백성의 동의는 다음과 같은 말에 포함되어 있다. "나는 주권자의 모든 행위에 권위를 부여한다, 혹은 나 자신의 행위로 간주한다."[42]

홉스는 신의계약에 의해 세워지는 주권자의 권리를 막강한 것으로 묘사하고 있다. 주권자는 신민의 평화와 안전을 위하여 편리하다고 생각하는 대로 힘과 수단을 사용할 수 있다. 주권자가 어떤 행동을 하든지 백성 중 어느 누구에게도 권리침해가 되지 않으며, 또한 백성으로부터 불의를 저질렀다는 비난을 받을 이유가 없으며, 주권을 가진 자는 백성에 의해서 처형되거나, 또는 어떠한 방식으로든 처벌될 수 없고, 책이 출판되기 전에 그 내용에 대해 검열하는 일을 누구에게 맡길 것인가에 대한 판단 등도 모두 주권자에게 속하며, 백성 각자가 동료 백성의 간섭을 받지 아니하고 누릴 수 있는 재산이 무엇이며, 할 수 있는 활동이 무엇인지에 대한 규칙을 제정할 수 있는 권한도 주권자에게 있다(그 규칙이 바로 사람들이 '소유권'이라고 부르는 것이다). 또한, 주권자는 사법권을 가지며,

---

39) Thomas Hobbes(진석용 역), 『리바이어던 1』(나남, 2008), 179-180면.
40) Thomas Hobbes(진석용 역), 『리바이어던 1』(나남, 2008), 235면.
41) Thomas Hobbes(진석용 역), 『리바이어던 1』(나남, 2008), 239면.
42) Thomas Hobbes(진석용 역), 『리바이어던 1』(나남, 2008), 290면.

다른 민족 혹은 다른 코먼웰스와 전쟁 또는 강화할 권리가 있고, 평시와 전시를 막론하고 모든 고문관, 장관, 행정관, 관리를 선임할 권리를 가지고, 법을 제정하여 재산이나 영작으로 상을 수여하거나, 신체형, 재산형, 작위의 박탈 등으로 처벌할 권리가 있다.[43]

2) 신의계약 - 저항권?

홉스는 계약(contract)과 신의계약(covenant)을 구별하면서, 인간과 코먼웰스 간의 계약을 신의계약(covenant)이라고 칭한다. "권리를 서로 양도하는 것을 계약(contract)이라고 한다. 사물에 대한 권리를 양도하는 것과 사물 그 자체를 양도 및 교부, 즉 인도하는 것은 서로 다른 것이다. [...] 또한, 계약당사자 중 일방이 약정된 물품을 상대방에게 인도하고, 상대방의 채무는 일정 기간이 지난 후의 특정 시점에 이행하도록 신뢰하고 기다릴 수도 있다. 이러한 종류의 계약은 채무를 먼저 이행한 선이행자의 입장에서 보면 약정(pact), 또는 신의계약(covenant)에 해당한다."[44] 인간과 코먼웰스 간의 신의계약에서 자연권의 양도(또는 포기)는 현재 이루어지는 반면(그 결과 주권이 성립한다), 주권으로부터의 보호는 현재로부터 미래에 이르기까지 계속되는 이른바 '약속'의 성격을 띤다.[45] 인민의 평화와 안전이야말로 리바이어던의 설립 목적이다.[46] 복종의 목적은 보

---

43) Thomas Hobbes(진석용 역), 『리바이어던 1』(나남, 2008), 239면 이하.

44) Thomas Hobbes(진석용 역), 『리바이어던 1』(나남, 2008), 181면.

45) '리바이어던'의 역자인 진석용 교수는 이러한 권리양도의 시차를 반영하기 위해 홉스가 'contract'(계약)가 아닌 'covenant'(신의계약)라는 단어를 선택한 것으로 보인다고 말한다. Thomas Hobbes(진석용 역), 『리바이어던 1』(나남, 2008), 180-181면(역자 각주).

46) Thomas Hobbes(진석용 역), 『리바이어던 1』(나남, 2008), 251면; 홉스는 통치자를 리바이어던(Leviathan)에 비유했는데, 이 용어는 '욥기' 제41장에서 가져

호를 얻는 데 있다.47) 자연상태의 인간과 리바이어던 상호 간의 신
의계약의 사슬은 그 자체로는 약하다. 그럼에도 이 사슬이 끊어지
지 않는 이유는 끊기가 어려워서가 아니라 사슬을 끊었을 때 생기
는 위험 때문이다.48) 이 사슬이 끊어지는 경우가 있는데 이는 주권
자가 더 이상 백성을 보호할 수 없어 백성에게 자연보존의 자연적
권리가 발동하는 때이다. "주권자에 대한 백성의 의무는, 백성을
보호할 수 있는 권력이 주권자의 손에서 지속되는 한, 그리고 오직
지속되는 동안에만 계속되는 것으로 생각된다. 인간에게는 달리 아
무도 보호해줄 자가 없는 경우에는 자기보존의 자연적 권리가 있
고, 이 권리는 어떤 신의계약으로도 양도할 수 없기 때문이다. [...]
복종의 목적은 보호를 얻는 데 있다."49) "자신의 권리를 포기하는
행위는 자발적 행위인데, 모든 자발적 행위는 '자신의 이익'을 목적

온 것이다[Thomas Hobbes(진석용 역), 『리바이어던 1』(나남, 2008), 412면]. 우
리나라 성경 욥기 41장에는 '리워야단'으로 표현되어 있다. "세상에는 그것과
비할 것이 없으니 그것은 두려움이 없는 것으로 지음 받았구나. 그것은 모든
높은 자를 내려다보며 모든 교만한 자들에게 군림하는 왕이니라."(제41장 33
절, 34절)

47) Thomas Hobbes(진석용 역), 『리바이어던 1』(나남, 2008), 294면.
48) Thomas Hobbes(진석용 역), 『리바이어던 1』(나남, 2008), 282면.
49) Thomas Hobbes(진석용 역), 『리바이어던 1』(나남, 2008), 294면; "자신의 권리
를 포기하는 행위는 자발적 행위인데, 모든 자발적 행위는 '자신의 이익'을 목
적으로 한다. 그러므로 어떤 서약과 어떤 표시에 의해서도 결코 폐기 혹은 양
도된 것으로 볼 수 없는 권리들이 존재한다. 첫째, 폭력적 공격으로 생명을 빼
앗으려는 자들에 대하여 저항할 권리는 누구라도 포기할 수 없다." Thomas
Hobbes(진석용 역), 『리바이어던 1』(나남, 2008), 180면. "자기보존 및 자기보
호가 모든 권리포기 행위의 목적이기 때문에, 폭력에 대한 저항의 포기를 약
속하는 신의계약은 무효로서 어떠한 권리 이전도 없으며, 또한 어떠한 채무도
발생하지 않는다." Thomas Hobbes(진석용 역), 『리바이어던 1』(나남, 2008), 190
면. "신민은 부패한 재판관에게 자신들이 대항할 권리를 가져야 한다." Thomas
Hobbes(이준호 역), 『시민론: 정부와 사회에 관한 기초철학』(서광사, 2013),
233면.

으로 한다. 그러므로 어떤 서약과 어떤 표시에 의해서도 결코 폐기 혹은 양도된 것으로 볼 수 없는 권리들이 존재한다. 첫째, 폭력적 공격으로 생명을 빼앗으려는 자들에 대하여 저항할 권리는 누구라도 포기할 수 없다."[50]

(5) 홉스의 법사상

1) 실정법(시민법)을 통한 법적 안정성 보장

'법적 안정성'은 무엇보다도 홉스 법사상의 핵심을 이룬다. 홉스는 무엇보다도 '실정법을 통한 법적 안정성'을 매우 중요하게 생각하였다. 홉스는 '자연법의 실재존재론'에서 주장하는 '객관적으로 타당한 질서'가 어느 일방만이 주장하는 것이며, '자연법의 강한 인지주의'에서는 자신들만이 그 질서를 인식할 수 있다고 주장하는 독단에 빠져, 서로가 서로를 죽이는 종교전쟁을 낳았다는 점을 인식했다. 홉스에 따르면, 자연법은 현실을 구속하는 힘이 없으며, 실정법의 효력을 오히려 약화시킨다. "모든 선험적 자연법론은 현실의 질서를 바로잡을 수 없었을 뿐만 아니라, 기존의 실정 질서들의 구속력을 상대화시킴으로써 오히려 더 파괴시켰다. 홉스는 법은 인.간의 생활설계의 유일한 가치라고 생각했다. 그리고 이 가치는 단순한 이념적·비현실적 질서일 수는 없으며, 현실을 형성하는 힘

---

50) Thomas Hobbes(진석용 역), 「리바이어던 1」(나남, 2008), 180면; "자기보존 및 자기보호가 모든 권리포기 행위의 목적이기 때문에, 폭력에 대한 저항의 포기를 약속하는 신의계약은 무효로서 어떠한 권리 이전도 없으며, 또한 어떠한 채무도 발생하지 않는다." Thomas Hobbes(진석용 역), 「리바이어던 1」(나남, 2008), 190면. "신민은 부패한 재판관에게 자신들이 대항할 권리를 가져야 한다." Thomas Hobbes(이준호 역), 「시민론: 정부와 사회에 관한 기초철학」(서광사, 2013), 233면.

을 가질 때에만 그 가치적 성격을 갖는다고 믿었다. 가장 이상적인 질서가 만인의 만인에 대해 투쟁을 극복할 힘을 가지지 못한다면 무가치하며, 반면 아주 불완전한 긴급질서라도 적어도 자연상태의 혼란을 극복하고 현실적인 질서를 복구한다면 이는 바로 현존재를 보장해 주는 질서로서 핵심적인 법가치를 지닌다. 홉스의 자연법을 떠받치고 있는 사상은 현실을 형성하는 질서라는 법적 안정성의 사상, 즉 법 안에서 그리고 법을 통한 안정이라는 사상이다."[51] 선과 악, 정의와 불의를 결정하는 것은 진리가 아니라 주권자의 의지이다.[52] "진리가 아니라 권위가 법을 만든다(Non veritas sed auctoritas facit legem)." 코먼웰스 이외에는 어느 누구도 법을 제정할 수 없다.[53] 아무리 자연적으로 합리적인 것이라 할지라도 주권자의 권력에 의해서만 법이 된다.[54] 법은 '명령'인데, 명령은 명령을 내리는 자의 의지가 음성이나 문서 및 기타 충분한 증거에 의해 선언되거나 명시된 것이다.[55] 홉스는 시민법을 '모든 백성이 선악의 구별, 즉 무엇이 규칙에 위배되고 무엇이 규칙에 위배되지 않는가를 구별하는 데 사용할 수 있도록 말·문서 기타 의지를 나타내기에 충분한 표지를 통해 코먼웰스가 명령한 규칙들'이라고 정의한다.[56]

---

51) Hans Welzel(박은정 역), 『자연법과 실질적 정의』(삼영사, 2001), 170면.

52) "모든 법률은 성문법이건 불문법이건 그 권한과 효력이 코먼웰스의 의지에서, 즉 그 대표자의 의지에서 생겨난다. 군주정의 경우에는 군주의 의지에서, 다른 코먼웰스의 경우에는 주권을 지닌 합의체의 의지에서 생겨난다." Thomas Hobbes(진석용 역), 『리바이어던 1』(나남, 2008), 352면.

53) Thomas Hobbes(진석용 역), 『리바이어던 1』(나남, 2008), 348면.

54) Thomas Hobbes(진석용 역), 『리바이어던 1』(나남, 2008), 361면.

55) Thomas Hobbes(진석용 역), 『리바이어던 1』(나남, 2008), 348면, 354면.

56) Thomas Hobbes(진석용 역), 『리바이어던 1』(나남, 2008), 348면; "홉스는 정치철학 역사상 최초의 실정법주의자였다. 실정법의 저편이나 실정법의 이면은 그에게 결코 존재하지 않는다. 물리주의(Physikalismus)는 자연과 하늘을 모두 공허하

2) 역사적 해석 - 입법자의 의도

홉스는 법의 해석에 있어 역사적 해석을 주장한다. "성문법의 경우, 사람들은 종종 법의 조문(letter)과 취지(sentence)를 구별한다. 만일 조문이라는 것이 단어 그 자체로부터 추측될 수 있는 모든 것을 의미한다면, 이것은 확실히 취지와는 구별된다. 왜냐하면, 거의 모든 단어는, 문자 그대로의 의미로 사용하든 비유적으로 사용하든, 그 뜻이 모호하여, 여러 가지 의미를 놓고 논란을 빚을 수 있지만, 법에는 단 하나의 의미만 있기 때문이다."[57] "법의 본질은 문자가 아니고 의도 또는 의미, 즉 법의 진정한 해석(즉 입법자의 뜻)에 있기 때문이다. 그러므로 모든 법의 해석은 주권자에게 달려 있고, 백성은 오직 주권자에게만 복종할 뿐이기 때문에 법의 해석자는 주권자가 임명하는 사람만이 할 수 있다. 그렇게 하지 않으면 법의 해석자가 간계를 부려 주권자의 뜻과 다르게 해석할 수도 있으며, 결과적으로 법의 해석자가 입법자가 되는 일이 발생할 수도 있기 때문이다."[58] "그 궁극적 목적을 입법자는 알고 있다. 따라서

게 만들었다. 홉스에 있어 영원한 공정성의 규범은 더 이상 별들 사이에 존재하지 않으며, 공정성 규범의 도구화에 의해 이성도 더 이상 구속력을 갖는 입법의 주체가 되지 않는다. 국가 외에는 어떤 입법기관도 있을 수 없으며, 오직 국가가 정한 법만이 그 효력범위에서 무엇이 정당하고 정당하지 않는가를 결정한다. 이것이 바로 국가 외에는 어떤 입법기관도 있을 수 없으며, 오직 국가가 정한 법만이 그 효력범위에서 무엇이 정당하고 정당하지 않은가를 결정한다. 이것이 바로 그 유명한 홉스의 법률-실증적 공식이다. Non veritas sed auctoritas facit legem -진리가 아니라 국가라는 입법주체가 무엇을 법으로 인정할 것인지 규정한다. 법률적 구속력이 갖는 효력은 그것이 자연법 및 이성법적 규범과 일치하는가의 여부에 달려 있는 것이 아니라 입법자가 정한 효력범위 속에서만 타당성을 얻으며, 결과적으로 기타 모든 법률의 내용적 특징과 무관하게 된다." Wolfgang Kersting(전지선 역), 『홉스』(인간사랑, 2006), 153-154면.

57) Thomas Hobbes(진석용 역), 『리바이어던 1』(나남, 2008), 365면.
58) Thomas Hobbes(진석용 역), 『리바이어던 1』(나남, 2008), 359면.

입법자는 그 법 안에 들어있는 어떠한 매듭(어려운 문제)도 다 풀 수 있다."59) "코먼웰스에서 자연법의 해석은 도덕철학 책에 의존하는 것이 아니다. 저작자들의 견해가 아무리 진리라고 하더라도 그들의 권위만으로는, 즉 코먼웰스의 권위 없이는 그것이 법이 될 수 없다."60) "그의 판결이 진정성을 지니는 이유는, 그것이 사적 판결이 아니라 주권자가 부여한 권위에 의한 판결이기 때문이다. 즉 그의 판결은 곧 주권자의 판결이며, 그 시점에 소송당사자에게 적용되는 법이다."61) "마찬가지로 성문법(조문)의 의미에 관해 논란이 있을 경우, 그에 대한 주석을 쓴 사람이 그 법의 해석자는 아니다. 주석은 보통 원문보다도 논란의 여지가 더 많고, 따라서 또 다른 주석이 필요하며, 이리하여 해석의 문제는 끝없이 이어진다. 주권자가 권위를 부여한 한 사람의 해석자가 있다면, 하급재판관들은 그의 해석을 따라야 할 것이다. 그러나 이런 경우를 제외하면, 성문법의 해석자는 불문법의 경우와 마찬가지로 다름 아닌 보통의 재판관들이다."62) "입법자의 의도는 언제나 공평에 있는 것으로 추정된다. 재판관이 주권자에 대해 그렇지 않다고 생각하는 것은 극도의 오만이다. 그러므로 재판관은 법의 조문이 합리적인 판결을 내리기에 충분하지 못할 때에는 자연법으로 이를 보충해야 한다. 사건이 어려운 것일 때에는 충분한 권위를 받을 때까지 재판을 연기해야 한다."63) "이와 같이 성문법의 단어 그 자체(의 다의성)에

---

59) Thomas Hobbes(진석용 역), 『리바이어던 1』(나남, 2008), 360면.
60) Thomas Hobbes(진석용 역), 『리바이어던 1』(나남, 2008), 360면.
61) Thomas Hobbes(진석용 역), 『리바이어던 1』(나남, 2008), 361면.
62) Thomas Hobbes(진석용 역), 『리바이어던 1』(나남, 2008), 364, 365면.
63) Thomas Hobbes(진석용 역), 『리바이어던 1』(나남, 2008), 365면.

따르는 불편으로 인하여 재판관은 법의 의도를 생각하게 되고, 그 결과 같은 조문을 두고 더욱 훌륭한 해석이 생기기도 한다. 그러나 아무리 (성문법의 해석에) 불편함이 있다고 해서, 법에 반하는 판결이 정당화될 수는 없다. 옳고 그름을 가리는 모든 재판관이 코먼웰스에 무엇이 편리하고, 무엇이 불편한가를 가리는 재판관은 아니기 때문이다."[64] "법의 훌륭한 해석자, 즉 훌륭한 재판관에게 요구되는 능력은 법률에 대한 연구가 아니다. 이것은 변호사의 일이다. 재판관의 일은 오로지 증인을 통해 사실을 심리하고, 주권자의 법령이나 법규를 통해 법을 고찰하는 일이다. 주권자의 법령이나 법규가 무엇인가 하는 것은 변론을 통해 주장되거나, 혹은 주권자로부터 해석의 권한을 부여받은 자가 알려준다."[65]

---

64) Thomas Hobbes(진석용 역), 『리바이어던 1』(나남, 2008), 366면.
65) Thomas Hobbes(진석용 역), 『리바이어던 1』(나남, 2008), 366면.

2. 존 로크

로크(John Locke, 1632-1705)는 '통치론'을 1690년에 출판한다. 명예혁명은 '통치론'이 발간되기 2년 전인 1688년에 일어났고, 권리장전은 1년 전인 1689년에 만들어졌다. 권리장전은 의회의 동의 없는 법률 집행 및 과세 금지, 의회의 동의 없는 상비군 징집 등을 금했다. 휘그당 소속인 로크는 토리당의 위협을 피해 1683년 네덜란드로 피신하여 그곳에서 '통치론'을 집필하였다. 1679년 왕제(王弟) 요크 공에 대한 왕위배제법안을 놓고 의회 내에 찬성파와 반대파가 대립하였는데, 제임스의 즉위를 인정하는 의원들을 중심으로 토리당이 만들어지고, 반대하는 의원들을 중심으로 휘그당이 만들어졌다. 휘그당의 중심에는 로크가 섬겼던 새프츠베리(Shaffesbuy) 백작이 있었다.[66] 왕제(王弟) 요크 공은 1685년에 제임스 2세로 즉위한다.

(1) 자연상태

토마스 홉스와 마찬가지로 존 로크도 시민정부의 참된 기원, 범위 및 목적을 알기 위해 자연상태에서의 인간을 고찰한다.[67] 로크에 따르면, 자연상태는 사람들이 타인의 허락을 구하거나 그의 의지에 구애받지 않고, 자연법의 테두리 안에서 스스로 적당하다고 생각하는 바에 따라서 자신의 행동을 규율하고 자신의 소유물과

---

66) 문지영, 『국가를 계약하라 홉스&로크』(김영사, 2007/2011), 94면 이하.
67) John Locke(강정인/문지영 역), 『통치론』(까치, 1996/2007), 11면.

인신(person)을 처분할 수 있는 완전한 자유의 상태이다.[68] 자연상태는 '자유의 상태'이지만 '방종의 상태'는 아니다.[69] 이처럼 인간의 자유가 제멋대로의 방종이 아니고 공동체의 안전과 양립이 가능하다는 점을 보임으로써, 자유를 방종과 동일시하고, 그로부터 은연중에 인민주권론의 주장을 무정부적 혼란과 연결시키며 절대군주제를 옹호하려는 로버트 필머(Robert Filmer)의 견해를 물리친다.[70]

존 로크는 자연상태에도 모든 사람을 구속하는 자연법이 있으며, 인간은 하느님이 인간에게 부여한 이성을 통해 자연법을 알 수 있다고 주장한다. 이 자연법 때문에 자연상태에서도 사람들은 제멋대로 살 수 없고, 타인의 존재를 의식하며 자신의 행위에 스스로 일정한 제약을 가하게 된다.[71]

---

68) John Locke(강정인/문지영 역), 『통치론』(까치, 1996/2007), 11면; 자연상태는 또한 '평등의 상태'이기도 하며, 거기서 모든 권력과 권한(jurisdiction)은 호혜적이며 무릇 어느 누구도 다른 사람보다 더 많이 가지지 않는다. John Locke(강정인/문지영 역), 『통치론』(까치, 1996/2007), 11면.

69) "자연상태는 '자유의 상태'(state of liberty)이지, '방종의 상태'(state of licence)는 아니다. 그 상태에서 인간은 자신의 인신과 소유물을 처분할 수 있는 통제받지 않는 자유를 가지고 있지만, 그는 자신을 파괴할 수 없으며, 또 그의 소유하에 있는 어떤 피조물도-그것을 단순히 살려놓는 것보다 죽이는 편이 더 고상한 용도에 봉사하는 경우를 제외하고는-살해할 수 없다." John Locke(강정인/문지영 역), 『통치론』(까치, 1996/2007), 13면.

70) 문지영, 『국가를 계약하라 홉스&로크』(김영사, 2007/2011), 114-115면; 통치론 제1권은 로버트 필머(그의 저서로는 '가부장론'이 있음)의 왕권신수설을 비판한 내용이고, 우리가 알고 있는 통치론은 통치론 제2권에 해당한다.

71) 문지영, 『국가를 계약하라 홉스&로크』(김영사, 2007/2011), 115면; "자연상태에는 그것을 지배하는 자연법이 있으며 그 법은 모든 사람을 구속한다. 그리고 그 법인 이성은 조언을 구하는 모든 인류에게 인간은 모두 평등하고 독립된 존재이므로 어느 누구도 다른 사람의 생명, 건강, 자유 또는 소유물에 위해를 가해서는 안 된다고 가르친다. 왜냐하면, 모든 인간은 유일하고 전지전능한 조물주의 작품이기 때문이다." John Locke(강정인/문지영 역), 『통치론』(까치, 1996/2007), 13면.

하지만 존 로크의 자연상태에는 하나의 큰 결함이 있다. 그것은 다른 사람으로부터 침해를 당했을 때 적용할 수 있는 실정법이 없고, 호소할 수 있는 재판관이 없고, 이를 집행할 수 있는 권력이 없다는 점이다. 이러한 상황에서는 모든 사람이 자연법을 집행할 권력을 가지고 행사하게 된다. 공통된 호소수단을 가지고 있지 않은 자들은 달리 재판관이 없으므로 각자가 자기를 위한 재판관이고 집행자가 된다.72) "만인이 다른 사람의 권리를 침해하거나 다른 사람에게 해악을 가하는 것을 억제하고 모든 인류의 평화와 보존을 지향하는 자연법의 준수를 확보하기 위해서, 자연상태에서 자연법의 집행은 모든 사람의 수중에 달려 있다. 따라서 모든 사람은 자연법의 위반을 막기 위해서 필요한 만큼 그 법의 위반자를 처벌할 권리를 가지고 있다."73) 손해를 가한 사람에게는 손해를 입은 사람 외에도 모든 사람이 처벌권을 가지며, 피해를 입은 당사자는 특별히 손해배상청구권을 가진다.74)

로크는 '통치론'에서 자연상태에서 사회상태로의 전환을 다음과 같이 정리하고 있다. "인간이 공동체를 결성하고 스스로를 정부의 지배하에 두고자 하는 가장 크고 주된 목적은 그들의 재산을 보존하기 위함이다. 그러나 자연상태에는 이를 위한 많은 것들이 결여

---

72) John Locke(강정인/문지영 역), 『통치론』(까치, 1996/2007), 84면.

73) John Locke(강정인/문지영 역), 『통치론』(까치, 1996/2007), 14면; "'남의 피를 흘리는 자는 제 피도 흘리게 되리라'(창세기 9:6)라는 위대한 자연법 역시 여기에 근거하고 있다. 카인 또한 모든 사람이 그러한 범죄자를 살해할 권리가 있다고 너무나 확신한 나머지 '저를 만나는 사람마다 저를 죽이려고 할 것입니다'(창세기 4:14)라고 외쳤던 것이다. 그것은 모든 인류의 가슴속에 너무나 명백하게 새겨져 있었다." John Locke(강정인/문지영 역), 『통치론』(까치, 1996/2007), 17-18면.

74) John Locke(강정인/문지영 역), 『통치론』(까치, 1996/2007), 16-17면.

되어 있다. 첫째, 자연상태에는 옳고 그름을 판별하는 기준이자 사람들 사이에서 모든 분쟁을 해결하는 공통된 척도로서 공통의 동의를 통해서 수용되고 인정된 법률 그리고 확립되고 안정된, 잘 알려진 법률이 없다. 비록 자연법이 모든 이성적인 피조물들에게는 명백하고 이해 가능한 것이기는 하지만, 사람들은 연구를 하지 않아서 그 법에 대해서 무지할 뿐만 아니라 자신들의 이해관계로 인해서 편파적이기 때문에, 자연법을 자신들이 관련된 특정한 사건에 적용할 때 자신들을 구속하는 법으로 인정하지 않으려는 경향이 있다. 둘째, 자연상태에는 확립된 법에 따라 모든 다툼을 해결할 수 있는 권위를 가진, 널리 알려진 무사공평한 재판관이 없다. [...] 셋째, 자연상태에서는 비록 올바른 판결이 내려지더라도, 이를 뒷받침해서 지원해주고 그 적절한 집행을 확보해주는 권력이 종종 결여되어 있다. [...] 그리하여 인류는 자연상태에 따르는 온갖 특권에도 불구하고 그들이 거기에 남아 있는 동안 단지 열악한 상황에 시달리게 되므로 급기야는 사회에 들어가려고 서두른다."[75]

로크의 자연상태는 (홉스의 자연상태만큼은 아니더라도) 전쟁상태로 변할 수 있는 매우 불안한 상태이고, 그렇기 때문에 자연상태에서의 사람들은 자연상태를 벗어나 사회를 형성하려고 한다. "자연상태에서처럼 실정법이나 호소를 할 수 있는 권한을 가진 재판관이 없기 때문에 그러한 호소를 할 수 없는 곳에서는, 일단 개시된 전쟁상태는 무고한 자가 가능하면 언제라도 상대방을 살해할 권리를 가진 채 지속된다."[76] "이러한 전쟁상태(하늘에 호소하는 길밖에 없는 상태 그리고 다툼이 있는 자들 간에 결정할 권한이 있는 자가 없

---

75) John Locke(강정인/문지영 역), 『통치론』(까치, 1996/2007), 120-121면.
76) John Locke(강정인/문지영 역), 『통치론』(까치, 1996/2007), 26면.

는 곳에서는 아무리 사소한 분쟁이라 할지라도 결국 도달하기 마련인 상태)를 피하려는 것이 사람들이 사회를 결성하고 자연상태를 떠나는 커다란 이유의 하나이다. 왜냐하면, 호소를 통해 구제를 기대할 수 있는 권위, 곧 지상의 권력자가 있는 곳에서는 전쟁상태의 지속이 배제되고 분쟁이 그 권력에 의해 해결되기 때문이다."[77]

로크의 자연상태는 일종의 '사회상태'라는 점에서 홉스의 자연상태와 구별되나,[78] 이는 언제라도 전쟁상태로 변할 수 있다는 점에서 홉스의 자연상태에 접근한다.[79] "홉스의 자연상태를 특징짓는 공포는 기본적으로 인간의 본성에서 비롯되는 필연적인 것인 데 비해 로크의 자연상태에서 발생하는 불안과 위험은 권리들의 충돌 가능성과 무엇보다 그것을 조정할 권위의 부재로 인한 것이라는 점에서 차이가 있다."[80] "재산의 향유가 불확실하다거나 타인으로부터 침해당할 위험이 있다는 로크식 자연상태의 결함은 이기적이고 경쟁적이며 명예를 추구하는 인간의 본성 때문에 발생하는 것이 아니다. 그보다는 공통의 동의를 통해서 수용되고 인정된, 널리 알려져 있고 잘 확립된 '법률'과 그 법에 따라 모든 다툼을 해결할 수 있는 권위를 가진, 널리 알려진 무사공평한 '재판관', 그리고 올바른 판결을 뒷받침하고 그 적절한 집행을 확보해주는 '권력'이 자연상태에 존재하지 않기 때문에 발생한다."[81]

---

77) John Locke(강정인/문지영 역), 『통치론』(까치, 1996/2007), 27면.
78) 문지영, 『국가를 계약하라 홉스&로크』(김영사, 2007/2011), 117면.
79) 문지영, 『국가를 계약하라 홉스&로크』(김영사, 2007/2011), 122면.
80) 문지영, 『국가를 계약하라 홉스&로크』(김영사, 2007/2011), 123면.
81) 문지영, 『국가를 계약하라 홉스&로크』(김영사, 2007/2011), 125면.

(2) '자연권으로서의 재산권'과 노동가치설

존 로크의 주장에서 토마스 홉스와 아주 다른 부분은 존 로크가 재산권을 자연권으로 주장한다는 점이다. 여기서 주목할 것은 로크가 소유권의 정당화를 사회상태가 아닌 자연상태에서 시도한다는 점, 소유권이 자연권의 지위를 갖는다는 것이다.[82]

또한, 존 로크는 모든 사물에 상이한 가치를 부여하는 것은 노동이라는 노동가치설을 주장한다. 신은 사람들에게 세계를 공유물로 주었지만, 그 공유물이 그냥 방치되기를 원하지 않는다. 신체의 노동을 통해 얻는 것은 소유할 수 있는데, 이는 자연권에 해당한다. "비록 대지와 모든 열등한 피조물은 만인의 공유물이지만, 그러나 모든 사람은 자신의 인신에 대해서는 소유권을 가지고 있다. 이것에 관해서는 그 사람 자신을 제외한 어느 누구도 권리를 가지고 있지 않다. 그의 신체의 노동과 손의 작업은 당연히 그의 것이라고 말할 수 있다. 그렇다면 그가 자연이 제공하고 그 안에 놓아 둔 것을 그 상태에서 꺼내어 거기에 자신의 노동을 섞고 무언가 그 자신의 것을 보태면, 그럼으로써 그것은 그의 소유가 된다. 그것은 그에 의해서 자연이 놓아둔 공유의 상태에서 벗어나, 그의 노동이 부가한 무언가를 가지게 되며, 그 부가된 것으로 인해 그것에 대한 타인의 공통된 권리가 배제된다. 왜냐하면, 그 노동은 노동을 한 자의 소유물임이 분명하므로, 타인이 아닌 오직 그만이, 적어도 그것 이외에는 다른 사람들의 공유물들이 충분히 남아 있는 한, 노동이 첨가된 것에 대한 권리를 가질 수 있기 때문이다."[83]

---

82) 문지영, 『국가를 계약하라 홉스&로크』(김영사, 2007/2011), 117면.
83) John Locke(강정인/문지영 역), 『통치론』(까치, 1996/2007), 34-35면; "그러한

노동을 첨가할 것에 대한 권리를 가지기 위해서는 다른 사람들의 공유물들이 충분히 남아 있어야 한다는 점에 유의할 필요가 있다. 또한, 로크는 다음과 같이 말하고 있다는 점에 주의할 필요가 있겠다. "100부셸의 도토리나 사과를 주워 모은 자는 그것들에 대한 소유권을 가진다. 그것들은 주워 모으자마자 그의 재물이다. 그는 그것들이 상하기 전에 그것들을 사용하도록 주의할 필요가 있을 뿐이다. 그렇지 않으면 그는 자신의 몫 이상을 취한 것이며 다른 사람에게서 빼앗은 셈이 된다. 그리고 그가 사용할 수 있는 것보다 더 많은 것을 저장하는 것은 부정의한 일일 뿐만 아니라 참으로 어리석은 일이다. 그러나 그가 가지고 있는 동안 그것들이 상해서 무용지물이 되지 않도록 하기 위해서 그 일부를 다른 누군가에게 준다면, 그는 그것들을 이용한 셈이다."[84]

로크의 '자연권으로서의 재산권' 주장은 미국 독립전쟁에 직접적인 영향을 끼쳤다. 미국 독립전쟁의 직접적인 계기가 된 것은 과세권 문제였고("대표 없는 곳에는 과세 없다"), 미국 독립주의자들은 자신들의 주장을 뒷받침하기 위해 재산권을 자연권으로 보고 국가

노동이야말로 그것들과 공유물 간의 구별을 가져온다. 노동이 만물의 공통된 어머니인 자연보다 더 많은 무엇을 그것들에 첨가한 것이다. 그리하여 그것들은 그의 사적인 권리가 된다." John Locke(강정인/문지영 역), 『통치론』(까치, 1996/2007), 33면. "자연의 사물들은 공유로 주어지지만, 인간은 (그 자신의 주인으로서, 곧 그 자신의 인신, 행위 및 노동의 소유주로서) 그 자신 안에 소유권의 주된 기초가 되는 것을 지니고 있다. 따라서 발명과 기예를 통해서 삶의 편익을 개선했을 때, 그가 자신을 부양하고 편리하게 하기 위해서 사용한 것의 대부분을 차지하는 것은 전적으로 그의 것이며 다른 사람과의 공유물이 아니다." John Locke(강정인/문지영 역), 『통치론』(까치, 1996/2007), 49면. "태초에는 누구든 공유물이던 것에 기꺼이 노동을 지출하면 어디에서나 노동이 그것에 소유권을 부여하였다." John Locke(강정인/문지영 역), 『통치론』(까치, 1996/2007), 49면.

84) John Locke(강정인/문지영 역), 『통치론』(까치, 1996/2007), 51면.

의 목적은 재산의 보호에 있다는 로크의 이론을 활용하였다.[85]

(3) 사회계약

로크는 정부의 목적을 각 개인이 정치사회를 수립하기 이전부터 가지고 있던 자연권을 더욱 안전하게 보장하는 데서 찾았으므로, 홉스처럼 정부의 권한이 어느 정도로 막강하며 어디까지 미치는가 하는 점을 보이는 데 상상력을 발휘하기보다 오히려 정부 권한의 한계를 명확하게 설정하는 데 지적인 노력을 기울였다.[86] "만약 자연상태에 있는 인간이 앞에서 말한 바와 같이 그토록 자유롭다고 한다면, 만약 그가 자신의 인신과 소유물에 대한 절대적인 주인이고 가장 위대한 사람과도 평등하며 어느 누구에게도 종속되지 않는다고 한다면, 대체 그는 왜 그러한 자유와 결별하는 것일까? 왜 그는 이 같은 지배권을 포기하고 자신을 타인의 권력의 지배와 통제하에 복종시키려고 하는 것일까? 이러한 질문에 대해서는, 자연상태에서 그는 그러한 권리를 가지고 있기는 하지만 그 향유가 매우 불확실하고, 끊임없이 다른 사람이 침해할 위험에 놓여 있기 때문이라고 분명히 답할 수 있다. 왜냐하면, 모든 사람이 그와 마찬가지로 왕이고 모든 사람이 그와 평등하며, 그들의 대부분이 형평과 정의의 엄격한 준수자들이 아니므로 그가 이 상태에서 가지고 있는 재산의 향유가 매우 불안하고 매우 불확실하기 때문이다. 이로 인해 그는 비록 자유롭지만 두려움과 지속적인 위험으로 가득 찬 이 상황을 기꺼이 떠나고자 한다. 그러므로 그가 이미 결합되어

---

85) Hans Welzel(박은정 역), 『자연법과 실질적 정의』(삼영사, 2001/2005), 207면.
86) 문지영, 『국가를 계약하라 홉스&로크』(김영사, 2007/2011), 142면.

있는 사람들 또는 그럴 생각이 있는 다른 사람들과 더불어 그들의 생명, 자유, 자산(estate) - 내가 재산(property)이라는 일반적 명칭으로 부르는 것 - 의 상호보존을 위해서 사회를 결성할 것을 추구하거나 기꺼이 사회에 가입하려고 하는 것은 오히려 당연한 일이다."[87]

1) 위임계약

자연상태에서의 인간이 사회로 들어가는 사회계약을 체결하는 이유는 자신들의 생명, 자유, 재산을 보존하기 위함이다.[88] 그중에서도 시민 사회의 주된 목적은 재산의 보존이다.[89] 자신들의 생명, 자유, 재산(fortune)을 보존하기 위해서, 그리고 권리와 재산(property)에 관한 명시적 규칙을 통해서 평화와 안녕을 확보하기 위해서, 시민사회에 가입하여 어떤 국가의 구성원이 된 사람은 모두 자신의 사적인 판단에 따라 자연법의 위반행위를 처벌할 수 있는 권력을 포기한다.[90] 일정한 수의 사람들이 서로 결합하여 하나의 사회를 형성하고, 각자 모두 자연법의 집행권을 포기하여 그것을 공동체에게 양도하는 곳에서만 비로소 정치사회 또는 시민사회가 존재하게 된다. 그들은 사회에 또는 그것과 다름없는 입법부에 사회의 공공선이 요구하는 바에 따라 그들을 위해서 법률을 제정할 권한을 위

---

87) John Locke(강정인/문지영 역), 『통치론』(까치, 1996/2007), 119면.
88) "이러한 주장에 대해서는 다음과 같은 두 개의 반론이 제기되는 것으로 알고 있다. 첫째, 독립된 그리고 상호평등한 일단의 사람들이 함께 모여 이런 식으로 정부를 시작하고 창설했다는 이야기의 실례는 어디서도 발견되지 않는다. 둘째, 인간이 그렇게 행동해야 한다는 것은 도덕적으로 불가능하다. 왜냐하면, 모든 인간은 이미 존재하는 정부하에서 태어나고, 그 정부에 복종하며, 따라서 새로운 정부를 창설할 만큼 자유롭지 못하기 때문이다." John Locke(강정인/문지영 역), 『통치론』(까치, 1996/2007), 96면.
89) John Locke(강정인/문지영 역), 『통치론』(까치, 1996/2007), 208면.
90) John Locke(강정인/문지영 역), 『통치론』(까치, 1996/2007), 84면, 130면.

임한다.[91] 국가는 입법권, 집행권, 연합권을 가지며(연합권은 집행권으로도 볼 수 있으므로 입법권과 집행권의 2권 분립이다),[92] 주권은 여전히 국민에게 있다(국민주권론).[93]

사람들이 사회에 들어가는 커다란 목적은 그들의 재산을 평온하고 완전하게 향유하는 것이며, 이를 달성하기 위한 주요한 도구와 수단이 사회에서 확립된 법률이다.[94] 공공이 선출하고 임명한 입법부로부터 승인을 받지 못하면 법률로서의 효력과 의무를 가지지 못한다. 왜냐하면, 이런 승인이 없으면 법률은 그것이 법률이 되는데 절대적으로 필요한 사회의 동의를 얻지 못한 셈이 되기 때문이다. 어느 누구도 사회 자체의 동의나 사회로부터 권위를 위임받은 자의 동의가 없이는 사회에 대해서 법률을 제정할 수 없다.[95]

입법권은, 그것이 1인의 수중에 있건 또는 그보다 많은 사람의 수중에 있건, 상시적으로 존재하건 또는 수시로 존재하건 상관없이, 모든 국가에서 최고의 권력이다.[96] 하지만 입법권은 여러 제한이 따른다. 첫째, 입법권은 인민의 생명과 재산을 절대적, 자의적으

---

91) John Locke(강정인/문지영 역), 『통치론』(까치, 1996/2007), 85면.

92) 로크는 다음과 같이 말한다. "내가 말한 것처럼, 모든 공동체의 집행권과 연합권은 참으로 그 자체로서는 구분되는 것이기는 하지만, 그것들이 분리되거나 동시에 상이한 사람들의 수중에 맡겨지는 경우란 거의 없다. 왜냐하면 둘 다 그 행사를 위해서 사회의 힘을 요구하는데, 국가의 무력을 분리하여 별개의, 서로 독립된 기관에 맡기는 것, 또는 행정권과 연합권을 서로 독자적으로 행동하는 사람들에게 맡기는 것은 거의 실천 불가능하기 때문이다. 만약 그렇게 되면 공공의 힘은 상이한 명령권자들 하에 놓여지게 되며, 그것은 조만간 무질서와 파멸을 초래할 염려가 있다." John Locke(강정인/문지영 역), 「통치론」(까치, 1996/2007), 141-142면.

93) 오세혁, 『법철학사』(세창출판사, 2012), 155면.

94) John Locke(강정인/문지영 역), 『통치론』(까치, 1996/2007), 127면.

95) John Locke(강정인/문지영 역), 『통치론』(까치, 1996/2007), 127면.

96) John Locke(강정인/문지영 역), 『통치론』(까치, 1996/2007), 128면.

로 다룰 수 있는 권력이 아니며 또 그러한 권력이 될 수도 없다. 왜냐하면, 입법권은 사회의 모든 구성원이 한데 결합시킨 권력을 입법자인 개인이나 집회에 양도한 것이기 때문이다. 따라서 그것은 그 사람들이 사회에 들어가기 전 자연상태에서 가지고 있다가 공동체에 양도한 것 이상의 권력이 될 수 없다.[97] 그리고 그 권력은 그 최대한에서 사회의 공공선에 의해서 제한된다.[98]

둘째, 입법권 또는 최고의 권위는 즉흥적이고 자의적인 명령을 통해서 통치권을 행사할 수 없다. 그것은 공포된 영속적인 법 그리고 널리 알려진, 권한을 위임받은 재판관에 의해서 정의를 시행하고 신민들의 권리를 결정해야 한다. 자연법은 문자화된 것이 아니어서 사람들의 마음속 이외에는 어디서도 찾아볼 수 없는 것이므로, 사람들이 격정이나 이해관계로 인해 그것을 잘못 인용하거나 잘못 적용하더라도 확립된 재판관이 없는 곳에서는 자신들의 과오를 쉽게 깨닫지 못하기 때문이다.[99]

국가가 어떠한 형태를 취하든, 통치권은 즉흥적인 명령과 불확실한 명령이 아니라 선포되고 승인된 법률에 따라야 한다. 그렇지 않으면 인류는 자연상태보다 훨씬 더 열악한 상황에 처하게 될 것이기 때문이다. 정부가 가진 모든 권력은 오직 사회의 선을 위한 것이므로, 그것은 자의적이고 제멋대로 행사되어서는 안 되며, 따라서 확립되고 선포된 법률에 따라 행사되어야 한다.[100]

셋째, 최고의 권력은 어떤 사람으로부터든 그의 재산의 일부를

---

97) John Locke(강정인/문지영 역), 『통치론』(까치, 1996/2007), 128-129면.
98) John Locke(강정인/문지영 역), 『통치론』(까치, 1996/2007), 129면.
99) John Locke(강정인/문지영 역), 『통치론』(까치, 1996/2007), 130면.
100) John Locke(강정인/문지영 역), 『통치론』(까치, 1996/2007), 132-133면.

그의 동의 없이 취할 수 없다. 재산의 보존이 정부의 목적이고 오직 그 목적을 위해서 인간이 사회에 들어간다는 사실은 필연적으로 인민이 재산을 가지고 있다는 것을 상정하고 또 당연히 요구하기 때문이다.101) 정부는 누구의 손에 맡겨지든 간에, 사람들이 그들의 재산을 소유하고 보호할 수 있다는 조건으로 그리고 그러한 목적을 위해서 신탁한 것이다. 따라서 군주건 귀족원이건, 그들이 신민들 사이에서 재산을 규제하는 법률을 제정할 권력을 가지고 있다 할지라도 신민들의 동의 없이 그들의 재산의 전부 또는 일부를 스스로 취할 수 있는 권력은 결코 가질 수 없다. 왜냐하면, 이 것은 결과적으로 신민들에게 전혀 아무런 소유권을 남겨놓지 않는 것이나 다름없기 때문이다.102) 누군가가 그 자신의 권위에 의거하여 인민의 동의 없이 사람들에게 세금을 부과하고 징수할 권력을 주장한다면, 그는 그 행위에 대하여 재산에 관한 기본법을 침해하는 것이며 정부의 목적을 전복하는 것이다.103) 넷째, 입법부는 법률을 제정할 권력을 다른 사람들의 수중에 이전할 수 없다.104)

입법권에 제한을 가하는 존 로크는 국가의 절대적 권력을 주장하는 토마스 홉스의 견해에 대해 다음과 같이 비판한다. "그들은 통치자에 관한 한 그는 절대적이어야 하며 그것은 상황을 불문한다고 주장한다. 왜냐하면, 그는 단순히 가해와 부정 이상을 행할 수 있는 권력을 가지고 있기 때문에, 그가 그것을 저지른다 해도 그는 정당하다는 것이다. 가장 강력한 자들이 그러한 해악이나 비

---

101) John Locke(강정인/문지영 역), 『통치론』(까치, 1996/2007), 133면.
102) John Locke(강정인/문지영 역), 『통치론』(까치, 1996/2007), 134면.
103) John Locke(강정인/문지영 역), 『통치론』(까치, 1996/2007), 136면.
104) John Locke(강정인/문지영 역), 『통치론』(까치, 1996/2007), 136면.

행을 저지르는 상황에서 어떻게 그러한 것들로부터 나 자신을 보호할 수 있는가를 묻는 것은 즉각적으로 분열과 반란을 조장하는 목소리로 들릴 것이다. 이러한 상황은 마치 인간이 자연상태를 떠나 사회에 들어가면서, 한 사람을 제외한 모든 사람은 법률의 구속하에 있어야 하지만, 그 한 사람만은 자연상태에서 누리던 모든 자유를 여전히 보유할 뿐만 아니라, 그것을 권력에 의해서 증대시키고 또 무절제하게 사용하더라도 책임을 묻지 않겠다고 합의하는 것이나 다름없다. 이는 인간이 스컹크나 여우로부터 받을지도 모르는 해악을 피하기 위해서는 조심을 하면서도, 사자에게 잡혀먹히는 데는 만족하거나, 아니 심지어 안전하다고 생각할 정도로 어리석다고 생각하는 것과 마찬가지다."105)

2) 신탁계약 - 저항권

입법권은 일정한 목적을 위해서만 활동할 수 있는 단지 신탁된 권력이므로 입법부가 그들에게 맡겨진 신탁에 반해서 행동하는 것이 발견될 때 입법부를 폐지하거나 변경할 수 있는 최고의 권력은 여전히 인민에게 있다. 왜냐하면, 모든 권력은 그러한 목적에 의해서 제한되는 일정한 목적을 달성하기 위해 신탁으로 부여되는 것이기 때문에, 권력이 그 목적을 명백히 소홀히 하거나 위반하면 신탁은 필연적으로 철회되며, 그 권력은 그것을 내준 자들의 손에 되돌아가기 때문이다.106) 입법자들이 인민의 재산을 빼앗거나 파괴하고자 기도할 경우 또는 인민을 자의적 권력하에 놓인 노예로 만들고자 할 경우, 그들은 스스로를 인민과의 전쟁상태에 몰아넣는 것

---

105) John Locke(강정인/문지영 역), 『통치론』(까치, 1996/2007), 89-90면.
106) John Locke(강정인/문지영 역), 『통치론』(까치, 1996/2007), 143면.

이며, 인민은 그로 인해 더 이상의 복종의무에서 면제되며, 무력과 폭력에 대비하여 신이 모든 인간을 위해서 마련해 놓은 공통의 피신처로 대피할 수밖에 없게 된다. 그러므로 입법부가 야심, 공포, 어리석음 또는 부패로 인해 인민의 생명, 자유 및 자산에 대한 절대적인 권력을 자신들의 수중에 장악하거나 아니면 그 밖의 다른 자들의 수중에 넘겨줌으로써 사회의 기본적인 규칙을 침해하게 되면 언제나 그들은 인민이 그것과는 상반된 목적으로 그들의 수중에 맡긴 권력을 신탁 위반으로 상실하게 된다. 그 권력은 인민에게 되돌아가며 인민은 그들의 원래의 자유를 회복할 권리와 (그들이 적합하다고 생각하는 바에 따라) 새로운 입법부를 설립함으로써 바로 그들이 사회에 가입한 목적에 다름 아닌 그들 자신의 안전과 안보를 강구할 수 있는 권리를 가지게 된다.[107] 따라서 아무런 권한 없이 그리고 그에게 맡겨진 신탁에 반해 인민들에게 무력을 사용하는 것은 인민과 전쟁상태에 들어가는 것이며, 인민은 그들의 권력을 행사하여 그들의 입법부를 본래대로 회복시킬 권리를 가지고 있다. 그러나 입법부가 사회에 그토록 필요한 그리고 인민의 안전과 보존이 걸려 있는 업무를 수행하는 것을 무력에 의해서 방해받을 경우, 인민은 그것을 무력에 의해서 제거할 권리가 있다. 상황과 조건을 불문하고 권한 없는 힘의 사용에 대한 진정한 치유책은 힘으로 대항하는 것이다.[108]

로크는 묻는다. "정부의 목적은 인류의 복지이다. 그렇다면 인민이 항상 폭군의 무제한적인 의지에 신음하는 것과 통치자가 권력을 방만하게 행사할 때 그리고 권력을 인민의 재산을 보존하기 위

---

107) John Locke(강정인/문지영 역), 『통치론』(까치, 1996/2007), 208-209면.
108) John Locke(강정인/문지영 역), 『통치론』(까치, 1996/2007), 148면.

해서가 아니라 파괴하기 위해서 사용할 때 종종 저항을 하는 것 중 과연 어느 편이 인류에게 최선인가?"[109] 로크가 옹호하는 저항의 권리는 두 가지 점에서 급진적이다. 우선 그것은 '폭정으로부터 벗어날 권리뿐만 아니라 그것을 예방할 권리'까지도 포함하고 있다.[110] 또한, 권리로서 인민의 저항은 단순히 비폭력적인 시민불복종 형태의 것에 한정되지 않고, 좀 더 근본적이며 과격한 방법, 곧 폭력적 저항까지 포괄한다는 점에서 급진적이다.[111] "탄압, 음모 또는 외국에의 양도로 자신들의 예전의 입법부가 없어졌을 때 인민들에게 새로운 입법부를 설립함으로써 자신들의 삶에 대비하라고 말하는 것은 너무 늦어서 해악을 더 이상 치료할 수 없을 때 구제를 기대해보라고 말하는 것과 다름없다. 이것은 결과적으로 먼저 그들에게 노예가 되라고 말하고, 그 다음에 자유를 지키라고 말하는 것이나 다름없다. 또 사슬로 묶여진 후에 그들에게 자유인처럼 행동하라고 말하는 것이나 다름없다. 이것은 설사 가능하다고 해도 구제라기보다는 조롱하는 것이나 다름없다. 폭정(tyranny)에 완전히 속박될 때까지, 그것으로부터 도망갈 수단이 없다면 인간은 결코 폭정으로부터 안전할 수 없다. 그러므로 인간은 폭정으로부터 벗어날 권리뿐만 아니라 그것을 예방할 권리도 가지고 있다."[112] "상대방으로부터의 공격에 대항하기 위해서 그 가격을 막는 방패만을 사용하는 자나 공격자의 오만함과 위력을 약화시키기 위해서 손에 칼을 들지 않은 채 공손한 자세로 대처하는 자는 즉각적으로 저항의 밑천

---

109) John Locke(강정인/문지영 역), 『통치론』(까치, 1996/2007), 215-216면.
110) 문지영, 『국가를 계약하라 홉스&로크』(김영사, 2007/2011), 151면.
111) 문지영, 『국가를 계약하라 홉스&로크』(김영사, 2007/2011), 152면.
112) John Locke(강정인/문지영 역), 『통치론』(까치, 1996/2007), 207면.

이 떨어짐은 물론 그러한 방어가 그 자신에게 오히려 악화된 사태만을 초래할 것이라는 점을 깨닫게 될 것이다. [...] 따라서 저항을 해도 좋은 사람은 반드시 가격을 하는 것이 허용되어야 한다."113)

여기서 한 가지 흥미로운 점은 인민의 저항권과 정부의 해체를 본격적으로 정당화하기에 앞서 로크가 사회의 해체와 정부의 해체를 구분해야 한다고 역설한다는 것이다. 둘 사이의 구분은 결국 로크가 정치사회와 정부를 구분해서 보고 있다는 의미이고, 이는 로크의 계약론이 사회계약과 통치계약이라는 두 가지 구분되는 관념으로 이루어져 있다는 분석을 뒷받침하는 것이기도 하다. 그것은 그 둘이 다른 것이라고 구분함으로써 정부의 해체가 곧 사회의 해체, 그러니까 자연상태로의 복귀를 의미하는 것이 아니라는 점, 따라서 정부의 해체를 초래하는 인민의 저항을 권리로서 인정하는 것이 그리 대단히 급진적이거나 무질서와 혼란을 부르는 불온한 주장이 아니라는 점을 미리 분명히 해두고자 함이었다.114)

---

113) John Locke(강정인/문지영 역), 『통치론』(까치, 1996/2007), 220-221면.
114) 문지영, 『국가를 계약하라 홉스&로크』(김영사, 2007/2011), 149-150면.

3. 장 자크 루소

(1) 시대적 배경

토마스 홉스와 존 로크가 사회계약론을 주장한 역사적 배경에는 영국의 스튜어트 왕조(1603-1714)에서의 왕당파와 의회파, 토니당과 휘그당의 싸움이 있다. 1603년 엘리자베스 1세가 죽자, 제임스 1세가 즉위하여 스튜어트 왕조를 열었고, 1625년에 아들 찰스 1세가 즉위하지만 1649년 크롬웰의 청교도혁명에 의해 처형된다(1628년 권리청원). 1649년부터 1660년까지 크롬웰의 공화정이 이루어지나, 1660년 찰스 2세가 왕정에 복귀한다. 1685년 찰스 2세를 이어 제임스 2세가 즉위하나 1688년 명예혁명에 의해 추방된다(1689년 권리장전). 제임스 2세의 딸 메리와 남편 윌리엄이 공동으로 왕위에 오르고, 1714년에는 스튜어트 왕가가 단절되고 하노버 왕가가 시작된다.

토마스 홉스와 존 로크의 사회계약론은 17세기 영국 스튜어트 왕조와 밀접한 관계가 있는 반면에, 장 자크 루소(Jean-Jacques Rousseau, 1712-1778)의 사회계약론은 17세기와 18세기의 부르봉 왕조와 관계가 있다. 영국의 17세기와는 다르게, 프랑스에서는 부르봉 왕조(1589년 앙리 4세에 의해 수립됨)의 루이 13세(재위 1610-1643)와 태양왕 루이 14세(재위 1643-1715)에 의해 절대주의 왕권이 절정에 달한다. 루이 13세와 루이 14세의 시기는 영국의 스튜어트 왕조의 시기와 거의 일치하는데, 한쪽에서는 군주의 권력을 제한하려는 시도가 계속 있었던 반면에, 다른 한쪽에서는 왕권신수설에 기초한 절대군주의 시대가 열린 것이다. 루이 13세의 재위와 거의 일치하는 시기에 30년 전쟁(1618-1648)을 통해 신성로마제국의 합스부르크 왕가와 대립했다. 17세기에 확립한 절대왕정은 18세기에 이르러 루이 15세(재위 1715-1774), 루이 16세(재위 1774-1792)의 시대에 앙시앵 레짐(ancien regime, 구체제)이 차츰 해체되면서 1792년 프랑스혁명에 의해 붕괴된다. 프랑스혁명의 이념은 계몽사상가인 몽테스키외, 볼테르, 루소, 디드로 등에 의해 약 반세기에 걸쳐 배양되었으며, 특히 루소의 인민주권론이 혁명사상의 기초가 되었다.[115) 다만 루소의 문명에 대한 격렬한 비판은 인간 이성에 대한 신뢰 및 진보에 대한 낙관적 신앙을 내세우는 계몽사상가들의 사상과는 대립되는 것이었다.[116)

(2) '학문 및 예술에 관한 논고'와 '불평등기원론'

1712년 제노바에서 태어난 장 자크 루소(1712-1778)의 생애에는 몇 가지 흥미로운 사건이 있다.[117) 루소는 현상공모한 논문을 통해

---

115) [네이버 지식백과] '프랑스 혁명' 참조; "'사회계약론'이 대혁명을 설명한다고 말한 데에는 그만한 이유가 있다. 대혁명은 이 책에서 몇몇 어휘들, 그리고 그 안에 담긴 이념들을 빌려 왔기 때문이다. 그중에서도 가장 중요한 것은 다음 두 가지의 원리, 즉 법은 전체 의사의 표현이라는 것과, 모든 주권은 국민 안에 있다는 것이다. 이것은 프랑스 혁명의 기본적 명제로서 우리는 '사회계약론' 안에서 그 이론적 원형을 찾을 수 있다." Jean-Jacques Rousseau(이환 역), 『사회계약론』(서울대학교 출판부, 1999), 역자해설, 217면.

116) 대표적으로 계몽주의자인 볼테르는 루소에 대해 "인간을 네 발로 기는 짐승으로 되돌아가게 하려고 한다"고 비판하였다. Jean-Jacques Rousseau(이환 역), 『사회계약론』(서울대학교 출판부, 1999), 역자해설, 195면.

117) '에밀'의 저자이기도 한 루소가 하녀와의 사이에서 태어난 5자녀를 고아원에 맡긴 사실은 아이러니하다. 루소는 '에밀'에서 "나는 내 손으로 어린아이들을 양육시킬 수 있는 능력이 없기 때문에 아이들을 고아원에 위탁하여, 부랑

자신의 사상을 구체화하고, 이를 '학문 및 예술에 관한 논고'와 '불평등기원론'으로 출간한다. 1749년 디종 아카데미는 '학문과 예술의 부흥은 도덕적 순화에 기여했는가?'라는 제목으로 논문을 공모하는데, 루소는 '본래 선하게 태어난 인간은 사회와 문명에 의해 타락하였다'라는 자신의 주장을 근거로 문명의 발전은 풍속을 순화시키기는커녕 오히려 인간의 본래적인 덕성에 치명적이라는 주장을 펼치며 당선된다.[118] 루소는 1749년 디종의 아카데미 현상 논문에 당선한 '학문 및 예술에 관한 논고'를 출판하여 사상가로서 인정받게 된다.[119]

1754년에 디종 아카데미는 '인간 안의 불평등의 기원은 무엇이며, 이 불평등은 자연법에 의해 허용된 것인가'라는 제목으로 논문을 공모하였고, 루소는 '학문 및 예술에 관한 논고'에서 전개한 논의를 발전시켜 현대사회의 타락과 불평등은 사회제도 그 자체에 기인된다는 결론의 논문을 제출한다. 루소의 주장은 너무 급진적이어서 이번에는 당선되지 못했다. 하지만 이 논문은 1755년에 '불평등기원론'으로 발간된다.[120] 이에 따르면, 어떤 사람이 처음으로 토

배나 사기꾼으로 만들기보다는 노동자나 농민이 되도록 하는 편이 공민(公民)으로서의 또는 어버이로서의 의무를 다하는 것이라고 생각하였다"라고 밝히고 있다. Jean-Jacques Rousseau(박순만 역), 『에밀』(집문당, 2006), 259면.

118) Jean-Jacques Rousseau(이환 역), 『사회계약론』(서울대학교 출판부, 1999), 역자해설, 184-185면; "이 논문은 전후 2부로 구성되어 있다. 제1부에서 루소는 인간생활의 타락이 항상 문명의 발전에 수반되었음을 입증하기 위해 일련의 역사적 고찰을 펼쳐 나간다. [...] 제2부는 이상과 같은 사실에 의한 검증에 뒤이어, 자신의 주장에 대한 철학적이고 이론적인 설명을 펼친다. [...] 요컨대 지식과 문명의 발달은 사치를 조장함으로써 인간성을 타락시킨다. 그리하여 루소는 문명에 오염되지 않은 단순한 자연적 삶, 가난, 덕과 용기의 생활을 찬양한다." Jean-Jacques Rousseau(이환 역), 『사회계약론』(서울대학교 출판부, 1999), 역자해설, 184-185면.

119) [네이버 지식백과] '장 자크 루소' 참조.

지를 울타리로 둘러싸고 '이것이 내 것이다'라고 말했을 때 자연상
태의 인간 평등은 사라지고, 인간 불평등은 시작된다.[121] "1755년에
발표된 '불평등기원론'도 2부로 구성되어 있다. 먼저 루소는 원시인
에 대한 목가적 묘사로부터 시작한다. [...] 요컨대 원시인들은 행복
했고, 그들 사이에는 불평등은 없었다. 왜냐하면, 그들 사이에는 아
무런 '관계'도 없었기 때문이다. 즉, 자연의 상태에서 인간은 사회적
관계를 맺을 필요가 없었으며, 그들은 각기 독립된 자유로운 생활
을 영위했던 것이다. 제2부는 이 자유로운 인간이 사회적 인간으로
서 갖가지 속박 속에 얽매이고 마침내 지배자와 피지배자라는 불평
등의 사회적 관계에 묶이게 되는 과정을 그려 나간다. 인간은 처음
에는 자유롭게 결합하였다. 가족과 지역에 따른 결합 속에서 각자는
독립을 누리며 개인적으로 자신의 욕구를 충족시켜 나갔다. 그러나
농업과 야금술의 발명은 노동의 분할을 초래하였고, 상호 의존의 관
계를 낳았다. 농작에서 소유가 유래되었고, 소득의 불평등은 부의 분
배의 불평등을 초래하였다. 그리하여 부자들은 자신의 이익을 보장하
기 위해 법을 만들어 지배자로 군림하였고, 마침내 지배자와 피지배
자 사이에 사회적 불평등이 확대되었다. 이와 같은 사회적 변화는 필
경 전제체제를 탄생시킴으로써 사회의 불의는 극에 달한 것이다."[122]

---

120) Jean-Jacques Rousseau(이환 역), 『사회계약론』(서울대학교 출판부, 1999), 역
  자해설, 185-186면.

121) Jean-Jacques Rousseau(주경복, 고봉만 역), 「인간 불평등 기원론」(책세상, 2003/
  2012), 95면; "사회와 법률의 기원은 이러하거나 이러했을 것임에 틀림없다.
  이 사회와 법률은 약자에게는 새로운 구속을 부여하고 부자에게는 새로운 힘
  을 부여해 자연적 자유를 영원히 파기해버리는가 하면, 소유와 불평등의 법
  률을 영구히 고정시키고 교활한 횡령을 당연한 권리로 확립시켜 그 후 온
  인류를 몇몇 야심가들의 이익을 위해 노동과 예속과 비참에 복종시킨 것이
  다." Jean-Jacques Rousseau(주경복, 고봉만 역), 「인간 불평등 기원론」(책세상,
  2003/2012), 116면.

(3) 사회계약론

"인간은 본래 자유인으로 태어났다. 그런데 그는 어디서나 쇠사슬에 묶여 있다"는 문장으로 시작하는 '사회계약론'은 전작('학문 및 예술에 관한 논고'와 '불평등기원론')에 이어 루소가 50세 되던 해인 1762년에 발간되었다. 이번에는 현상응모한 논문이 아니라 '정치제도론'이라는 대작을 쓰려는 도중에 나왔다. '정치제도론'이라는 방대한 작품을 쓰려고 착수하지만, 힘에 부쳐 포기하고, 이 중에서 독자에게 제공하기에 적합한 내용만을 발췌하여 '사회계약론'을 출판한 것이다.123) 이 책에 대한 평가는 극과 극으로 나뉘었다. 124)

1) 힘의 논리에 의해 지배되는 사회상태(시민사회)

루소는 '학문 및 예술에 관한 논고'에서 본래 선하게 태어난 인간은 사회와 문명에 의해 타락하였다고 주장했고, '불평등기원론'에서 자연의 상태에서 인간은 각기 독립된 자유로운 생활을 영위

---

122) Jean-Jacques Rousseau(이환 역), 『사회계약론』(서울대학교 출판부, 1999), 역자해설, 185-186면.

123) Jean-Jacques Rousseau(이환 역), 『사회계약론』(서울대학교 출판부, 1999), 역자해설, 204면; '정치제도론'의 저술을 위해 루소는 정치 및 정부의 문제에 관한 이름 있는 저술들, 로크의 '시민정부에 관한 고찰(통치론)', 스피노자의 '신정론', 홉스의 '리바이어던', 그로티우스와 푸펜도르프의 여러 논문들, 그리고 몽테스키외의 '법의 정신' 등을 읽었다. Jean-Jacques Rousseau(이환 역), 『사회계약론』(서울대학교 출판부, 1999), 역자해설, 189면.

124) "루소의 수많은 작품 중에서 이 책만큼 논란의 대상이 된 것은 없을 것이다. 이 책에 대한 해설은 그칠 새 없이 이어졌을 뿐만 아니라, 열렬한 찬양과 혹독한 비판이 끊임없이 엇갈리곤 했다. 이 책을 극찬한 미라보는 '루소는 프랑스를 자유의 건전한 개념에 눈뜨게 하였다'라고 말했는가 하면, 이에 반하여 맹자맹 콩스탕은 이 책 가운데 '모든 종류의 전제정치의 가장 가공할 보조자'를 볼 수 있다고 지적한 바 있다." Jean-Jacques Rousseau(이환 역), 『사회계약론』(서울대학교 출판부, 1999), 역자해설, 189면.

하나, 사회적 관계를 맺음으로써 지배자와 피지배자라는 불평등의 관계에 빠진다고 주장한다. "인간은 태어나면서 선하고, 사회는 그를 타락시킨다"는 것이 루소의 기본 생각이었다.[125] 루소는 ('사회계약론'에서 자신이 이전에 가졌던 생각과는 약간은 다른 그림을 그리는데) 자연상태를 지상낙원과 같은 상태가 아니라 상호적인 무관심이 지배하는 상태로 묘사하고 있다. "그로티우스에 대해 명백히 반론을 제기하면서 루소는 인간의 근원적인 사회성향에 대한 가정을 거부하고, 자연상태에서는 인간들을 결합시키는 그 어떤 공감대도 없다는 홉스의 이론으로 되돌아가 다시 출발한다. 그는 자연인에게는 능동적인 이기주의가 아니라 수동적인 이기주의가 있다고 생각하는 한에서만 홉스의 이론을 약화시킨다. 자연상태의 인간들끼리는 만인에 대한 만인의 투쟁이 아니라, 상호적인 무관심이 지배하고 있다."[126]

하지만 인간의 자연상태는 인간의 사회성에 의해 곧 사회상태(시민사회)로 전환한다. 사회상태를 통해 인류문명은 발전하기도 하지만, 발전된 인류문명은 인간을 타락시키기도 한다.[127] 루소는

---

125) Jean-Jacques Rousseau(이환 역), 『사회계약론』(서울대학교 출판부, 1999), 역자해설, 195면.

126) Hans Welzel(박은정 역), 『자연법과 실질적 정의』(삼영사, 2001/2005), 224면. Jean-Jacques Rousseau(이환 역), 『사회계약론』(서울대학교 출판부, 1999), 13면; 루소는 자신이 주장하는 자연상태가 토마스 홉스의 자연상태인 전쟁상태가 아님을 말하고 있다. "인간이 원시적 독립 가운데 살고 있을 때 그들 사이에 평화나 전쟁 상태를 이룰 만큼 지속적인 상관관계가 없었다는 사실만 보아도 인간들은 자연적으로 서로 적이 아니다. 전쟁을 일으키는 것은 사물 간의 관계이지 사람들 사이의 관계는 아니다. 또 전쟁 상태란 사람들 서로 간의 단순한 관계에서 생기는 것이므로, 지속적인 소유권이 없는 자연상태에서나 법률이 모든 것을 다스리는 사회적 관계에서나 개인적인 또는 인간 대 인간의 싸움이란 존재할 수 없다." Jean-Jacques Rousseau(이환 역), 『사회계약론』(서울대학교 출판부, 1999), 13면.

사회가 인간이 타락하는 주된 원인이라고 보았지만, 인간의 사회성은 사회를 만들 수밖에 없다고 보았다.128) 이제 루소의 과제는 사회계약을 통해 자연상태가 아니라 힘의 논리가 지배하는 사회상태(시민사회)를 극복하는 것이다. 이는 홉스의 사회계약론이나 로크의 사회계약론이 사회계약을 통해 자연상태를 극복하려고 시도했다는 점과 차이가 있다. 루소는 소유권의 출현을 인간불평등의 기원으로 보고 있다.129)

---

127) "루소는 '인간불평등기원론'에서 두 가지 불평등에 대하여 언급하였다. 자연적 불평등과 사회적 불평등이다. 자연적 불평등은 신체적 불평등을, 사회적 불평등은 정치적 또는 제도적 불평등을 의미한다. 후자는 우리가 문명이라고 부르는 것이고, 루소는 바로 이것을 검토하고자 하였다. 따라서 루소에게는 자연(자연상태)과 문명(부르주아 사회, 시민사회)은 개념상 대립되어 있다. 이에 사회계약을 통하여 상정된 상태(사회상태)가 덧붙여진다." 이상영/이재승, 『법사상사』(한국방송통신대학교 출판부, 2005/2008), 166면.

128) "사회를 악과 타락의 주범으로 규탄했던 그가 인간의 사회성을 부인하지 않았을 뿐만 아니라 자연의 의도 혹은 신의 섭리와 합치된다고 생각한 것은 크게 주목할 만하다. 그에 의하면 인류의 역사가 시작되고 상승의 길로 들어선 것은 실은 이 사회성 때문이다. [...] '만약 인간이 고립되어 살았다면 그는 다른 동물들보다 나은 것이 별로 없을 것이다. 가장 드높은 기능들이 개발되고 인간의 우월성이 드러나는 것은 상호 교류 가운데서이다.' [...] '인간은 천성적으로 사회적이거나 적어도 그렇게 되도록 만들어졌다(신앙고백).'" Jean-Jacques Rousseau(이환 역), 『사회계약론』(서울대학교 출판부, 1999), 역자해설, 200-201면.

129) "어떤 토지에 울타리를 두르고 '이것은 내 것이다'라고 선언할 것을 생각해 내고, 그것을 그대로 믿을 정도로 얌전한 사람들을 맨 처음에 발견한 자는 정치사회(국가)의 참된 창립자였다. 그 말뚝을 뽑아 버리거나 도랑을 메우면서, '그런 사기꾼의 말을 듣지 말게. 과일은 만인의 것이며 토지는 누구에게도 속해 있지 않다는 것을 잊어버리면 그야말로 자네들은 신세 망치네'라고 동료를 향해 외친 자가 있었던들 그 사람은 얼마나 많은 범죄와 전쟁과 살인에서 벗어나게 하고 또 얼마나 많은 참상과 공포를 인류에게 면하게 해주었을까? (불평등기원론 제2부)" 루소는 바로 소유권의 출현을 인간불평등의 기원이자 자연상태의 종말이자 시민사회의 도래로 이해하였다. 루소는 이러한 시민사회의 개인주의적이고, 경쟁적인 세계를 사회계약으로 극복하고자 하였다. 사회상태는 루소에게는 사회계약을 통해 성립된 상태이다." 이상영/이재승, 『법사상사』(한국방송통신대학교 출판부, 2005/2008), 167면.

2) 사회계약

　루소는 사회계약이 자연적 평등을 파괴하는 것이 아니라 반대로 인간들 사이에 자연적으로 생겨날 수 있는 육체적 불평등을 도덕적이고 합법적인 평등으로 대치하고, 인간은 체력 또는 재능에 있어 불평등할 수 있는 만큼 계약에 의해 그리고 법으로써 모두가 평등하게 된다고 주장한다.130) "루소는 먼저 '힘'의 논리에 의해 인간들 사이의 관계가 설정되는 초기 사회의 모습을 그려 보여 준다. 강한 자가 지배자로 등장하고 그 밑에 사람들이 노예나 다름없이 예속되는 이 사회체제 안에서 인간의 자유는 말살되고 따라서 인간으로서의 자질도 소멸된다. 이에 대한 반대명제로서 루소는 성숙한 인간 사회의 기본 조건 즉 '사회계약'의 이념을 제시한다. 인간이 필연적으로 사회를 이루고 살아가야 한다면 한 사회에 참여하는 모든 사람이 동의하는 방식과 조건들에 따라 이를 수립하는 것－이것이 사회계약의 정신이다. 여기서 가장 중요한 것은 물론 '모든 사람의 동의'이며 말하자면 이것이 인간의 근원적 자유(그리고 이 자유에 내포된 권리)에 입각한 '주권'의 개념이다."131)

　사회계약은 사회를 형성하는 결합계약(문자 그대로의 사회계약)과 정부를 만드는 정부계약(통치계약)으로 구분되는데, 루소의 경우에는 사회계약에 의해 수립된 공동체가 통치자와 피치자의 구분 없이 자치적으로 통치하기 때문에 결합계약(문자 그대로의 사회계약)만이 있을 뿐 정부계약(통치계약)은 없다는 것이 특징이다.132) 이는 주

---

130) Jean-Jacques Rousseau(이환 역), 『사회계약론』(서울대학교 출판부, 1999), 30-31면.

131) Jean-Jacques Rousseau(이환 역), 『사회계약론』(서울대학교 출판부, 1999), 역자해설, 210-211면.

132) 문지영, 『국가를 계약하라 홉스&로크』(김영사, 2007/2011), 134면; 이상영/이

권의 소재에 대해 명확한 입장을 제시한다.[133] "정부의 설립은 결코 계약이 아니다."[134] "그는 자유와 평등을 지키기 위해 '사회계약론'에서 홉스의 절대주의적인 국가론과 영국을 본보기로 삼는 몽테스키외의 입헌왕정에 반대하고, 급진적인 민주주의와 국민주권을 주창했다. 즉 의회라는 것은 없어야 한다. 만약에 정말로 권력이 국민들에게 있다면, 그 국민들은 제네바의 본보기에 따라 국민투표에 의해서 그때그때 표결을 해나가야 한다. 그렇지 않다면 국가를 형성하는 것은 자연적인 인간도, 살아 있는 원래적인 인격(개인)도 아니고, 문화의 굳어져 있는 제도들, 즉 정당·신분·단체 등으로 된다. 경험에 비춰보자면 이런 제도들은 국민보다 더 커져서, 국민들의 자유를 빼앗았다. 따라서 국가는 국민 자체이어야만 한다. 우리는 국가를 시민들의 의지가 지탱해주고 있는, 자유로운 사회적인 계약 이상의 것이라고 봐서는 안 된다. 그리고 시민은 시민인 이상, 평등하고 자유롭고 선한 인간 이외의 아무것도 아니다."[135]

루소는 사회계약이 답을 주어야 할 근본 문제를 다음과 같이 제시하고 있다. "모든 공공의 힘으로부터 각 구성원의 신체와 재산을 방어하고 보호해 주는 한 연합의 형태, 그리고 이것에 의해 각 개인은 전체와 결합되어 자기 자신에게만 복종하고 이전과 마찬가지로 자유로울 수 있는 그런 연합의 형태를 발견할 것."[136]

재승, 『법사상사』(한국방송통신대학교 출판부, 2005/2008), 168면.

133) 이상영/이재승, 『법사상사』(한국방송통신대학교 출판부, 2005/2008), 168면.

134) Jean-Jacques Rousseau(이환 역), 『사회계약론』(서울대학교 출판부, 1999), 126면.

135) Johannes Hirschberger(강성위 역), 『서양 철학사-하권·근세와 현대』(이문출판사, 1983/2007), 340-341면.

136) Jean-Jacques Rousseau(이환 역), 『사회계약론』(서울대학교 출판부, 1999), 19면.

3) 일반의지

루소의 사상에서 가장 큰 논란이 일어나는 부분은 이익의 공동성에 기초한 '일반의지'에 대한 것이다. 루소는 이익의 공동성에 기초한 일반의지에 의해 통치되지 않고 잘못된 정부에 의해 통치된다면, 평등은 피상적이고 공허한 것이 된다고 주장한다. 평등은 가난한 자를 가난 속에 그리고 부자를 약탈 속에 머물게 하는 데 쓰일 뿐이고, 법은 유산자에게는 유익하고 무산자에게는 해로운 것이 된다.[137] 따라서 루소는 사회적 관계의 불평등을 이익의 공동성에 기초한 '일반의지'를 통해 해결하려고 하였다. 의사를 전체적인 것으로 만드는 것은 투표자의 수보다 오히려 그들을 결합시키는 공동이익이다. 공동이익 아래에서 각자는 자기가 타인에게 부과하는 계약 조건에 자신도 필연적으로 복종해야 하며, 이것은 이익과 정의의 훌륭한 일치로서 공동의 결의에 공정성을 부여한다.[138] "결합된 여러 사람이 스스로를 한 몸으로 생각하는 동안, 그들은 공동의 보존과 전체의 이익에 부합되는 단 하나의 의사만을 가지고 있다. 이때 국가의 모든 기구는 강력하고 단순하며, 그 원리는 분명하고 명쾌하며, 뒤얽히고 모순된 이해관계란 있을 수 없고, 공동의 이익은 어느 곳에서나 명백하게 드러나므로 그것을 인식하기 위해서는 오직 양식만이 중요하다."[139] "우리는 각자 자신의 신체와 모든 능력을 공동의 것으로 만들어 전체 의사(la volonte generale)의 최고 감독하에 둔다. 그리고 우리는 각 성원을 전체와 불가분의 부분으로서 한 몸으로 받아들인다." 그 순간, 각 계약자의 개인적 인

---

137) Jean-Jacques Rousseau(이환 역), 『사회계약론』(서울대학교 출판부, 1999), 31면.
138) Jean-Jacques Rousseau(이환 역), 『사회계약론』(서울대학교 출판부, 1999), 44면.
139) Jean-Jacques Rousseau(이환 역), 『사회계약론』(서울대학교 출판부, 1999), 135면.

격은 사라지고 이 결합행위는 대신 하나의 집합적인 법인체를 만든다. 총회의 투표수와 동일한 수의 성원으로 조직된 이 단체는 바로 그 결합행위로부터 자신의 통일성과 공동'자아', 그리고 자신의 생명과 의사를 받는다.140) "앞서 확립된 여러 원리의 최초의 그리고 가장 중요한 결론은 전체의사만이 국가의 힘을 공동 이익이라는 국가 설립의 목적에 따라 지도할 수 있다는 것이다. 왜냐하면, 개개인의 이해관계의 대립으로 사회의 설립이 필요해졌다면, 그것을 가능하게 한 것은 이 이해관계의 일치이기 때문이다. 사회적 유대를 형성하는 것은 개개의 여러 이해 가운데 존재하는 공통적인 것이다. 만약 모든 이해가 서로 일치되는 합치점이 없다면, 어떤 사회도 존재할 수 없을 것이다. 그런데 사회는 오직 이 공동 이익을 기반으로 통치되어야 한다."141)

루소는 법을 '일반 의사의 선언'으로 보고 있다. "법이란 무엇인가. 우리는 그것이 루소에 의해 '전체 의사의 선언'으로 정의된 것을 알고 있다. 그렇다면 법에 대한 복종은 전체의사에 대한 복종과 다르지 않다. '사회계약론'에서 루소가 전개시키는 논의의 가장 핵심적인 부분은 (그리고 아마도 가장 이해하기 어려운 것은) 바로 여기에 있다. 시민이 자신의 자유를 지킬 수 있는 것은 전체 의사에 전적으로 자신을 복종시킴으로써 가능하다는 것, 이것은 물론 전체 의사가 개개 시민의 의사와 일치한다는 것을 전제로 한다."142)

루소는 개별의지와 일반의지의 동일성을 주장한다. 하지만 (결론

---

140) Jean-Jacques Rousseau(이환 역), 『사회계약론』(서울대학교 출판부, 1999), 20-21면.

141) Jean-Jacques Rousseau(이환 역), 『사회계약론』(서울대학교 출판부, 1999), 35면.

142) Jean-Jacques Rousseau(이환 역), 『사회계약론』(서울대학교 출판부, 1999), 역자해설, 214면.

부터 먼저 말하자면) 개별의지와 일반의지를 동일시하는 것은 불가능하다. 과연 공동의 이익에 기초해 모든 개별 의지를 전체 의지로 모을 수가 있을까? "루소는 국가란 모든 사회구성원의 이익이 적어도 한 점에서 만날 때에만 가능하다고 서술한다. 이 모든 이익 중에서 공동적인 것이 공동적인 결합을 이룬다. 그러므로 사회는 오로지 이 공동적인 결합에 따라서만 지배되어야 한다. 이익의 공동성은 각 개인에게 공동이익과 동시에 자기 자신의 이익을 인지할 수 있게 한다. 왜냐하면, 자신의 이익은 공동이익 속에 포함되어 있기 때문이다. 그가 그렇게 하는 한에서 그는 일반의지에 상응하게 행동하게 된다. 그렇지 않고 그가 자신을 위한 특혜를 추구할 때, 더 이상 공동이익의 부분이 아닌 이익을 추구할 때 그의 의지는 일반의지에 상응하지 않고 특수의지가 되고 만다."[143] "루소 이론의 핵심은 이렇다. 이익이 공동적이어서 각 개인이 이것을 옹호하고 동시에 자기 자신의 이익을 인지하게 된다면, 그것은 이 균등한 공동성의 힘만으로도 필연적으로 내용적으로도 정당하다. [...] 다시 말해서 법적 규제의 정당성에 있어서 중요한 것은 그 대상의 균등한 공동성의 유지이지, 그 객관적 내용적 선함이 아니다."[144] "이로써 현실은 정당한 것을 스스로 만들어낼 만큼 실제로 성숙하게 되었다. 선험은 불필요하게 되었다. 왜냐하면, 현실이 스스로 끊임없는 정당성을 보장하기 때문이다. 이렇게 루소의 말은 자연법과 작별을 고하는 것처럼 들린다."[145] "이념과 실존 사이의 괴리를 없애고, 현실로 하여금 스스로 올바른 것을 산출해내도록 조직하려는

143) Hans Welzel(박은정 역), 『자연법과 실질적 정의』(삼영사, 2001/2005), 226면.
144) Hans Welzel(박은정 역), 『자연법과 실질적 정의』(삼영사, 2001/2005), 227면.
145) Hans Welzel(박은정 역), 『자연법과 실질적 정의』(삼영사, 2001/2005), 228면.

시도가 들어왔다. 이 점에서 루소는 정녕 플라톤에 반대되는 사람이다. 플라톤은 현실의 아무것도 믿지 않고, 그의 모든 희망을 위대한 사람, 즉 철인 왕의 출현에 걸었었다. 즉, 그는 철학자인 왕이 그의 피지배자들의 의지에 반해서까지도 독재적인 힘을 행사하여 이념을 실현시킬 것을 희망했다. 반면에 루소는 현실을 신뢰한다. 그는 현실이 개별이익과 일반이익, 개별의지와 일반의지를 동일화시킴으로써 정당성을 스스로 직접 산출하도록 제도적으로 조정할 수 있다고 믿는다."146)

하지만 한스 벨젤(Hans Welzel)은 루소가 이성을 과대평가했고, 욕정과 집단이익을 과소평가했다고 비판한다.147) 일반의지라는 것이 형식적인 원리에 불과할 뿐이라는 점도 지적한다. "사람들이 일반의지의 형성을 방해하는 정욕, 집단이익 등의 모든 요소들을 제거할 수 있다고 하더라도, 일반의지를 가지고 실질적으로 올바른 것을 직접 성취할 수 있다는 믿음은 기망적인 몽상으로 남을 것이다. 균등한 공동성이라는 형식적인 원리는 내용적으로 아주 상이한 많은 이익에 대해 열려있다. 그것들 중 어떤 이익이 자칭하는 선이 아니라, 객관적으로 근거 지을 수 있는 참된 선인지에 대해서는 이 형식원리는 아무 말도 해줄 수 없다."148)

다만 루소 또한 '일반의지'를 현실에 실현하는 것은 극히 제한된 조건하에서만 가능하다고 보았다. 모든 국가에 적용되는 것이 아니라 사회 구성원이 정치에 직접 참여할 수 있는 작은 국가에만 가능하다고 본 것이다.149) 반대로 루소는 자신이 의도한 바와는 정반

---

146) Hans Welzel(박은정 역), 『자연법과 실질적 정의』(삼영사, 2001/2005), 229면.
147) Hans Welzel(박은정 역), 『자연법과 실질적 정의』(삼영사, 2001/2005), 229면.
148) Hans Welzel(박은정 역), 『자연법과 실질적 정의』(삼영사, 2001/2005), 230면.

대의 오해를 받았다. 개인은 일반의지를 위해 개별의지의 관철을 포기해야 한다는 주장이 전체주의를 정당화한 것이 아니냐는 비판이다. "루소가 전체 의사를 강조하고 국가의 주도적 역할을 중시함으로써 상당한 오해를 불러일으킨 것은 부인할 수 없다. 그는 자신도 모르게 이른바 전체주의 신화에 근접해 갔던 것이다. 전체주의란 무엇인가. 그것은 전체의 이익이 모든 개별적 이익에 우선하며, 따라서 전체에 개인이 예속되는 것을 정당한 것으로 인정한다. 다시 말해, 전체주의는 전체를 위한 개인의 희생을 전제로 한다. 이에 대해 루소는 시민 사회에서 전체 이익을 결정짓는 전체 의사는 각 개인의 의사와 일치하는 것이므로 논리상 전체와 개인 사이에는 갈등의 요인이 존재하지 않는다고 주장할 것이다."150)

149) Jean-Jacques Rousseau(이환 역), 『사회계약론』(서울대학교 출판부, 1999), 역자해설, 203면, 215면.

150) Jean-Jacques Rousseau(이환 역), 『사회계약론』(서울대학교 출판부, 1999), 역자해설, 215면.

제7장 칸트의 의무론 vs. 공리주의의 결과론

1. 칸트의 의무론

칸트(Immanuel Kant, 1724-1804)는 1724년에 프로이센의 항구 도시 쾨니히스베르크(Königsberg, 오늘날 러시아의 칼리닌그라드)에 서 태어났다. 1764년(40세)에 '시학' 교수 자리가 제안되었으나, 자신의 전공분야가 아니라는 이유로 거절하고, 왕립 도서관의 부사서로 생계를 이어갔다. 1770년(46세)에 드디어 쾨니히스베르크 대학의 '형이상학과 논리학' 교수로 취임하였다. 칸트는 교수를 직업으로 한 최초의 철학자로 평가된다. 그의 저서는 그의 인생 후반기에 집중적으로 출판된다. 1781년(57세)에 그의 주저인 '순수이성비판'(Kritik der reinen Vernunft)이 출판되고, 1785년에 '윤리형이상학 정초'(Grundlegung zur Metaphysik der Sitten), 1888년에 '실천이성비판'(Kritik der praktischen Vernunft), 1790년에 '판단력비판'(Kritik der Urteilskraft), 1793년에 '순수한 이성의 한계 안에서의 종교', 1797년(73세)에 '윤리형이상학'(Die Metaphysik der Sitten)이 출판되었다. '윤리형이상학'(Die Metaphysik der Sitten)은 1797년 1월에 출판된 '법이론의 형이상학적 기초원리'와 1797년 8월에 출판된 '덕이론의 형이상학적 기초원리'가 합쳐진 것이다. 평생 독신으로 살면서 쾨니히스베르크를 떠나지 않고 학문과 더불어 살아간 칸트는 1804년에 사망하였다. '실천이성비판'의 맺음말 첫 대목이 그의 묘지명이 되었다. "그에 대하여 자주 그리고 계속해서 숙고하면 할수록, 점점 더 새롭고 점점 더 큰 경탄과 외경으로 마음을 채우는 두 가지 것이 있다. 그것은 내 위의 별이 빛나는 하늘과 내 안의 도덕 법칙이다."[1]

---

[1] Immanuel Kant(백종현 역), 『실천이성비판』(아카넷, 2002/2007), 327면; 칸트의 생애에 대해서는 Immanuel Kant(백종현 역), 『윤리형이상학 정초』(아카넷, 2005/2009),

칸트의 비판철학은 이성의 한계를 망각하고 자연법에 대한 인식을 확신했던 근대 합리주의적 자연법론이 하나의 독단에 있다고 비판한다.[2] 하지만 칸트는 정언명령의 형식을 통해 '어떻게'(Wie)를 통해 '무엇'(Was)을 발전시킬 수 있는 능력을 이성에 부여하였다.[3]

(1) 의무론

행위의 옳고 그름을 판단하는 윤리에는 의무론(deontology)과 결과론(consequentialism)이 있다. 양자는 행위의 옳고 그름을 판단하는 기준에서 결정적으로 차이가 난다. 의무론에서 행위의 옳고 그름을 판단하는 기준은 행위의 결과가 아니라, '행위 그 자체'이다. 의무론은 행위와 결과에서 '행위'에 강조점을 두며, 행위를 해야 할 의무로부터 행위의 당위성을 이끌어낸다. deon은 그리스어로

Immanuel Kant(백종현 역), 『실천이성비판』(아카넷, 2002/ 2007), Immanuel Kant (백종현 역), 『윤리형이상학』(아카넷, 2012/2007)의 역자인 백종현 교수의 해설 참조 "맨 처음의 저술 '윤리형이상학 정초'(1785)가 칸트 도덕 철학의 포괄적 서설이라면, '실천이성비판'(1788)은 그 체계의 핵심을 담고 있고, '윤리형이상학'(1797)은 이 원리로부터 실천 세칙을 연역해 놓은 이를테면 응용윤리학이다." 백종현, '실천이성비판' 역주, in: Immanuel Kant(백종현 역), 『실천이성비판』(아카넷, 2002/2007), 29면.

2) 김부찬, 『법학의 기초이론』(대웅출판사, 1994), 168-169면; "이전의 형이상학자들이 직접 경험의 영역을 초월하게 했던 최고 존재의 본성과 다른 주제들에 대한 논쟁에 종사했던 데 반해, 칸트는 인간의 이성이 그와 같은 탐구를 착수할 만한 능력을 갖고 있는지의 여부에 대한 주요한 질문을 제기했다." Samuel Enoch Stumpf/James Fieser(이광래 역), 『소크라테스에서 포스트모더니즘까지』(열린책들, 2008), 437면.

3) Hans Welzel(박은정 역), 『자연법과 실질적 정의』(삼영사, 2001/2005), 241면; "칸트에게 비판 철학은 형이상학의 부정이 아니라 오히려 형이상학을 위한 하나의 준비였다." Samuel Enoch Stumpf/James Fieser(이광래 역), 『소크라테스에서 포스트모더니즘까지』(열린책들, 2008), 437면.

'의무'를 뜻한다. 반면에 결과론에서 행위의 옳고 그름을 판단하는 기준은 행위 그 자체가 아니라, '행위의 결과'이다. 결과론은 행위와 결과에서 행위의 '결과'를 강조하며, 행위의 결과에 대한 평가로 행위를 판단한다. 결과론은 목적론(teleology)이라고도 부른다.

의무론과 결과론은 행위를 정당화하는 데 사용될 뿐만 아니라, 도덕규범과 법규범을 정당화하는 데도 사용된다. 결과론의 대표적인 예는 공리주의(utilitarianism)이고, 공리주의 사상가로는 제러미 벤담(Jeremy Bentham, 1748-1832)과 존 스튜어트 밀(John Stuart Mill, 1806-1873)이 있다. 반면에 의무론의 대표적인 예는 가톨릭 윤리와 칸트(Immanuel Kant, 1724-1804)의 정언명령을 들 수 있다.

칸트는 아무런 제한 없이 선하다고 생각될 수 있는 것은 선의지라고 보았다. 그의 책 '윤리형이상학 정초'(Grundlegung zur Metaphysik der Sitten)의 첫 문장은 다음과 같다. "이 세계에서 또는 도대체가 이 세계 밖에서까지라도 아무런 제한 없이 선하다고 생각될 수 있을 것은 오로지 선의지뿐이다."[4] 칸트에 따르면, 선의지는 그것이 생기게 하는 것이나 성취한 것으로 말미암아, 또 어떤 세워진 목적 달성에 쓸모 있음으로 말미암아 선한 것이 아니라, 오로지 그 의욕함으로 말미암아, 다시 말해 그 자체로 선한 것이다.[5] 선의지는 보석과 같이 그 자체만으로도, 그 자신 안에 온전한 가치를 가진 어떤 것으로서 빛나고, 유용성이니 무익함이니 하는 것은 이 가치에 아무것도 증감시킬 수 없다.[6] '선의지'를 강조하는 칸트에게서 우리는 '행위의 결과'를 고려함이 없이 '행위 그 자체'에서 행위의 옳고

---

4) Immanuel Kant(백종현 역), 『윤리형이상학 정초』(아카넷, 2005/2009), 77면.
5) Immanuel Kant(백종현 역), 『윤리형이상학 정초』(아카넷, 2005/2009), 79면.
6) Immanuel Kant(백종현 역), 『윤리형이상학 정초』(아카넷, 2005/2009), 80-81면.

그름을 판단하는 '의무론'의 대표적인 예를 발견할 수 있다. 칸트는 행위의 가치를 평가하는 데 언제나 상위에 놓여 있어 여타 모든 가치의 조건을 이루는 '선의지' 개념을 발전시키기 위해서, '의무' 개념을 취하고 있다. 이 의무 개념은 선의지의 개념을 함유하고 있다.[7] 따라서 아무런 경향성 없이, 오로지 의무에서 그 행위를 할 때, 그때 그 행위는 비로소 진정한 도덕적 가치를 갖게 된다.[8] 칸트는 그의 이웃을 사랑하고, 우리의 원수조차도 사랑하라고 지시 명령하는 성서의 구절들도 의심할 여지 없이 이렇게 이해되어야 한다고 본다.[9] "의무는 법칙에 대한 존경으로부터 말미암은 행위의 필연성이다(의무는 법칙에 대한 존경에서 비롯된 필연적 행위이다). 내가 뜻하는 행위의 결과로서의 객관에 대해 나는 물론 경향성을 가질 수는 있지만, 결코 존경을 가질 수는 없다."[10]

칸트는 사람들이 경험적인 원천으로부터 나온 무엇인가를 도덕원칙으로 만들도록 미혹한다면 사람들은 가장 조야하고 해독이 큰 착오의 위험에 빠지는 것이라고 하면서, 윤리론은 경험에 기초한 행복론이 될 수 없다고 주장한다.[11] 그러나 행복의 원리와 윤리를

7) Immanuel Kant(백종현 역), 『윤리형이상학 정초』(아카넷, 2005/2009), 84면.

8) Immanuel Kant(백종현 역), 『윤리형이상학 정초』(아카넷, 2005/2009), 87면, 89
   면; "무릇 의무로부터 말미암아 진실한 것은 불리한 결과들에 대한 걱정 때문
   에 진실한 것과는 전혀 다른 것이다. 전자의 경우에는 행위 개념 그 자체가
   이미 나에 대한 법칙을 함유하고 있고, 후자의 경우에는 나는 나에 대한 어
   떤 결과들이 그 행위와 결합될 수 있겠는가 하고 밖을 먼저 돌아보지 않으
   면 안 되기 때문이다." Immanuel Kant(백종현 역), 『윤리형이상학 정초』(아
   카넷, 2005/2009), 95면.

9) Immanuel Kant(백종현 역), 『윤리형이상학 정초』(아카넷, 2005/2009), 89면.

10) Immanuel Kant(백종현 역), 『윤리형이상학 정초』(아카넷, 2005/2009), 91면.

11) Immanuel Kant(백종현 역), 『윤리형이상학』(아카넷, 2012/2007), 128면; "최대
    의 행복이 (피조물에 있어서 가능한) 최대한의 윤리적 완전성과 가장 정확한
    비례로 결합되어 있다고 표상되는 전체 개념으로서의 최고선의 개념 안에는

구별한다고 해서, 양자를 대립적으로 보는 것은 아니다. 순수 실천 이성은 행복에 대한 요구를 포기하는 것이 아니라, 단지 의무가 문제가 될 때에는 그런 것을 전혀 고려하지 않는다는 것이다.[12]

(2) 정언명령

칸트는 이성의 참다운 사명은, 가령 다른 의도에서 수단으로서가 아니라, 그 자체로서 선한 의지를 낳는 것이어야 하며, 이를 위해 단적으로 이성이 필요하다고 본다.[13] 이때 이성은 나의 준칙이 보편적 법칙이 되도록 나에게 보편적 법칙 수립을 존경하도록 강요한다.[14] 칸트에 따르면, 평범한 인간도 누구나 준칙을 보편적 법칙으로 이끄는 '실천이성'이라는 나침판을 손에 들고 있다.[15] "나의 의욕이 윤리적으로 선하기 위해 내가 행해야만 할 것에 대해서 나는 전혀 아무런 자상한 통찰력도 필요하지 않다. 세상 돌아가는 형편에 대해 경험이 없고, 세상에서 일어나는 사건들에 대처할 능력이 없어도, 나는 단지 자문하면 된다. '너 또한 너의 준칙이 보편

나 자신의 행복이 함께 포함되어 있다 할지라도, 최고선의 촉진을 지시하게 하는 의지의 규정 근거는 행복이 아니라 도덕 법칙이다. [...] 이제 이로부터 나오는 결론은, 사람들은 결코 도덕을 행복론으로, 다시 말해 행복을 나눠 갖는 지침으로 취급해서는 안 된다는 것이다." Immanuel Kant(백종현 역), 『실천이성비판』(아카넷, 2002/2007), 271면; "한낱 경험적인 법이론은 (파에드로스의 우화에서의 나무로 만든 머리처럼) 아름다울 수도 있는 머리이나, 다만 유감스럽게도, 그 머리는 두뇌를 가지고 있지를 않다." Immanuel Kant(백종현 역), 『윤리형이상학』(아카넷, 2012/2007), 150면.

12) Immanuel Kant(백종현 역), 『실천이성비판』(아카넷, 2002/2007), 205면.
13) Immanuel Kant(백종현 역), 『윤리형이상학 정초』(아카넷, 2005/2009), 83면.
14) Immanuel Kant(백종현 역), 『윤리형이상학 정초』(아카넷, 2005/2009), 97면.
15) Immanuel Kant(백종현 역), 『윤리형이상학 정초』(아카넷, 2005/2009), 98면.

적 법칙이 되기를 의욕할 수 있는가?' 하고. 만약 그렇게 할 수 없다면, 그 준칙은 버려야 할 것이다. 그것도, 그로부터 너나 다른 사람에게 생길 손해 때문이 아니라, 그것이 가능한 보편적인 법칙 수립에서 원리로서 적합할 수 없기 때문이다. 그러나 이성은 나에게 이런 보편적 법칙 수립을 존경하도록 강요한다."[16]

"나는 나의 준칙이 보편적인 법칙이 되어야만 할 것을 내가 의욕할 수 있도록 오로지 그렇게만 처신해야 한다."[17] '준칙'이란 행위자가 스스로 주관적인 근거에서 원리로 만든 행위자의 규칙으로, 행위자의 준칙들은 매우 다를 수가 있다. 하지만 윤리론의 최상 원칙은 '동시에 보편적 법칙으로서 타당할 수 있는 하나의 준칙에 따라 행위하라'이며, 이를 위한 자격을 얻지 못하는 준칙은 모두 도덕에 어긋난다.[18] 윤리론의 최상 원칙은 '정언명령'으로서, 행위가 자체로서 선한 것으로 표상되면, 그러니까 자체로서 이성에 알맞은 의지에서 필연적인 것으로, 즉 의지의 원리로 표상되면, 그 명령은 정언적인 것이 된다. 의지란 어떤 법칙의 표상에 맞게 행위하게끔 자기 자신을 규정하는 능력이며, 그러한 능력은 오직 이성적 존재자들에게서만 만날 수 있다.[19] 반면에 행위가 한낱 무언가

---

16) Immanuel Kant(백종현 역), 『윤리형이상학 정초』(아카넷, 2005/2009), 96-97면.

17) Immanuel Kant(백종현 역), 『윤리형이상학 정초』(아카넷, 2005/2009), 94면; "그 준칙이 보편적 법칙이 될 것을, 그 준칙을 통해 네가 동시에 의욕할 수 있는, 오직 그런 준칙에 따라서만 행위하라." Immanuel Kant(백종현 역), 『윤리형이상학 정초』(아카넷, 2005/2009), 132면; "그 자신을 동시에 보편적 자연법칙들로서 대상으로 가질 수 있는 준칙들에 따라 행위하라." Immanuel Kant(백종현 역), 『윤리형이상학 정초』(아카넷, 2005/2009), 163면; "너의 의지의 준칙이 항상 동시에 보편적 법칙 수립의 원리로서 타당할 수 있도록, 그렇게 행동하라." Immanuel Kant(백종현 역), 『실천이성비판』(아카넷, 2002/2007), 86면.

18) Immanuel Kant(백종현 역), 『윤리형이상학』(아카넷, 2012/2007), 142-143면.

19) Immanuel Kant(백종현 역), 『윤리형이상학 정초』(아카넷, 2005/2009), 144면; 칸

다른 것을 위해, 즉 수단으로서 선하다면, 그 명령은 가언적인 것이 된다.[20] 칸트는 정언명령에 해당하지 않는 예를 하나 드는데, '자기사랑의 원리'이다. 자기사랑의 요구를 보편적 법칙으로 변환시킬 수 있는가를 나에게 묻는다면, 나는 이내, 나의 준칙이 결코 보편적 법칙으로 타당할 수 없고, 자기 자신과 합치할 수 없으며, 오히려 필연적으로 자기모순일 수밖에 없다는 것을 안다.[21] 칸트에 따르면, 우리가 의무를 위반할 때마다의 우리 자신에 주목해 보면, 우리는 우리가 실제로는 우리의 준칙이 보편적 법칙이 될 것을 의욕하지 않음을 발견한다.[22] 인간성의 특수한 자연소질로부터, 어떤 감정이나 성벽으로부터, 심지어는 가능한 경우, 인간 이성에 고유하기는 하지만, 반드시 모든 이성적 존재자의 의지에 타당하지는 못한 특수한 성향으로부터 도출된 것은 우리에게 준칙을 제공할수 있어도, 법칙은 제공할 수 없다.[23]

헤겔은 칸트의 정언명령은 우리가 이미 무엇을 해야 할 것인지에 관한 일정한 원리를 지니고 있을 때라면 매우 훌륭한 명제라고 본다.[24] 하지만 헤겔은 칸트가 인륜의 개념으로 이행하지 않는, 한

트는 법을 '그 아래서 어떤 이의 의사가 자유의 보편적인 법칙에 따라 다른 이의 의사와 합일될 수 있는 조건들의 총체'로 보고, 행위가 또는 그 행위의 준칙에 따라 각자의 의사의 자유가 보편적 법칙에 따라 어느 누구의 자유와도 공존할 수 있는 각 행위는 정당하다고 본다. 그러므로 칸트에 따르면, 나의 행위가, 또는 일반직으로 나의 상태가 보편적인 법칙에 따라 어느 누구의 자유와도 공존할수 있을 때, 내가 그렇게 하는 것을 방해하는 자는 나에게 불법/부당함을 행하는 것이다. Immanuel Kant(백종현 역), 『윤리형이상학』(아카넷, 2012/2007), 151면.

20) Immanuel Kant(백종현 역), 『윤리형이상학 정초』(아카넷, 2005/2009), 119면.

21) Immanuel Kant(백종현 역), 『윤리형이상학 정초』(아카넷, 2005/2009), 134-135면.

22) Immanuel Kant(백종현 역), 『윤리형이상학 정초』(아카넷, 2005/2009), 138면.

23) Immanuel Kant(백종현 역), 『윤리형이상학 정초』(아카넷, 2005/2009), 140면.

24) G.W.F. Hegel(임석진 역), 『법철학』(한길사, 2008/2012), 264면.

낱 도덕적인 입장을 고수함으로써 하나의 공허한 형식주의로, 도덕학을 의무를 위한 의무에 관한 설교 차원으로 전락시키고 말았다고 비판한다.25)

벨젤(Hans Welzel)은 자기 자신을 위해서도 일체 소유질서를 부정하는 무정부주의자는 그의 격률을 보편법칙으로 고양시킴으로써 자기모순에 빠지지 않을 것이며, 혼인제도를 시대에 뒤진 것으로 여긴 간통범도 그의 준칙을 보편화함으로써 스스로에게 모순되는 것이 아니라고 지적하면서, 칸트의 정언명령을 문제로 삼는다.26)

(3) 목적으로서의 인간 - 인간존엄

칸트는 이제 인간은, 그리고 일반적으로 모든 이성적 존재자는, 목적 그 자체로 실존하며, 한낱 이런저런 의지의 임의적 사용을 위한 수단으로서 실존하는 것이 아님을 설파한다.27) 인간은, 그리고 일반적으로 모든 이성적 존재자는 그의 모든, 자기 자신을 향한 행위에 있어서 그리고 다른 이성적 존재자를 향한 행위에 있어서 항상 동시에 목적으로서 보아야 한다.28) 칸트에 따르면, 이성이 없는

---

25) G.W.F. Hegel(임석진 역), 『법철학』(한길사, 2008/2012), 262면; 칸트는 '윤리형이상학 정초'에는 도덕 원리에 앞서 선의 개념이 정초되어 있지 않다는 서평자(H. A. Pistorius)의 비판에 대해, 선악의 개념은 도덕 법칙에 앞서서가 아니라, 오히려 도덕법칙에 따라서 그리고 도덕 법칙에 의해서 규정될 수밖에 없다고 '실천이성비판' 제2장에서 설명하고 있다. Immanuel Kant(백종현 역), 『실천이성비판』(아카넷, 2002/2007), 46-47면, 149면.

26) Hans Welzel(박은정 역), 『자연법과 실질적 정의』(삼영사, 2001/2005), 242면.

27) Immanuel Kant(백종현 역), 『윤리형이상학 정초』(아카넷, 2005/2009), 144면, 146면.

28) Immanuel Kant(백종현 역), 『윤리형이상학 정초』(아카넷, 2005/2009), 145-146면; "이성적 존재자들은 모두, 그들 각자가 자기 자신과 다른 모든 이들을 결코 한

존재자는 단지 수단으로서, 상대적 가치만을 가지며, 그래서 물건이라고 칭해지나, 이성적 존재자는 인격이라고 불린다.29) "네가 너 자신의 인격에서나 다른 모든 사람의 인격에서 인간(성)을 항상 동시에 목적으로 대하고, 결코 한낱 수단으로 대하지 않도록, 그렇게 행위하라."30) 칸트는 몇 가지 예를 드는데, 자살하려는 사람은 자신의 인격을, 생이 끝날 때까지 견딜 만한 상태로 보존하기 위한, 한낱 수단으로 이용하는 것으로 보았다.31) 또한, 칸트는 다른 사람에게 거짓 약속을 하려고 뜻한 사람은 곧바로, 그가 다른 사람을, 이 사람도 동시에 자기 안에 목적을 포함하고 있음을 무시하고, 한낱 수단으로 이용하려 하고 있음을 알아차릴 것으로 보았다.32)

칸트에 따르면, 목적들의 나라에서 모든 것은 가격을 갖거나 존엄성을 갖는다. 가격을 갖는 것은 같은 가격을 갖는 다른 것으로도 대치될 수 있으나, 모든 가격을 뛰어넘는, 같은 가격을 갖기를 허용하지 않는 것은 존엄성을 갖는다.33) 어떤 것이 목적 그 자체일 수 있는 그런 조건을 이루는 것은 한낱 상대적 가치, 다시 말해 가격을 갖는 것이 아니라 내적 가치, 다시 말해 존엄성을 갖는다.34) 칸트는 인간과 모든 이성적 자연존재자의 존엄성의 근거를 '자율'로 본다. "모든 가치를 규정하는 법칙수립 자신은 바로 그 때문에

날 수단으로서가 아니라, 항상 동시에 목적 그 자체로서 대해야만 한다는 법칙 아래에 종속해 있다." Immanuel Kant(백종현 역), 『윤리형이상학 정초』(아카넷, 2005/2009), 156면.

29) Immanuel Kant(백종현 역), 『윤리형이상학 정초』(아카넷, 2005/2009), 146면.
30) Immanuel Kant(백종현 역), 『윤리형이상학 정초』(아카넷, 2005/2009), 148면.
31) Immanuel Kant(백종현 역), 『윤리형이상학 정초』(아카넷, 2005/2009), 148면.
32) Immanuel Kant(백종현 역), 『윤리형이상학 정초』(아카넷, 2005/2009), 149면.
33) Immanuel Kant(백종현 역), 『윤리형이상학 정초』(아카넷, 2005/2009), 158면.
34) Immanuel Kant(백종현 역), 『윤리형이상학 정초』(아카넷, 2005/2009), 159면.

존엄성을, 다시 말해 무조건적인, (무엇과도) 비교될 수 없는 가치
를 가져야만 하고, 존경이라는 어휘만이 이에 대해 이성적 존재자
가 행해야 할 평가에 유일하게 알맞은 표현을 제공한다. 그러므로
자율은 인간과 모든 이성적 존재자의 존엄성의 근거이다."[35]

---

35) Immanuel Kant(백종현 역), 『윤리형이상학 정초』(아카넷, 2005/2009), 161면.

2. 공리주의의 결과론

(1) 벤담의 양적 공리주의

1) 공리성의 원리

제러미 벤담(Jeremy Bentham, 1748-1832)의 공리주의는 '자연법과 자연권'에 대한 그의 반감에서 나왔다. 벤담은 옥스퍼드 퀸스 칼리지에서 윌리엄 블랙스톤(William Blackstone)의 강의를 수강했는데, 여기서 자연법과 자연권을 통해 법이론을 정립하는 블랙스톤의 오류를 발견한다. 벤담은 자연법이나 자연권 등에 대한 논의를 경멸하는데, 이런 개념들은 쾌락과 고통이라는 관찰 가능한 실재들과 아무런 관련이 없기 때문이다.[36] 벤담은 블랙스톤의 강의에서 느낀 바를 자신의 고유한 법이론을 정립하는 계기로 삼게 된다.[37] 벤담은 1755년에 블랙스톤의 '영국법 주해'를 비평하면서, 자연법 개념을 거부하고,[38] '자연권'에 대한 논의는 무의미한 것이고, 수사학적 난센스에 지나지 않는다고 주장하였다.[39] "자연권이란 그저 난센스

---

36) Robert L. Arrington(김성호 역), 『서양 윤리학사』(서광사, 1998), 493면.

37) Samuel Enoch Stumpf/James Fieser(이광래 역), 『소크라테스에서 포스트모더니즘까지』(열린책들, 2008), 507면.

38) Lynn Hunt(전진성 역), 『인권의 발명』(돌베개, 2009), 142면,

39) 벤담은 '도덕과 입법의 원리 서설' 마지막 부분 각주 27에서 다음과 같이 적고 있다. "그로티우스, 푸펜도르프, 부르라마키의 저작들은 어떤 특성에 관한 것인가? [...] 분명코 모든 책이 거의 불가피하게 지니기 쉬운 이런 결점은, 그 주제로서 단정된 자연법을 취하고 있다는 데 있다. 자연법은 그것을 좇아가는 사람들의 상상 속에서 때로는 태도를, 때로는 법을, 또 때로는 실제로 존재하는 법을, 때로는 당위로서의 법을 가리키기도 하는 몽롱한 환상이다. 몽테스키외는 아주 비관적인 계획 위에서 출발하고 있다. 그러나 결론에 이르기 전에, 마치 당초의 계획을 깡그리 잊어버린 듯이, 그런 비판적 입장을 팽개쳐버리고

일 뿐이다. 자연적이고 소멸될 수 없는 권리란 수사학적 난센스, 호언장담 식의 난센스인 것이다."[40]

벤담은 '최대 다수의 최대 행복'(the greatest happiness of the greatest number)이라는 구호로 알려져 있는 '공리주의'를 그의 주저 '도덕과 입법의 원리 서설'에서 체계화하였다.[41] 공리주의는 벤담이 처음 주장한 것은 아니지만, 벤담에 의해 체계화되었기에 그는 공리주의의 창시자로 알려져 있다.[42] 벤담과 밀은 '공리성의 원리'를 자기 시대의

골동품 애호가와 같은 관점에 안주하고 있다. 마르케스 베카리아(Marquis Beccaria)의 저술은 일관되게 비관적 관점에서 설명하려는 최초의 책인데, 시종일관 형사법을 동원하여 결론을 맺고 있다." Jeremy Bentham(고정식 역), 『도덕과 입법의 원리 서설』(나남, 2011), 467면.

40) Lynn Hunt(전진성 역), 『인권의 발명』(돌베개, 2009), 142-143면; "자연권도 거창한 난센스에 지나지 않고, 용어 그 자체로 모순적이다. 권리는 실정법으로부터만 나오는 것이고 이익획득의 기대에 불과할 뿐이다." 오세혁, 『법철학사』(세창출판사, 2012), 191면.

41) '최대 다수의 최대 행복'이라는 구호도 벤담이 창안해 낸 개념이 아니고, 베카리아(Cesare Beccaria)의 '범죄와 형벌'에서 가져온 개념이다. Robert L. Arrington(김성호 역), 『서양 윤리학사』(서광사, 1998), 491면; "무엇보다 벤담의 공리주의 사상은 베카리아의 영향을 직접적으로 반영한다. 그의 유명한 '최대 다수의 최대 행복'이란 용어도 본서에서 따온 것이다. 벤담은 베카리아를 '나의 스승, 이성의 첫 번째 사도, 공리성의 원칙에 너무도 유용한 길을 제시하여 우리가 할 일을 없애버린 분'으로 썼다." Cesare Beccaria(한인섭 역), 『범죄와 형벌』(박영사, 2006), 역자 서문, 9면; "최대 다수에 의해 공유된 최대의 행복－법은 바로 이 목적에 비추어 평가되어야 한다." Cesare Beccaria(한인섭 역), 『범죄와 형벌』(박영사, 2006), 8면. "쾌락과 고통은 감각을 부여받은 존재에 있어 행동의 유일한 동인이다. 심지어 가장 숭고한 종교적 행위를 고취하는 동인으로 신은 보상과 형벌을 예정하고 있다." Cesare Beccaria(한인섭 역), 『범죄와 형벌』(박영사, 2006), 30면. "법률에서 오류와 부정의가 생겨나는 한 원인은 공리성에 관한 잘못된 관념이다." Cesare Beccaria(한인섭 역), 『범죄와 형벌』(박영사, 2006), 170면.

42) 예컨대, 존 로크(John Locke)도 공리주의를 주장했다. "우리에게 쾌락을 제공해 주는 경향이 이른바 선이며 우리에게 고통을 주는 경향을 우리는 악이라고 부른다." Samuel Enoch Stumpf/James Fieser(이광래 역), 『소크라테스에서 포스트모더니즘까지』(열린책들, 2008), 506면.

많은 문제와 연결시키는 데 다른 사람들보다 성공적이었기 때문에 유명한 공리주의자로 부각될 수 있었다.[43] 공리주의가 그 당시 사람들을 매혹시킬 수 있었던 이유는 대부분의 인간이 이미 믿었던 바를 확인하는 방식을 가졌다는 점인데, 그것은 모든 사람이 쾌락과 행복을 욕망한다는 사실이다.[44] "숨을 쉬는 인간이라면, 아무리 어리석고 뒤틀어져 있더라도, 자기 삶의 많은 부분의 경우에, 어쩌면 대부분의 경우에 그러한 공리성의 원리에 의존하지 않는 경우는 지금도 없지만 과거에도 없었다."[45]

벤담은 '도덕과 입법의 원리'를 설명하기 위해 형이상학(자연법)에 의존하는 것을 부정하고, 쾌락, 고통, 동기, 성향, 열정, 악덕 등의 용어가 의미하는 관념을 분석한다.[46] 도덕이든 법이든 간에 모든 판단기준이나 준거의 틀은 가능한 한 구체적, 실제적으로 검증할 수 있도록 마련되어야 한다는 그의 주장에서 우리는 벤담이 영국 경험론의 전통과 긴밀히 연결되어 있음을 알 수 있다.[47] '도덕과 입법의 원리 서설' 첫 부분부터 벤담은 자신의 주장을 강력하게 펼친다. "자연은 인류를 고통(pain)과 쾌락(pleasure)이라는 두 주인에게서 지배받도록 만들었다. 우리가 무엇을 할까 결정하는 일은 물론이요 무엇을 행해야 할까 짚어내는 일은 오로지 이 두 주인을 위한 것이다. 한편으로는 옳음(right)과 그름(wrong)의 기준이, 또

---

43) Samuel Enoch Stumpf/James Fieser(이광래 역), 『소크라테스에서 포스트모더니즘까지』(열린책들, 2008), 506면.

44) Samuel Enoch Stumpf/James Fieser(이광래 역), 『소크라테스에서 포스트모더니즘까지』(열린책들, 2008), 505면.

45) Jeremy Bentham(고정식 역), 『도덕과 입법의 원리 서설』(나남, 2011), 31면.

46) Jeremy Bentham(고정식 역), 『도덕과 입법의 원리 서설』(나남, 2011), 12면.

47) Jeremy Bentham(고정식 역), 『도덕과 입법의 원리 서설』(나남, 2011), 옮긴이 머리말, 6면.

한편으로는 원인과 결과의 사슬이 두 주인의 왕좌에 고정되어 있다. 이들은 우리가 행하는 모든 행위에서, 우리가 말하는 모든 말에서, 그리고 우리가 생각하는 모든 사고에서 우리를 지배한다. 우리가 복종하는 일을 팽개쳐버리려고 갖은 노력을 기울일지라도 끝내는 오히려 그런 복종심을 드러내고 확인하게 될 뿐이다. 말로는 그 주인들의 제국을 팽개쳐버리는 척할 수 있다. 그러나 실제로는 끝끝내 거기에 붙잡혀 남아있게 될 것이다. 공리성의 원리는 그런 복종관계를 인식시켜 주고, 또한 이성과 법률의 손길로 행복의 틀을 짜는 목적을 지닌 체계의 기초로서 이런 복종관계를 가정하고 있다. 공리성의 원리에 의문을 제기하고자 하는 체계가 있다면 그것은 감각 대신에 소리를, 이성 대신에 변덕스러움을, 빛 대신에 어둠을 중시하는 것이다. 그런데 은유나 장광설은 이로써 충분하다. 도덕학(moral science)은 결코 그런 방법에 의하여 발전할 수 없다."[48]

벤담은 '공리성의 원리'가 자신의 주저인 '도덕과 입법의 원리 서설'의 토대라고 주장하면서("공리성의 원리는 그 자체 이외의 다른 어떤 규제자가 필요하지 않으며 그런 규제자를 인정하지도 않는다")[49], '공리성의 원리'를 다음과 같이 정의한다. "공리성의 원리란, 자기 이익이 걸려있는 당사자의 행복을 증가시키거나 감소시켜야 하는 것으로 보이는 경향에 따라서, 또는 달리 말하면 그러한 행복을 증진시키거나 반대하는 것에 따라서, 각각의 모든 행위를 승인(approve)하거나 부인(disapprove)하는 원리를 뜻한다. 나는 각각의 모든 행위에 대하여 말하고 있다. 그리고 바로 그런 까닭에, 내가 말하는 바는 개인의 사적인 모든 행위뿐만 아니라 정부의 모든

---

48) Jeremy Bentham(고정식 역), 『도덕과 입법의 원리 서설』(나남, 2011), 27-28면.
49) Jeremy Bentham(고정식 역), 『도덕과 입법의 원리 서설』(나남, 2011), 60면.

정책에 대한 것이기도 하다."50) '공리성의 원리'에 기초해서 벤담은 하나의 행위는, 그 행위가 공동체의 행복을 증진시키는 경향이 감소시키는 경향보다 더 클 때 공리성의 원리에 부합하며, 정부의 정책은 공동체의 행복을 증진시키는 경향이 감소시키는 경향보다 크면 그만큼 공리성의 원리에 부합한다고 주장한다.51)

벤담은 행위의 결과, 즉 행위가 행복을 증진시키는지 감소시키는지에 따라 그 승인 여부를 결정하는 데 반해, 행위의 결과와 상관없이 행위의 관념에 결부시켜 승인 여부를 결정하는 이론을 다음과 같이 비판한다. "만일 그에게, 어떤 행위에 대하여 그 결과에 상관없이 그것의 관념에 결부시켜 그 자신이 승인하느냐 부인하느냐의 여부야말로 그가 판단하고 행위할 때 의존할 충분한 기초가 된다고 생각하는 경향이 있다고 가정해보자. 그러면 그의 감정이란 것이 다른 모든 사람에게도 옳고 그름의 기준이 될 수 있는지, 아니면 모든 사람 각자의 감정이 그 자체로서 기준에 대하여 동일한 특권을 지니는 것인지 그로 하여금 자문해 보게 하라. 첫째의 경우에 대하여는, 그의 원칙이 횡포에 가까운 것은 아닌지, 그리하여 다른 모든 인간에 대하여 적대적 성격을 지닌 것이 아닌지 자문해보게 하라. 둘째의 경우에 대해서는 다음과 같이 자문해보게 하라. 그것이 무정부적 상태는 아닌가, 그리하여 결국 사람 수만큼 똑같

---

50) Jeremy Bentham(고정식 역), 『도덕과 입법의 원리 서설』(나남, 2011), 28-29면;
"공리성이란 이익 당사자에게 이익, 이득, 쾌락, 선, 행복(현재의 사례에서 이 모든 것은 동일하다)을 낳거나 손해, 해악, 고통, 악, 불행(이 역시 동일하다)이 발생하는 일을 막는 경향을 지닌, 어떤 대상에 들어있는 성질을 뜻한다. 여기에서 말하는 행복은, 만일 그 당사자가 일반 공동체라면 그 공동체의 행복이 될 것이고 그 당사자가 특정 개인이라면 그 개인의 행복이 될 것이다." Jeremy Bentham(고정식 역), 『도덕과 입법의 원리 서설』(나남, 2011), 29면.
51) Jeremy Bentham(고정식 역), 『도덕과 입법의 원리 서설』(나남, 2011), 30면.

은 사람에게도 오늘 옳은 것이 내일 그른 것으로 될 수도(설령 천성에 아무런 변화가 없다 해도) 있지 않은가? 그리고 똑같은 것이 똑같은 시간, 똑같은 장소에서도 옳거나 그른 것으로 되어버리지 않는가? 그리고 이 둘 중 그 어느 경우에도 모든 논증은 끝나버리는 것이 아닌가? 그리고 두 사람이 '나는 이게 좋아', '나는 그게 좋지 않아'라고 말할 때 그들이 (그런 원리에 따른다면) 더 이상 무슨 말을 할 수 있겠는가?"[52]

벤담은 '금욕주의의 원리'와 '공감과 반감의 원리'를 '공리성의 원리'와 다른 원리라고 소개한다. "어떤 원리는 두 가지 점에서 공리성의 원리와는 다르다. ① 공리성의 원리는 항상 반대될 수 있다는 점에서이다. 이것은 금욕주의의 원리라고 말할 수 있는 원리와 관련된 사례이다. ② 공리성의 원리에 때때로 반대될 수도 있고 때때로 반대되지 않을 수도 있다는 점에서이다. 이것은 공감과 반감의 원리라고 말할 수 있는 또 다른 원리와 관련된 사례이다."[53]

금욕주의(asceticism) 원리는 공리성의 원리와 마찬가지로, 문제되는 당사자의 행복을 증진시키거나 감소시키는 것으로 간주되는 경향에 따라 어떤 행위를 인정하거나 부인하는 것이지만, 방식에 있어서는 오히려 반대되는 성격을 지니고 있다. 즉 금욕주의의 원리에서는 행위가 행복을 감소시키는 경향이 있는 한 그 행위를 인정하는 것이고, 행복을 증진시키는 경향이 있는 한 그 행위를 부인하는 것이다.[54] 금욕주의 원리는 도덕주의자 집단과 종교주의자 집단이라는, 매우 상이한 양상을 띤 두 부류의 인간들에 의해 채택되는

---

52) Jeremy Bentham(고정식 역), 『도덕과 입법의 원리 서설』(나남, 2011), 34면.
53) Jeremy Bentham(고정식 역), 『도덕과 입법의 원리 서설』(나남, 2011), 37-38면.
54) Jeremy Bentham(고정식 역), 『도덕과 입법의 원리 서설』(나남, 2011), 38면.

데,[55] 이들은 공리성 원리의 지지파를 '에피쿠로스주의자'라는 가증스러운 이름의 낙인을 찍어 공통의 적으로 만들었다.[56] 벤담은 이들에 대한 반감을 다음과 같은 말로 드러낸다. "그 어떤 생물체도 과거에 금욕주의 원리를 일관되게 추구해 본 일이 없으며 지금도 그런 일은 결코 일어날 수 없다. 이 지구 상에 사는 존재들의 10분의 1 정도만 금욕주의 원리를 추구하게 해보라. 그러면 지구가 하루 만에 지옥으로 바뀌게 될 것이다."[57]

공감(sympathy)과 반감(antipathy)의 원리는 어떤 한 인간이 어떤 행위를 승인하거나 부인할 경우, 그 행위가 이익 당사자의 행복을 증진시키는 경향이 있다는 것 때문이 아니고, 그렇다고 해서 그의 행복을 감소시키는 경향이 있기 때문도 아니고, 오히려 단지 그런 행위를 승인하거나 부인하도록 이끌린다는 이유로 그 행위를 승인 또는 부인하는 그러한 원리를 말한다. 다시 말하면, 더 이상의 다른 어떤 외적 기초를 찾을 필요성을 느끼지 않고 그러한 승인 또는 부인을 그 자체에 대한 충분한 근거로서 제시하는 원리인 것이다.[58] 하지만 이 원리는 엄격성(severity)의 측면에서 오류를 범하기가 가장 쉬운데, 예컨대 이 원리는 처벌할 마땅한 이유가 없는 많은 사례에서는 처벌하는 데 동원하고, 처벌할 이유가 더러 있는 많은 사례에서는 필요 이상으로 동원된다.[59]

결론적으로, 벤담은 한 공동체의 구성원인 개인들의 행복, 즉 그

55) Jeremy Bentham(고정식 역), 『도덕과 입법의 원리 서설』(나남, 2011), 39면.
56) Jeremy Bentham(고정식 역), 『도덕과 입법의 원리 서설』(나남, 2011), 41면.
57) Jeremy Bentham(고정식 역), 『도덕과 입법의 원리 서설』(나남, 2011), 44면.
58) Jeremy Bentham(고정식 역), 『도덕과 입법의 원리 서설』(나남, 2011), 44면.
59) Jeremy Bentham(고정식 역), 『도덕과 입법의 원리 서설』(나남, 2011), 55면.

들의 쾌락과 안전이야말로 입법자가 고려해야 할 목적, 그것도 유일한 목적이라고 주장한다.[60] "쾌락과 그리고 고통의 회피는 입법자가 살펴보아야 할 목적이다. 그러므로 이런 것들의 가치를 이해하는 것이 입법자의 의무이다. 쾌락과 고통은 입법자가 지니고 작업해야 하는 도구들인 것이다. 그러므로 쾌락과 고통의 힘－결국 달리 말하면 쾌락과 고통의 가치－을 이해하는 일이 입법자의 의무이다."[61]

2) 쾌락과 고통의 계산

벤담에 따르면, 쾌락이나 고통의 가치는 다음 네 가지 여건에 따라 더 커지거나 더 작아진다. ① 쾌락이나 고통의 강도(intensity), ② 그것의 지속성(duration), ③ 그것의 확실성(certainty) 또는 불확실성(uncertainty), ④ 그것의 근접성(propinquity) 또는 소원성(remoteness)이다.[62] 여기에 벤담은 쾌락이나 고통 그 자체뿐만 아니라 그것이 이끌어 낼 수 있는 결과들도 함께 고려한다. ⑤ 그것의 생산성(fecundity), 또는 동일한 종류의 감각이 뒤따를 가능성, 즉 그것이 쾌락이라면 쾌락이, 고통이라면 고통이 뒤따를 가능성, ⑥ 그것의 순수성(purity), 또는 반대되는 종류의 감각이 뒤따르지 않을 가능성, 즉 그것이 쾌락이라면 고통이, 고통이라면 쾌락이 뒤따르지 않을 가능성이다.[63] 여기에서 벤담은 한 가지 요건을 더 붙인다. ⑦ 그것의

---

60) Jeremy Bentham(고정식 역), 『도덕과 입법의 원리 서설』(나남, 2011), 61면.

61) Jeremy Bentham(고정식 역), 『도덕과 입법의 원리 서설』(나남, 2011), 67면; 벤담은 고대 법학자들의 무신경함 때문에 동물의 이익이 무시되어 왔고, 물건(things)의 부류로 전락했다고 언급하면서, 문제는 '이성을 발휘할 수 있는가?'도 아니고 '말을 할 수 있는가?'도 아니고, '고통을 느낄 수 있는가?'라고 주장한다. Jeremy Bentham(고정식 역), 『도덕과 입법의 원리 서설』(나남, 2011), 443면.

62) Jeremy Bentham(고정식 역), 『도덕과 입법의 원리 서설』(나남, 2011), 67면.

범위 즉 그것이 적용될, 또는 (달리 말하면) 그것에 영향받을, 개인들의 수이다.[64]

따라서 어떤 쾌락이나 고통의 가치가 그 각자와 관련하여 고려되는 다수의 개인에게, 그 가치는 다음 일곱 가지 여건에 따라, 더 커지거나 더 작아질 것이다. 다시 말하면 다음 여섯 가지 여건인 ① 쾌락이나 고통의 강도, ② 그것의 지속성, ③ 그것의 확실성 또는 불확실성, ④ 그것의 근접성 또는 소원성, ⑤ 그것의 생산성, ⑥ 그것의 순수성과 또 한 가지 여건, 다시 말하면 ⑦ 그것의 범위 즉 그것이 적용될, 또는 (달리 말하면) 그것에 영향받을, 개인들의 수이다.[65]

3) 범죄와 처벌

벤담은 처벌에 대한 분야, 특히 형법 분야에 공리성의 원리를 적용하였다. "정부의 책무는 처벌과 보상을 통하여 사회의 행복을 증진시키는 것이다. 처벌과 관련되는 책무의 부분은 특히 형법(penal law)적 문제이다. 어떠한 행위는 그것이 사회의 행복을 저해하는 경향에 비례하여, 즉 유해한 경향에 비례하여 처벌당할 필요를 창출하는 일이 될 것이다."[66] "① 모든 법령이 지니고 있거나 지녀야 하는 일반적 목적은 일반적으로 공동체의 전체적 행복이다. 또한, 그렇기 때문에 가능한 한 우선적으로 그러한 행복을 감소시키는 경향이 있는 모든 것을, 달리 말하면 폐해를 없애고자 한다. ② 그렇지

---

63) Jeremy Bentham(고정식 역), 『도덕과 입법의 원리 서설』(나남, 2011), 68면.
64) Jeremy Bentham(고정식 역), 『도덕과 입법의 원리 서설』(나남, 2011), 69면.
65) Jeremy Bentham(고정식 역), 『도덕과 입법의 원리 서설』(나남, 2011), 68-69면.
66) Jeremy Bentham(고정식 역), 『도덕과 입법의 원리 서설』(나남, 2011), 119면.

만 모든 처벌은 폐해이다. 모든 처벌은 그 자체로서 악이다. 공리성의 원리에 의할 때, 만일 처벌이 인정될 수 있다면, 그것은 더욱 큰 어떤 악을 없애는 것을 보장하는 한에 있어서만 인정되어야 한다. ③ 그러므로 다음과 같은 경우에는 처벌을 가해서는 안 됨이 분명하다. ⓐ 처벌이 근거가 없는(groundless) 경우, 처벌이 예방하고자 하는 바의 폐해가 없는 경우인데, 대체로 해롭지 않은 행위가 이런 부류에 속한다. ⓑ 처벌이 확실히 실효성이 없는(inefficacious) 경우, 처벌이 폐해를 예방하도록 적용할 수 없는 경우이다. ⓒ 처벌이 유익하지 않거나(unprofitable) 지나치게 비용이 드는(expensive) 경우, 처벌이 초래할 폐해가 예방할 폐해보다 더 큰 경우이다. ⓓ 처벌이 불필요한(needless) 경우, 폐해가 예방 가능하거나, 처벌이 없어도 저절로 사라질 수 있는 경우이다. 즉, 보다 적은 비용으로 폐해를 처리할 수 있는 경우이다."[67]

벤담은 '처벌과 위법행위의 균형'에 대해서도 다음과 같은 여러 원칙을 말한다. 그중의 몇 가지 원리는 다음과 같다. 처벌의 가치는 어떤 경우에도 위법행위에서 얻는 이득의 가치를 능가하기에 충분한 수준보다 더 작아서는 안 된다.[68] 위법행위의 폐해가 크면 클수록 그에 따른 처벌 비용이 증가할 수밖에 없는데, 이런 비용은 처벌 과정에서 지불할 가치가 있어야 한다.[69] 두 가지 위법행위가 경합할 경우에 더 큰 위법행위를 처벌하면, 사람으로 하여금 보다 작은 위법행위를 선호하도록 유도하는 데 충분하다.[70] 처벌은 특정

67) Jeremy Bentham(고정식 역), 『도덕과 입법의 원리 서설』(나남, 2011), 251-253면.
68) Jeremy Bentham(고정식 역), 『도덕과 입법의 원리 서설』(나남, 2011), 264-265면.
69) Jeremy Bentham(고정식 역), 『도덕과 입법의 원리 서설』(나남, 2011), 267면.
70) Jeremy Bentham(고정식 역), 『도덕과 입법의 원리 서설』(나남, 2011), 268면.

한 각각의 위법행위에 대하여, 위법자로 하여금 폐해의 모든 부분에 대해 폐해를 발생시키지는 않도록 억제하려는 동기가 유발될 수 있게 하는 방향으로 조정되어야 한다.71) 각 개별 위법자에게 실제로 가해진 형량은 유사한 일반 위법자를 대상으로 하여 의도된 형량에 해당될 수 있기 때문에, 감성에 영향을 미치는 몇 가지 여건들을 항상 고려해야 한다.72)

4) 공리성에 기초한 사회개혁

오늘날 공리주의는 꽤나 많은 비판을 받는다. 공리주의에 대한 비판 중 가장 큰 비판은 공리주의가 다수의 공익에 기여하는 경우에 소수자의 권리를 존중하지 않을 수 있다는 점과 모든 중요한 도덕적 문제를 쾌락과 고통이라는 하나의 저울로 측정하는 오류를 범한다는 점에 있다.73) 하지만 이러한 비판은 벤담의 공리주의에는 해당할지 몰라도 (후술하는) 존 스튜어트 밀의 공리주의에는 해당하지 않는다.

공리주의는 오늘날 다른 진영으로부터 많은 비판을 받고 있지만, 나름 시대적 사명을 잘 완수했다고 보인다. "벤담은 공리성의 원리가 무너지는 원인을 바로 그 당시의 귀족주의적 사회 구조에서 보았다. 어떤 새로운 행동 양식이 '최대 다수의 최대 행복'을 마련해 준다고 그가 논증한 뒤조차 왜 사회적 해악과 법률 체계의 해악들이 계속되어야만 하는가? 그 답은 권력자들이 '최대 다수의 최대 행복'을 원하지 않는다는 데 있다고 그는 생각했다. 지배자들은 그

---

71) Jeremy Bentham(고정식 역), 『도덕과 입법의 원리 서설』(나남, 2011), 268면.
72) Jeremy Bentham(고정식 역), 『도덕과 입법의 원리 서설』(나남, 2011), 269면.
73) Michael Sandel(이창신 역), 『정의란 무엇인가』(김영사, 2010), 58면, 73면.

들 자신의 이익에 좀 더 많은 관심을 가진다. (벤담은 인간이 자신의 행복을 추구하고 있음을 예리하게 인지하고 있었다. 그렇지만 정부의 목적은 최대 다수의 최대 행복의 성취를 돕는 것이다.) [...] 최대 다수의 최대 행복의 실현성이 가장 높은 곳은 바로 민주주의다. 왜냐하면, 여기에서는 지배자가 국민이며 국민의 대표자가 그들의 최대 행복을 위한 봉사를 약속하고 이를 위해 정확하게 선출되기 때문이다. 벤담이 보았듯이 공리성의 원리의 적용은 분명하게 군주제와 그 결과들에 대한 거부를 요구했다. 그리하여 그는 왕, 귀족원, 기존 교회를 제거하려고 하였고 미국의 모델에 따라 민주제적 질서를 건설하려 했다."[74]

(2) 밀의 질적 공리주의

1) 공리주의의 옹호

존 스튜어트 밀(John Stuart Mill, 1806-1873)은 그의 저서 '공리주의'에서 공리주의에 대해 벤담과 유사하게 정의를 내린다. "효용과 최대 행복 원리를 도덕의 기초로 삼고 있는 이 이론은 어떤 행동이든 행복을 증진시킬수록 옳은 것이 되고, 행복과 반대되는 것을 낳을수록 옳지 못한 것이 된다는 주장을 편다. 여기서 '행복'이란 쾌락, 그리고 고통이 없는 것을 뜻한다. 따라서 쾌락의 결핍과 고통은 '행복과 반대되는 것'을 의미한다."[75] "고통으로부터의 자유와 쾌락이야말로 목적으로서 바람직한 유일한 것이며, 바람직한

---

74) Samuel Enoch Stumpf/James Fieser(이광래 역), 『소크라테스에서 포스트모더니즘까지』(열린책들, 2008), 516면.

75) John Stuart Mill(서병훈 역), 『공리주의』(책세상, 2007), 24면.

모든 것(다른 모든 이론과 마찬가지로, 공리주의에서도 바람직한 것은 무수히 많다)은 그 자체에 들어 있는 쾌락 때문에 또는 고통을 막아주고 쾌락을 늘려주는 수단이 되기 때문에 바람직하다는 것이 공리주의의 핵심 명제가 된다."[76]

　존 스튜어트 밀은 공리주의를 적극적으로 옹호하는데, 밀이 보기에 공리주의의 비판자들은 '공리주의'에 대해 그 이름만 알 뿐 아무것도 모르면서 공리주의를 흠집 내는 데 몰두한다.[77] ① 공리주의의 비판자들은 인생에는 쾌락보다 더 높은 목적이 없다고, 다시말해 쾌락 이상으로 더 좋은 욕망과 더 고상하게 추구할 만한 것이 없다면 이것은 극단적으로 야비하고 천박한 이론에 지나지 않는다고 비판한다. 에피쿠로스학파 사람들을 돼지에 비유하면서 심한 야유를 보냈던 것도 이런 이유에서다.[78] 이에 대한 존 스튜어트 밀의 대답은 다음과 같다. "이런 공격을 받으면 에피쿠로스학파 사람들은 늘 똑같은 방식으로 비난을 가했다. 즉 자신들을 그렇게 비웃지만, 인간이 돼지가 즐길 수 있는 쾌락 이상의 것을 향유하지 못하는 것처럼 상정하는 그들이야말로 인간을 비참한 존재로 만드는 장본인이라는 것이다. 인간을 돼지와 똑같이 규정하는 자들이라면 그와 같은 비난에 반박할 수 없을 것이다."[79]

---

76) John Stuart Mill(서병훈 역), 『공리주의』(책세상, 2007), 25면.

77) "공리주의 도덕을 비난하는 사람들이 이런 핵심적인 성격을 곰곰이 들여다본다면, 다른 도덕 이론에 비해 공리주의가 특별히 모자라는 것이 있다고 과연 말할 수 있는가? 인간 본성을 발전시키는 데 이보다 더 아름답거나 더 고차원적인 윤리 체계를 생각할 수 있는가? 공리주의가 가지고 있지 못한 탁월한 행동 원리를 구비한 체계가 과연 존재할 수 있는가? 나는 그렇게 생각하지 않는다." John Stuart Mill(서병훈 역), 『공리주의』(책세상, 2007), 42면.

78) John Stuart Mill(서병훈 역), 『공리주의』(책세상, 2007), 25면.

79) John Stuart Mill(서병훈 역), 『공리주의』(책세상, 2007), 25면.

② 공리주의의 비판자들은 인간 행동의 옳고 그름에 관한 공리주의적 판단 기준의 관건이 되는 행복이 행위자 자신뿐 아니라 관련되는 모든 사람을 포함한다는 사실을 제대로 인정하지 않고, 공리주의자가 이기주의자라고 비판한다.[80] 하지만 이에 대한 존 스튜어트 밀의 대답은 다음과 같다. "우리는 나사렛 예수의 황금률에서 바로 그러한 공리주의 윤리의 정수를 발견할 수 있다. 다시 말해 '다른 사람들이 해 주었으면 하는 바를 너 스스로 하라', 그리고 '네 이웃을 내 몸처럼 사랑하라'고 하는 가르침이야말로 공리주의 도덕의 완벽한 이상을 담고 있다. 이런 이상에 최대한 가까이 다가가기 위해 공리주의는 다음과 같은 원리를 담고 있어야 한다. 첫째, 모든 개인의 행복 또는 (보다 실감 나게 현실적으로 이야기하자면) 이익이 전체의 이익과 가능하면 최대한 조화를 이루도록 법과 사회 제도를 만들어야 한다. 둘째, 교육과 여론은 사람의 성격 형성에 지대한 영향을 끼치는 만큼 모든 개인이 자신의 행복과 전체의 이익 사이에, 특히 보편적 행복을 달성하기 위해 요구되는 긍정적이고 부정적인 행동 양식과 자신의 행복이 서로 끊을 수 없는 관계임을 분명히 깨닫게 해 주어야 한다. 그래야 어느 누구든 공공의 이익과 배치되는 행동을 통해서는 지속적으로 행복을 느낄 수 없다는 것을 알게 될 것이기 때문이다. 또 그렇게 해야 공공의 이익을 증진시키고자 하는 직접적인 충동이 각 개인의 습관적인 행동 동기 중 하나가 되고, 이런 과정에서 발생하는 감정이 모든 사람의 일상 속에서 크고 중요한 위치를 차지할 수 있기 때문이다."[81]

③ 공리주의의 비판자들은 공리주의가 다른 개인들에 대한 도덕

---

80) John Stuart Mill(서병훈 역), 『공리주의』(책세상, 2007), 41면.
81) John Stuart Mill(서병훈 역), 『공리주의』(책세상, 2007), 41-42면.

감정을 싸늘하게 하며, 그런 행위를 촉발하는 도덕적 요소는 내버려둔 채 행동의 결과에 대해서만 삭막하고 딱딱하게 고려한다고 주장한다.[82] 이에 대해 밀은 공리주의의 입장을 대변하면서,[83] 다음과 같이 말한다. "과연 공리주의가 사람들이 덕을 갈망한다는 것을 부인하거나, 덕이 갈망의 대상이 되지 못한다고 주장한 적이 있는가? 사실은 정반대이다. 공리주의는 덕이 갈망의 대상이 될 수 있을 뿐 아니라, 그 자체로 아무 사심 없이 갈망의 대상이 될 수 있다는 것을 인정한다."[84] "공리주의 철학은 일반 행복을 해치지 않고 그것을 증진하는 데 도움이 되는 한도 안에서 사람들이 습득하게 된 다른 욕구들을 용인하고 받아들이는 한편, 일반 행복을 달성하는 데 그 무엇보다 중요한 덕을 최대한 사랑하며 쌓을 것을 명령하고 요구한다."[85] "스토아학파나 초월주의자 못지않게 공리주의자들도 자기 헌신(self-devotion)의 도덕성을 주장할 자격이 있음

---

82) John Stuart Mill(서병훈 역), 『공리주의』(책세상, 2007), 45면.

83) "공리주의 도덕 이론가들은 동기를 통해 어떤 행동을 하는 사람의 값어치를 판별할 수는 있을지언정, 동기와 그 행동의 도덕성은 아무 상관이 없다는 점을 다른 어떤 이론가들보다 더 분명하게 주장해 왔다. 그런데도 이러한 특정 오해 하나 때문에 매도당하는 것은 공리주의자로서는 정말 견디기 힘들다. 물에 빠진 동료를 구해주는 행위는 그 동기가 의무감에서였든 아니면 그런 수고를 통해 보상을 받으리라는 희망 때문이었든 상관없이 도덕적으로 옳다." John Stuart Mill(서병훈 역), 『공리주의』(책세상, 2007), 43면. "매우 역설적이게도 스토아학파 사람들은 그들 사상 체계의 일부인 언어를 잘못 사용한 결과, 덕스러운 것이 아닌 그 어떤 것에 대해서도 마음을 쓰지 않기 위해 노력했다. 더불어 그들은 그 덕을 지닌 자가 모든 것을 지니게 되고, 오직 그런 사람만이 부유하고 아름다우며 왕과 같은 존재가 된다고 즐겨 말했다. 그러나 공리주의는 이런 종류의 덕스러운 사람에 대해 그다지 관심이 없다. 공리주의자들은 덕 외에도 인간에게 바람직한 특성과 자질이 있음을 잘 알기 때문에 그 모든 것이 최대한 빛을 발휘할 수 있기를 바라는 것이다." John Stuart Mill(서병훈 역), 『공리주의』(책세상, 2007), 46면.

84) John Stuart Mill(서병훈 역), 『공리주의』(책세상, 2007), 77면.

85) John Stuart Mill(서병훈 역), 『공리주의』(책세상, 2007), 81면.

을 알아야 한다. 공리주의 도덕률에서는 인간이 다른 사람들을 위해 자신에게 가장 소중한 것마저 희생할 수 있음을 인정한다. 다만 그런 희생이 그 자체로 가치가 있는 것이라고는 생각하지 않는다. 행복의 총량을 증대시키지 않거나 증대시킬 경향이 없는 희생은 한마디로 낭비에 지나지 않는다고 보기 때문이다. 공리주의는 다른 사람들, 즉 집단적 의미로서의 인류 또는 인류의 집단적 이해관계에 의해 설정되는 한계 속의 개인의 행복 또는 그 행복에 이르게 해주는 수단을 위해 헌신하는 자기 부정만을 찬양하는 것이다.”[86] 심지어 밀은 공리주의의 목표가 달성되기 위해서는 사람들의 인격이 전반적으로 도야되어야 한다고 주장한다.[87]

④ 공리주의의 비판자들은 공리주의가 무신론에 바탕을 둔 이론이라면서 호되게 비난한다. 하지만 이 또한 밀에 따르면, 신이 무엇보다도 그의 피조물의 행복을 원하고 있으며 바로 이것이 그가 만물을 창조한 목적이라고 진정 믿는다면, 효용은 신을 배제한 이론이 아닐 뿐 아니라 오히려 다른 어떤 것보다 더 심오한 종교적 성격을 띤다고 보아야 한다.[88]

2) 질적 공리주의

존 스튜어트 밀은 양적 공리주의의 틀을 벗어나 질적 공리주의를 통해 공리주의에 쏟아지는 비난이 맞지 않음을 보이고자 했다.

---

86) John Stuart Mill(서병훈 역), 『공리주의』(책세상, 2007), 41면.

87) John Stuart Mill(서병훈 역), 『공리주의』(책세상, 2007), 32면; 또한 밀은 올바르게 양육된 사람이라면 누구든지 자신이 의미를 부여하는 일에 애정을 쏟고 공공선에 진지하게 관심을 가질 것이라고 말한다. John Stuart Mill(서병훈 역), 『공리주의』(책세상, 2007), 37면.

88) John Stuart Mill(서병훈 역), 『공리주의』(책세상, 2007), 48면.

"다른 것을 평가할 때는 양뿐 아니라 질도 고려하면서, 쾌락에 대해 평가할 때는 오직 양만 따져보아야 한다고 말한다면 전혀 설득력이 없다."[89] 밀에 따르면, 엄청난 불만족이 따를 수 있다는 것을 잘 알면서도, 그리고 쾌락의 양이 적더라도 어떤 하나를 분명하게 더 원한다면, 그렇게 더욱 선호되는 즐거움이 양의 많고 적음을 사소하게 만들 정도로 질적으로도 훨씬 우월하다고 규정될 수 있다.[90] "모든 것을 종합해볼 때 가장 적합한 개념은 인간으로서의 품위 (sense of dignity)다. 이것은 인간이라면 누구나 이런저런 형태로 지니고 있는데, 정확한 것은 아니지만 대체로 각자의 능력에 비례해서 커진다. 그리고 그런 의미의 품위가 높은 사람일수록 그 품위가 행복을 구성하는 필수적인 요소가 된다. 따라서 품위와 대립되는 것은 일시적인 순간을 제외하면 결코 진정한 욕망의 대상이 되지 않는다. 혹시 이런 인간적 품위를 너무 강조하다 보면 행복을 잃게 된다고, 다시 말해 상황이 비슷할 경우 우월한 사람이 자기보다 열등한 사람에 비해 행복을 덜 느끼게 된다고 생각할 수도 있을 것이다. 그러나 이것은 행복과 만족이라는 전혀 다른 두 개념을 혼동한 결과다. 즐거움을 향유하는 능력이 낮은 사람일수록 손쉽게 만족을 느낀다는 것은 불문가지의 사실이다. 반면에 그런 수준이 높은 사람은 자신이 도달할 수 있는 행복이라는 것은, 세상이 늘 그렇듯, 언제나 불완전할 수밖에 없다고 느낄 것이다. 그러나 그런 불완전한 것을 감내할 만하다면, 그는 그것을 참는 법을 배우게 될 것이다. 그리고 그 불완전함 때문에 얻게 되는 것이 얼마나 좋은 것인지 알지 못하는 까닭에, 그것에 대해 의식조차 하지 못하는 사

---

89) John Stuart Mill(서병훈 역), 『공리주의』(책세상, 2007), 26-27면.

90) John Stuart Mill(서병훈 역), 『공리주의』(책세상, 2007), 27면.

람을 부러워하는 일도 없을 것이다. 결국, 만족해하는 돼지보다 불만족스러워하는 인간이 되는 것이 더 낫다. 만족해하는 바보보다 불만을 느끼는 소크라테스가 더 나은 것이다."[91]

3) 효용과 정의의 관계

밀에 따르면, '최대 행복 원리'를 따를 경우, 우리가 우리 자신의 이익을 고려하든 아니면 다른 사람의 이익을 고려하든, 가능한 한 고통이 없고 또 질적으로나 양적으로 할 수 있는 한 최대한 즐거움을 만끽할 수 있는 그런 존재 상태에 이르는 것이 궁극적 목적이 된다.[92] 그리고 밀은 잘못된 교육과 왜곡된 사회 제도만 아니라면 거의 모든 사람이 이런 수준의 행복을 누릴 수 있을 것이라고 주장한다.[93] 또한, 밀은 웬만한 판단 능력을 갖춘 사람이라면 이 세상에 만연한 구체적 해악의 대부분이 제거될 수 있고, 따라서 인간 사회가 지속적으로 발전한다면 그런 것이 궁극적으로는 많이 축소될 수 있을 것이라고 보았다. 예컨대, 빈곤 문제는 개인의 건전한 상식과 건실한 태도가 합쳐진 사회적 지혜가 발휘된다면 완전히 해소할 수도 있다고 본다.[94]

밀은 공리주리에 대한 가장 큰 비판점을 '공리주의' 제5장 '정의는 효용과 어떤 관계를 맺고 있는가'에서 다룬다. ⑤ (앞의 번호에 이어 번호를 붙였다) 공리주의의 비판자들은 효용에다 편의(expediency)라는 이름을 붙이고 그것과 원리를 손쉽게 대비함으로써 비도덕적인

---

91) John Stuart Mill(서병훈 역), 『공리주의』(책세상, 2007), 28-29면.
92) John Stuart Mill(서병훈 역), 『공리주의』(책세상, 2007), 32면.
93) John Stuart Mill(서병훈 역), 『공리주의』(책세상, 2007), 35면.
94) John Stuart Mill(서병훈 역), 『공리주의』(책세상, 2007), 38면.

이론이라고 부당하게 낙인찍는다.[95] 밀은 정의와 효용은 결코 분리될 수 없는 것이며, 효용에 바탕을 둔 정의가 모든 도덕성의 중요한 부분이 되고, 그 어떤 것보다 더 신성하고 구속력도 강하다고 주장한다. "철학이 시작된 이래, 효용이나 행복이 옳고 그름의 판단 기준이 된다는 이론에 대해 가장 강력한 반대를 제기했던 것 중 하나가 바로 정의(justice)에 관한 생각이다. [...] 그래서 대다수 사상가의 눈에는 이 말이 사물의 어떤 내재적 성질을 가리키는 것처럼 보였다. 다시 말해 많은 사상가들이 정의로운 것은 자연 속에서 온갖 종류의 편의적인 것과는 질적으로 구분되는 무엇인가 절대적인 것으로, 그리고 관념적으로도 편의적인 것과 반대되는 것으로 존재해야 한다고 생각했던 것이다. 그러나 사람들도 흔히 그렇게 생각하지만, 길게 보면 정의와 편의는 결코 그렇게 분리될 수 없다."[96] "정의와 편의 사이의 차이가 그저 가상의 구분에 불과한 것인가? 정의가 정책(policy)보다 더 신성한 것이며, 후자는 전자가 충족되고 나서야 관심을 기울여 볼 만한 대상에 지나지 않는다고 말하면, 그것은 오랜 착각에 지나지 않는 것인가? 결코 그렇지 않다. [...] 나는 효용에 기반을 두지 않은 채 정의에 관한 가상의 기준을 제시하는 모든 이론을 반박하는 한편, 효용에 바탕을 둔 정의가 모든 도덕성의 중요한 부분이 되고, 그 어떤 것보다 더 신성하고 구속력도 강하다고 생각한다."[97] "우리 가운데서 평등하게 잘

---

95) John Stuart Mill(서병훈 역), 『공리주의』(책세상, 2007), 49면.

96) John Stuart Mill(서병훈 역), 『공리주의』(책세상, 2007), 89면.

97) John Stuart Mill(서병훈 역), 『공리주의』(책세상, 2007), 118면; "정의가 문제되는 곳에는 늘 편의가 관련된다는 것은 너무나 자명한 사실이다. 다만 정의라는 말에는 특별한 감정이 수반되어 있으므로 편의와 구별된다." John Stuart Mill(서병훈 역), 『공리주의』(책세상, 2007), 125-126면.

대접받을 자격이 있는 사람을 (보다 상위 의무가 금지하지 않는 한) 우리가 똑같이 잘 대우해야 하며, 사회에서 평등하게 잘 대접받을 자격이 있는, 다시 말해 절대적으로 평등하게 잘 대접받아야 하는 사람을 사회가 똑같이 잘 대우해야 한다. 이것이야말로 사회적 수준, 그리고 분배 정의에 관한 최고 수준의 추상적 기준이다. 모든 제도와 모든 덕스러운 시민은 이 기준에 맞출 수 있도록 최대한 노력하지 않으면 안 된다. 그런데 이 위대한 도덕적 의무는 그저 2차적 또는 파생적 이론들의 논리적 이유에 불과한 것이 아니라 1차적 도덕 원리에서 직접 생겨나는 것으로서 보다 심오한 기초에 바탕을 두고 있다. 그것은 바로 효용이라는 말 또는 최대 행복 원리 속에 포함되어 있다. (동일한 종류에 대해 적절한 대우를 함으로써) 정도라는 측면에서 평등하다고 상정되는 한 사람의 행복이 다른 사람의 행복과 정확하게 동등한 무게를 지니지 않으면, 그 원리는 아무런 이성적 의미가 없는 단어의 단순한 형태에 불과하다. 이런 조건이 충족될 때 '모든 사람이 똑같은 영향력을 지니며, 어느 누구도 남보다 더 큰 영향력을 가질 수 없다'고 하는 벤담의 원칙이 효용 원리를 뒷받침해줄 수도 있을 것이다."[98]

4) 해악원칙

'해악원칙'(harm principle)은 인간의 행위 중에 허용되어야 할 것과 허용되어서는 안 될 것을 구분하는 도덕적 기준으로 제시된다. 뿐만 아니라 '해악원칙'은 그 기준의 명확함 때문에 법규범으로 금지해야 할 것과 금지되어서는 안 될 것을 구분하는 법적 기준으로

---

98) John Stuart Mill(서병훈 역), 『공리주의』(책세상, 2007), 123면.

애용된다. 이는 법규범이 강제규범으로 인간의 행위를 구속하고, 금지규범의 경우 대체로 인간에게 강력한 제재를 수반하기 때문이다. '해악원칙'은 "나의 자유의 끝은 타인의 코끝"이라는 생각을 잘 말해준다는 점에서 탁월하다. 타인에게 해악을 끼친다면 나의 자유가 제한되지만, 타인에게 해악을 끼치지 않는 범위 내에서는 나의 자유는 무제한이다. 밀(John Stuart Mill)은 하트(H. L. A. Hart)가 '유명한 문장'이라고 칭한 '자유론'(On Liberty)의 구절에서 다음과 같이 말한다. "어떤 행위의 행위 중에서 사회에 책임을 져야 할 유일한 부분은 타인과 연계되어 있는 부분이다. 단순히 자신에게만 연관된 부분에 한해서, 개인의 독립성은 당연히 절대적이다. 개인은 자기 자신에 대해서, 즉 자신의 육체와 정신에 대해서 주권자이다."99)

밀은 자신의 해악원칙을 성숙한 능력을 가진 성인에게만 적용하

---

99) 원래 전체 문장은 다음과 같다. "이 논문의 목적은 강제와 통제의 방법으로써-사용 수단이 형사적 처벌의 형태인 물리적 힘이거나 공공 여론의 도덕적 강제이거나 간에-사회가 개인을 대하는 정도를 절대적으로 규정짓는 자격을 갖추게 될 대단히 간단한 한 원칙을 주장하려는 것이다. 그 원칙은 인류가 개인적으로나 집단적으로 어느 한 개인의 자유에 정당하게 간섭을 하는 유일한 목적은 자기방어라는 것이다. 권력이 문명사회의 한 구성원에게 본인의 의사에 반하여 정당한 제재를 가할 수 있는 유일한 목적은 타인에게 가해지는 해악을 방지하는 것이다. 그 사람 자신의 행복이, 물리적이든 도덕적이든 간에, 다른 개인의 자유에 간섭하는 것을 정당화하는 충분한 조건이 아니다. [...] 어떤 행위의 행위 중에서 사회에 책임을 져야 할 유일한 부분은 타인과 연계되어 있는 부분이다. 단순히 자신에게만 연관된 부분에 한해서, 개인의 독립성은 당연히 절대적이다. 개인은 자기 자신에 대해서, 즉 자신의 육체와 정신에 대해서 주권자이다." John Stuart Mill(김형철 역), 『자유론』(서광사, 1992/2009), 29-30면. "'자유'라는 이름에 합당한 유일한 자유는, 우리가 타인의 행복을 탈취하려고 시도하거나, 행복을 성취하려는 노력을 방해하지 않는 한에서, 우리 자신의 방법으로 우리 자신의 선을 추구하는 자유이다. 각 개인은 자신의 육체적 혹은 정신적이고 영적인 건강의 적절한 보호자이다. 각자가 개인에게 좋다고 생각하는 방식대로 살도록 내버려 두는 것이 각 개인을 타인에게 좋다고 생각하는 방식대로 살도록 강제하는 것보다 인류에게 큰 혜택을 준다." John Stuart Mill(김형철 역), 『자유론』(서광사, 1992/2009), 34면.

고, 어린아이나 미성년자에게 적용하고 있지 않다.[100) 유아, 어린이, 정신박약자의 경우와 성인의 경우로 나누어 살펴보면 다음과 같다. 유아, 어린이, 정신박약자의 경우에 법으로 이들을 보호해야 한다는 것에 반대하는 견해는 없다. 가부장적 간섭주의, 즉 자신들에게 좋은 것이 무엇인지를 그들보다 당신이 더 잘 안다는 이유로 사람들의 행위를 통제하는 일은 오직 어린이 또는 정신질환으로 인해 스스로 책임 있는 결정을 내릴 수 없는 사람들에 대해서는 정당화되기 때문이다.[101)

하지만 성인의 경우에는 문제가 다르다. 법으로 성인을 보호해야 한다는 주장에 대해서는 정당하다는 견해와 정당하지 않다는 견해가 서로 대립한다. 견해의 대립은 각 개인이 자신의 이익에 대한 최선의 판단자인지 여부에 대한 차이에서 온다. 법적 후견주의를 반대하는 견해는 개인이 항상 자신의 이익에 대한 최선의 판단자라는 점을 근거로 드는 반면에,[102) 법적 후견주의를 지지하는 견해는 개인이 항상 자신의 이익에 대한 최선의 판단자는 아니라는 점을 근거로 든다. "존 스튜어트 밀은 '타인에 대한 해악'이라는 원

---

100) John Stuart Mill(김형철 역), 『자유론』(서광사, 1992/2009), 30면.

101) Martin Golding(장영민 역), 『법철학』(세창출판사, 2008), 111면; 법적 후견주의는 미성년자가 '자신의 최선의 이익'을 보호할 수 없다는 이유로 법적 개입을 정당화하는 반면에, 해악원칙은 해악원칙을 '자기에 대한 해악'으로 확대하여 법적 개입을 정당화한다.

102) 이 견해에 따르면 설사 개인이 잘못 판단할지라도 스스로 선택하는 것이 좋은 삶에 대한 다른 사람의 '정형화된' 견해를 받아들이도록 강요받는 것보다는 낫다. "나는 어떤 종류의 삶이 나에게 최선인지를 다른 사람들보다 더 잘 안다. 설령 내가 이것에 대해 잘못 판단할지라도 스스로 선택하는 것이 좋은 삶에 대한 다른 사람의 '정형화된' 견해를 받아들이도록 강요받는 것보다는 나을 것이다." Nigel Warburton(최희봉, 박수철 역), 『존 스튜어트 밀 '자유론', 한 권으로 읽는 철학의 고전 27』(지와 사랑, 2011), 201면.

칙에 대한 어떤 예외가 있음을 인식하고 있다. 즉 어린이, 정신박
약자, 지진자가 그 예이다. 여기에서 그는 보호주의(paternalism)를
인정한다. 즉 이들은 타인에 대하여 해악을 야기할 가능성이 있는
경우뿐만이 아니라, 자기 자신을 위하여서도 제약을 받을 수 있다
는 것이다. 그렇지만 성숙한 성인에 있어서는 그 자신을 위한다는
것은 강제의 충분한 보증이 되지 못한다."103)

---

103) Martin Golding(장영민 역), 『법철학』(세창출판사, 2008), 111-112면; "근자의
많은 논자들은 밀을 넘어서서 어떤 경우에는 그 '자신'을 위하여 성인들을 법
적으로 강제하는 것을 인정하고 있다. 하트는 이것을 법적 보호주의(legal
paternalism)라고 부르면서 이러한 입장을 옹호한다. 그는 법적 도덕주의(legal
moralism), 즉 법은 행위가 '그 자체' 부도덕하기 때문에 금지할 수 있다는 입
장을 부정한다. 보호주의를 그가 지지하는 근거는 개인이 항상 자신의 이익에
대한 최선의 판단자는 아니라는 사실에 있다. 그가 마약판매를 제한하는 법을
지지하는 것은 이와 같은 근거에 입각한 것이지, 마약 사용이 갖는 어떤 부도
덕의 혐의에 입각한 것은 아니다. 오토바이 주행자가 헬멧을 써야 한다는 요구
도 아마 역시 보호주의적 이유에서 받아들일 수 있는 것이 될 것이다. 또 하트
는 말하기를 살인이나 폭행의 위법성조각(정당화)사유에서 피해자의 승낙을 배
제하는 법은 그 자체 개인을 보호하도록 마련된 보호주의(paternalism)의 한 단
편이라고 충분히 설명될 수 있을 것이라고 한다." Martin Golding(장영민 역), 『
법철학』(세창출판사, 2008), 119-120면.

제8장 법실증주의

19세기 이전에도 소피스트의 사상, 에피쿠로스 철학, 토마스 홉스의 사상 및 이후 영국 경험 철학은 자연법론과는 다른 법사상을 전개하였지만, 법철학의 역사 초창기부터 19세기 이전까지 법사상을 주도했던 사상은 '자연법론'이었다. 자연법사상이 전면적으로 부정되는 것은 19세기 이후의 일이었다. 벨젤(Hans Welzel)은 자연법이 인권선언과 법전에 반영되면서부터 자연법의 몰락은 시작되었다고 주장한다.

"18세기는 자연법의 시대였다. 17세기 사람들이 뿌렸던 씨앗은 손자 대에서 다양한 열매를 맺었다. 이제 자연법은 사회생활을 형성하는 힘이 되었다. 그것은 미국과 프랑스의 인권선언에서 승리를 만끽했다. 그것은 오스트리아, 프로이센, 프랑스의 법전에 스며들었다. 그런가 하면 그것은 그 시대 법의식과 공동체의식을 지배하게 되었다. 그러나 수천 년 동안 기다린 끝에 자연법은 이제 마침내 현실을 지배하기 시작하자 그 몰락의 싹을 배태하게 되었다. 자연법은 처음부터 이념과 현실의 긴장관계 속에서 살았다. 그런데 자연법 자체가 이제 현실이 됨으로써 그것이 지금까지 공급해왔던 힘의 원천을 포기하게 된 것이다."[1]

벨젤에 따르면, 자연법이 결정적으로 붕괴하게 된 계기는 19세기에 이르러 역사를 선험적 이념이 자기를 실현하는 변증법적 과정으로 구성할 수 있고 이 과정은 현실과 일치해야 한다는 헤겔의

---

[1] Hans Welsel(박은정 역), 『자연법과 실질적 정의』(삼영사, 2001/2005), 232면; "자연법사상의 역할이 어느 정도 현실화되었을 때, 이미 법사상은 자연법론으로부터의 전향이 있을 것임을 예고하고 있었다." 김부찬, 『법학의 기초이론』(대웅출판사, 1994), 167면.

사상이 붕괴하고, 이성의 자기파괴와 자기해체가 시작되었다는 점
이다.2) 이런 배경하에서 19세기에 이데올로기론, 생철학,3) 실존주
의와 함께 실증주의가 등장한다.4)

2) Hans Welsel(박은정 역), 『자연법과 실질적 정의』(삼영사, 2001/2005), 260면.
3) 니체의 생철학은 주어져 있는 객관적 당위질서를 겨냥하는데, 니체에 따르면, 객
   관적 당위질서는 단지 약정에 불과한 것으로서 그릇된 서열을 만들어낼 뿐이다.
   Hans Welsel(박은정 역), 『자연법과 실질적 정의』(삼영사, 2001/2005), 285-286면.
   니체가 보기에 객관적 당위질서가 옳다고 주장하는 것은 '의지 또는 힘의 빈곤
   에 대한 표시'일 뿐이며(285면), 니체는 '권력에의 의지'를 가진 초인을 통해 '가치
   전도'(價値 顚倒)를 꾀하게 된다(286면). 니체에 따르면, '해야 한다'는 당위의 세계
   가 너무 강해 '하고자 한다'는 의지의 세계나 '하고 싶다'는 욕구의 세계가 죽어버
   린다. 따라서 초인은 주어진 당위세계를 전복하여 새로운 가치질서를 수립할 의지
   가 필요하다. 이제 더 이상 당위는 없다(Nichtmehrsollen). "니체철학의 첫머리에는
   '신은 죽었다'가 버티고 있다. 이렇게 해서 '참된 것은 이미 아무것도 없다. 모든
   것이 다 허용된다'(차라투스트라 IV, '그늘')는 허무주의가 생겨났다. 왜냐하면,
   이제 '너는 --해야 한다'가 없어져 버렸기 때문이다. 니체의 사고에 있어서의 그
   다음 단계는 주인 된 사람의 '나는 --하고자 한다'라는 것이다. 그러나 이때 차라
   투스트라는 '나는 --하고자 한다'의 배후에서 '나는 --꼭 해야만 한다'는 것을 인
   식한다(정신의 세 가지 변화에 관한 첫 번째 이야기)." Johannes Hirschberger(강
   성위 역), 『서양 철학사-하권·근세와 현대』(이문출판사, 1983/2007), 688면;
   (私見에 따르면) 니체의 주장은 칸트의 다음 주장과 반대되는 주장이다. 니체는
   가언적 명령의 의미를 높이고, 정언적 명령의 의미를 낮추어 양자의 위치를 바꾸
   기 때문이다. "이 관계는, 그것이 경향성에 의거하건, 이성의 표상에 의거하건 간
   에, 오로지 가언적 명령들을 가능하게 할 뿐이다. 즉, 나는 다른 무엇인가를 의욕
   하기 때문에, 바로 그 때문에 무엇인가를 해야 하는 것이다. 그에 반해, 도덕적
   인, 그러니까 정언적 명령은, 내가 비록 다른 아무것도 의욕하지 않는다 할지라
   도, 나는 그러그러하게 행위해야 함을 말한다." Immanuel Kant(백종현 역), 『윤
   리형이상학 정초』(아카넷, 2005/2009), 170면.
4) Hans Welsel(박은정 역), 『자연법과 실질적 정의』(삼영사, 2001/2005), 260면.

1. 콩트의 실증주의

오귀스트 콩트(Auguste Comte, 1798-1857)는 실증주의 학설이 대혁명 이후에야 비로소 나타날 수 있었다고 말한다.5) 그는 대혁명 이후 무질서 상태에 빠진 프랑스 사회를 실증주의를 통해 체계적으로 재조직하려고 시도한다.6) 콩트는 '실증주의 서설'에서 '형이상학의 오만'을 꾸짖는다. "사람들은 형이상학의 오만이 그토록 간절히 꿈꾸어 왔던 절대적인 독립을 가능하게 했다고 생각해 왔다. 하지만 얼마 지나지 않아 그러한 절대적인 독립이 인간의 운명을 개선시켜주기는커녕 사적인 것까지를 포함해서 인간생활의 모든 실질적인 발전을 방해하게 된다는 사실을 깨달았다."7) 동시에 콩트는 이론의 구축은 헛된 사변적인 만족을 확보해주는 것이 아니라 아무런 어려움 없이 우리의 실생활을 체계화시키는 것으로 이해되어야 한다고 주장한다.8) "실증정신은 주어진 현상의 관찰과 분류에 만족하고, 형이상학적 정신처럼 추상적인 이유나 원인을 캐려 하지 않으며, 신학적 정신처럼 초월 의지를 통해 드러나는 절대 진리를 추구하려 하지 않는다. 과학의 유일하고도 진정한 과제는 검증할 수 있는 사상들 간의 관계를 밝히고 그것을 지배하는 법칙들을 규정하는 것이다. 그러므로 실증주의는 사물의 본질에 관한 논의를 지향하는 것이 아니라, 있는 그대로의 사물에 대한 관찰과 이러한 사실들 사이에 존재하는 법칙들에 대한 논의를 지향한다.

---

5) Auguste Comte(김점석 역), 『실증주의 서설』(한길사, 2001/2003), 역자 해제, 22면.
6) Auguste Comte(김점석 역), 『실증주의 서설』(한길사, 2001/2003), 역자 해제, 18면.
7) Auguste Comte(김점석 역), 『실증주의 서설』(한길사, 2001/2003), 58면.
8) Auguste Comte(김점석 역), 『실증주의 서설』(한길사, 2001/2003), 91면.

따라서 실증주의는 불확실하고 절대적인 어떤 것에 대한 추상적 탐구에 몰입하기보다는 확실하고 상대적인 사실을 관찰하고자 한다. 또한, 실증주의는 과거의 신학적 허구와 형이상학적 추상을 받아들이지 않는다. 실증주의는 하나의 체계를 찾아내고자 하지만, 그 체계는 신학체제에서 중시되었던 초월적인 것도 아니며, 형이상학에서 말하는 추상적인 것도 아니다. 실증주의가 구축하고자 하는 질서는 현실적이고 구체적인 이 세상의 질서이다."[9]

'실증주의 서설'에서 콩트는 유명한 인간 정신의 세 가지 발전과정 단계를 주장하는데, 신학의 단계, 형이상학의 단계, 실증의 단계이다. "이 법칙은 연속적인 3단계를 통해 어떤 것이건 우리의 모든 사고의 필연적 전환을 요구하고 있다. 그 3단계는 이러하다. 처음에 신학의 단계로, 여기서는 공공연하게 어떠한 증거도 지니고 있지 못한 즉각적인 허구들만이 지배한다. 다음은 형이상학의 단계로, 무엇보다도 의인화된 추상이나 본체들의 통상적인 우위가 그 성격을 규정짓고 있다. 마지막 단계가 실증의 단계인데, 이는 항상 외부 현실에 대한 정확한 평가에 기초하고 있다. 잠정적인 것이기는 하지만 첫 번째 체제는 도처에서 우리의 출발점 역할을 수행하고 있으며, 세 번째 체제만이 유일하게 최종적인 것으로 우리의 정상생활을 나타내주고 있다. 두 번째 단계는 변화시키거나 차라리 약화시키는 영향력만을 지닌다. 이러한 영향력으로 해서 이 단계는 하나의 제도에서 다른 제도로의 이동만을 주도해나갈 수 있다. 사실, 모든 것은 신학적인 발상에서 시작하여 형이상학적인 논의 과정을 거쳐 실증적인 증명에 이르게 된다. 이렇게 해서, 지금부터는

---

9) Auguste Comte(김점석 역), 『실증주의 서설』(한길사; 2001/2003), 역자 해제, 17-18면.

유일한 일반법칙이 우리로 하여금 인류의 과거, 현재, 미래를 동시에 포용할 수 있도록 해줄 것이다."10) "콩트의 실증철학의 주요 개념들 가운데 가장 널리 알려져 있으며, 가장 많은 논의의 대상이 되었던 것은 아마도 인간 정신의 진보가 거쳐야 할 3단계 이론일 것이다. 즉 인간 정신은 그 발전과정에서 세 가지 단계를 연속으로 거치면서 사물과 현상을 이해해 왔는데, 그것은 각각 신학의 단계, 형이상학의 단계, 실증의 단계이다. 신학의 단계는 인간 지성의 출발점이고 실증의 단계는 인간 지성의 궁극적인 지향점이며, 형이상학의 단계는 이 둘 사이의 과도기이다. 콩트에 의하면, 인간 정신의 역사는 신학적이고 형이상학적인 정신의 자발적 축소의 역사이자 실증정신의 점진적 부상의 역사이다. 우선, 신학의 단계에서는 사람들이 모든 현상의 원인을 초자연적인 절대자의 의지와 섭리 속에서 찾고자 했다. 이 단계는 처음의 물신숭배의 시기에서 다신교의 시기를 거쳐 결국 일신교의 시기에 와서 완성된다. 이 단계에서 인간 정신은 자연적이고 사회적인 현상을 자신의 인식의 한계를 넘어서는 어떤 존재나 힘에 귀속시킨다. 그러나 신학의 단계가 끝나고 형이상학적 단계로 넘어감에 따라, 초자연적 절대자라는 관념은 어떤 추상적 본질이라는 관념으로 바뀌어 온갖 현상들을 지배하는 근원적 본질이 무엇인가에 대한 추상적 탐구가 등장한다. 여기서 문제는 초자연적 의지와 섭리가 아니라 본질 원리로서의 궁극적인 동기이다. 콩트에 의하면, 이 단계는 사실 초자연적 힘을

---

10) Auguste Comte(김점석 역), 『실증주의 서설』(한길사, 2001/2003), 64면; "이제 우리의 실제적인 사변의 근본적인 단계는 여섯 개의 기본 범주로 자연스럽게 분류된다. 그 여섯 가지 범주란 수학, 천문학, 물리학, 화학, 생물학 그리고 마지막으로 사회학이다." Auguste Comte(김점석 역), 『실증주의 서설』(한길사, 2001/2003), 64면.

추상적 힘으로 바꿔놓은 것일 뿐, 본질적으로 신학의 단계의 변형에 지나지 않는다. 인간 정신 발달의 궁극적 지향점인 실증의 단계에 오면, 형이상학의 단계의 특징을 이루고 있던 추상적이고 관념적인 사고는 거부되며, 사람들은 구체적인 현상들에 대한 정확한 관찰을 통해 사실들 사이의 일반 법칙을 발견하고자 한다."[11]

---

11) Auguste Comte(김점석 역), 『실증주의 서설』(한길사, 2001/2003), 역자 해제, 18-19면; 콩트는 실증주의의 정치적 신조를 '질서와 진보'로 삼고(139면), 실증주의가 지배계급보다는 민중에게 권장되는 것이라고 주장한다(163면). 콩트에 따르면, 노동자계급과 여성이 실증주의의 가장 중요한 지지자로 등장한다(31면). 또한, 이기적이지 않은 '관대한' 감정의 역할을 강조한다(42면 이하).

2. 법실증주의

　법실증주의는 실정법 이외의 다른 법의 존재와 효력을 부인하는데, 특히 자연법의 존재와 효력을 부정한다.12) 뿐만 아니라 법실증주의는 법적 권리가 법률의 제정 이전에 존재할 수 없다고 주장하며, 특히 자연권의 존재와 효력을 부정한다. 더 나아가 법실증주의의 극단적인 형태인 법률실증주의는 입법자가 제정한 실정법에 절대적인 효력을 부여하여 "어떠한 내용도 법이 될 수 있다"고 주장한다.13) 극단적인 법실증주의자인 베르그봄(Karl Bergborm, 1849-1927)에 따르면, 실정법 그 자체 이외의 모든 법은 법으로서 헛소리에 불과하며,14) 법이 존재한다는 것과 그 법이 가치가 있느냐의 여부

---

12) 여기서는 실증주의와 관련해서 법실증주의의 대략에 대해서만 언급할 것이다. 자연법론과 법실증주의는 '법의 개념과 효력'에 대한 주장이 그 핵심을 이룬다. 자연법론은 자연법의 존재와 효력을 인정하는 반면에, 법실증주의는 자연법의 존재와 효력을 부정한다.

13) "무엇보다도 법실증주의는 실정법만을 법으로 파악하고 법학의 임무도 실정법 연구에 국한시킨다. 실증주의와 마찬가지로 법실증주의도 형이상학적 대상이 아니라 경험적으로 인식가능한 대상, 즉 실정법(lex positiva)을 다루는 것이다. 이는 전통적으로 자연법론에서 다루어온 법철학의 고유문제, 즉 법의 정당성이나 권위, 법의 이념 내지 정법론(正法論)이 법학의 영역에서 더 이상 발붙이기 어렵게 된다는 것을 의미한다. 결국 법에 대한 기초이론은 개별법영역에 공통되는 일반적인 개념 및 원리를 통일적으로 다루는 일반법학(Allgemeine Rechtslehre)만으로 충분하다고 여겨졌다[법철학 무용론(無用論)]. 이제 법철학은 일반법학으로 대체되고만 것이다. 일반법학은 법의 각 분야에 공통되는 일반적인 문제를 실증적 방법에 의하여 규명하려는 입장이다. 일반법학이라는 명칭은 메르켈(Adolf Merkel, 1836-96)에 의하여 처음 사용되었다. [...] 일반법학은 권리, 의무, 법률관계, 책임, 규범 등 법의 기본개념 및 원리에 대한 연구에 천착함으로써 법학의 발전에 나름대로 기여하였다. [...] 그러나 일반법학은 그 개념과 원리를 체계화하는 데에만 몰두하였을 뿐 법철학의 본질이라고 할 수 있는 비판적 통찰이 결여되어 있었다." 오세혁, 『법철학사』(세창출판사, 2012), 229-230면.

14) Karl Bergborm, Jurisprudenz und Rechtsphilosophie, 1892, 479면; Hans Welzel(박은정 역), 『자연법과 실질적 정의』(삼영사, 2001/2005), 262면에서 재인용함.

는 별개의 문제이며, 실제로 존재하는 법은 우리의 거부감을 불러일으킬지라도 엄연히 법률이다.[15] "실정법은 이미 그것이 존재한다는 데서 자신의 근거 지움과 정당화를 갖는다(Bergborm)."

영국의 오스틴(John Austin, 1790-1859)은 '법리학 영역의 결정'(The Province of Jurisprudence Determined)에서 법을 주권자의 명령(commands of a sovereign)으로 보았고, 법의 개념을 명령(commands)과 습관(habits)이라는 요소로 파악하였다.[16] 오스틴은 주권자의 명령에 의해 우리는 '그렇게 하지 않을 수 없다(being obliged)'는 점에 법리학의 열쇠가 있다고 보았다.[17] 하지만 법을 명령으로 파악하는 견해에 대해서는 법을 명령으로 파악하면 법이 강제할 수는 있으나, 의무지울 수는 없다는 비판이 제기된다. 법을 '명령'으로 보는 오스틴의 견해는 '사람이 어떤 일을 하지 않을 수 없었다'(was obliged to do)라는 주장과 '그는 그것을 할 의무를 지고 있었다'(had an obligation to do)

"법분야에서 철학적 사유의 결과로서의 객관적 진리란 도대체 없는 것이다. 그것은 예술적 공상이 아니라면 주관적인 윤리감정, 이성적 심사숙고, 정치적 목적 등에 대한 표현으로서 불확실한 표상에 불과하다. 공동생활의 이상적인 질서와 관련해서 기껏해야 비교적 대규모 인간집단이 그때그때 갖는 직관과 느낌, 다시 말해서 여론이라는 것이 있을 뿐, 그 이상은 아니다." Karl Bergborm, Jurisprudenz und Rechtsphilosophie, 1892, 479면.

15) Karl Bergborm, Jurisprudenz und Rechtsphilosophie, 1892, 398면 각주; Hans Welzel (박은정 역), 『자연법과 실질적 정의』(삼영사, 2001/2005), 261면에서 재인용함.

16) H. L. A. Hart(오병선 역), 『법의 개념』(아카넷, 2002), 25면 이하 참조. 하트 (H. L. A. Hart)는 사령(司令, commands)이라는 관념이 권위와 밀접한 관련성을 가지고 있다는 것이 위협을 배경으로 하는 권총 강도의 명령보다 더 법의 관념에 근접하고 있는데, 이 점을 오스틴은 제대로 구별하지 못하고 후자의 경우를 사령이라고 잘못 부르고 있다고 지적한다(28면). 또한, 권총 강도의 명령은 은행원에게 어떤 부류의 사람들이 때때로 따라야 하는 상시적 명령을 발하지 않음에 반해, 법은 '상시적' 또는 계속적 특징을 가지고 있음을 들어 하트의 견해를 비판한다(31면).

17) H. L. A. Hart(오병선 역), 『법의 개념』(아카넷, 2002), 8-9면.

라는 주장 사이에서는 설명해야 할 차이가 있음에도, 이를 간과하게 된다.18)

이러한 법실증주의에 대해서는 실정법이 도덕성을 띠어야 법일 수 있고 법의 효력을 발휘한다는 점을 간과했다는 비판이 제기된다.19)

---

18) Ronald Dworkin(염수균 역), 『법과 권리』(한길사, 2010), 81면.

19) "형식적 합법성만으로 법의 타당성을 판단하게 되는 법실증주의 또는 형식적 법치주의는 기존의 법질서의 개혁이나 사회적 현실에 대한 개선이 요구되는 중요한 시점에 있어서는, 오히려 정의롭지 못한 법질서나 사회 현실을 옹호하는 보수반동적 또는 시대착오적 기능을 수행하게 되거나, 불의의 법질서의 강요를 정당화함으로써 독재의 합리화 수단으로 전락하게 될 가능성도 크다." 김부찬, 『법학의 기초이론』(대웅출판사, 1994), 172면; 흥미로운 것은 벨첼(Hans Welzel)이 '신칸트학파'의 가치상대주의가 '법을 힘에 넘겨주고 마는 상대주의 법철학'이었음을 지적하고, 실증주의의 법개념을 유지하고 심화시켰다는 점에 '법실증주의의 보완이론'이었음을 언급하고 있다는 점이다. Hans Welzel(박은정 역), 『자연법과 실질적 정의』(삼영사, 2001/2005), 265면 이하. "신칸트학파 법철학을 거부하는 보다 심층적인 근거는 이념적 '규준'과 관련한 형식주의나 상대주의 혹은 역사주의에 있는 것이 아니라, 실증주의적 법개념을 유지하고 심화시켰다는 데 있다." Hans Welzel(박은정 역), 『자연법과 실질적 정의』(삼영사, 2001/2005), 269면.

주요 참고문헌

Hans Welsel(박은정 역), 자연법과 실질적 정의 (삼영사, 2001/2005

Samuel Enoch Stumpf/James Fieser(이광래 역), 소크라테스에서 포스트
　　모더니즘까지 (열린책들, 2008)

Robert L. Arrington(김성호 역), 서양 윤리학사 (서광사, 1998)

Johannes Hirschberger(강성위 역), 서양 철학사-상권·고대와 중세
　　(이문출판사, 1983/2007)

Johannes Hirschberger(강성위 역), 서양 철학사-하권·근세와 현대
　　(이문출판사, 1987/2007)

Hans Joachim Störig(박민수 역), 세계 철학사 (이룸, 2008)

Ernst Bloch(박설호 역), 자연법과 인간의 존엄성 (열린책들, 2011)

Bertrand Russell(서상복 역), 서양철학사 (을유문화사, 2011)

José Llompart(정종휴 역), 법철학의 길잡이 (경세원, 2000/2006)

Karl Raimund Popper(이한구 역), 열린사회와 그 적들 I (민음사, 1997/2011)

이나가키 료스케(조규상 역), 토마스 아퀴나스 '신학대전' 새로 알기
　　(가톨릭출판사, 2011)

Platon(박종현 역), 국가 (서광사, 1997)

Platon(박종현 역), 법률 (서광사, 2009)

Aristoteles(천병희 역), 정치학 (숲, 2009)

Aristoteles(이창우, 김재홍, 강상진 역), 니코마코스 윤리학 (EJB, 2006)

Marcus Tullius Cicero(성염 역), 법률론 (한길사, 2007)

Aurelius Augustinus(추인해 역), 신국론 (동서문화사, 2013)

Thomas Hobbes(진석용 역), 리바이어던 1 (나남, 2008)

John Locke(강정인/문지영 역), 통치론 (까치, 1996/2007)

Jean-Jacques Rousseau(이환 역), 사회계약론 (서울대학교 출판부, 1999)
Immanuel Kant(백종현 역), 윤리형이상학 정초 (아카넷, 2005/2009)
Jeremy Bentham(고정식 역), 도덕과 입법의 원리 서설 (나남, 2011)
John Stuart Mill(서병훈 역), 공리주의 (책세상, 2007)
Auguste Comte(김점석 역), 실증주의 서설 (한길사, 2001/2003)

김부찬, 법학의 기초이론 (대웅출판사, 1994)
오세혁, 법철학사 (세창출판사, 2012)
이상영/이재승, 법사상사 (한국방송통신대학교 출판부, 2005/2008)

찾아보기

고봉진

고려대학교 법과대학 및 동 대학원 졸업(학사 및 석사)
독일 프랑크푸르트대학교 법학과 졸업(법학박사)
독일 만하임대학교 소재'독일, 유럽, 국제 의료법, 보건법 및 생명윤리연구소'(IMGB) 객원
연구원
생명윤리정책연구센터 연구원
현) 제주대학교 법학전문대학원 부교수(기초법 담당)

『법철학강의』(2012)
『BT·생명윤리와 법』(2013)
『판례 법학방법론』(2013)
「상호승인의 결과로서 인간존엄」
「자본주의의 총체성과 사회체계의 기능적 분화」등 다수

블로그: 고봉진의 초서재
　　　(http://blog.naver.com/gojuraphil)

법사상사
소고

초판인쇄　2014년 6월 30일
초판발행　2014년 6월 30일

지은이　고봉진
펴낸이　채종준
펴낸곳　한국학술정보㈜
주소　경기도 파주시 회동길 230(문발동)
전화　031) 908-3181(대표)
팩스　031) 908-3189
홈페이지　http://ebook.kstudy.com
전자우편　출판사업부　publish@kstudy.com
등록　제일산-115호(2000. 6. 19)

ISBN　978-89-268-6447-0　93360